레전드
프랑스어
첫걸음

NEW 레전드
프랑스어 첫걸음

개정판 1쇄 **발행** 2023년 12월 1일
개정판 1쇄 **인쇄** 2023년 11월 20일

저자	박혜진(Julia Park)
기획	김은경
편집	홍연기·이지영
삽화	서정임
디자인	IndigoBlue
동영상 강의	홍연기
동영상	조은스튜디오
성우	Bérangère Lesage · Ji-soo Kim
녹음	BRIDGE CODE

발행인	조경아		
총괄	강신갑		
발행처	**랭**귀지**북**스		
등록번호	101-90-85278	**등록일자**	2008년 7월 10일
주소	서울시 마포구 포은로2나길 31 벨라비스타 208호		
전화	02.406.0047	**팩스**	02.406.0042
이메일	languagebooks@hanmail.net		
MP3 다운로드	blog.naver.com/languagebook		

ISBN	979-11-5635-211-2 (13760)
값	18,000원

ⓒJulia Park, 2023

레전드
프랑스어
첫걸음

랭귀지북스

매력 가득한 나라 프랑스!
<레전드 프랑스어 첫걸음>으로 쉽고 재미있게 시작하세요.

<레전드 프랑스어 첫걸음>은 프랑스어를 처음 접하는 분들도 쉽고 체계적으로 기초를 탄탄하게 다질 수 있는 책입니다. 어휘와 문법 외에도 네이티브 현지 회화 표현부터 본문 회화와 관련된 유익한 정보와 프랑스 문화까지 있습니다.
누구나 부담 없이 프랑스어를 익히고 친숙해지도록 일상생활에 기반을 둔 '생활밀착형 프랑스어'를 중심으로 구성되어 있습니다.

프랑스어 공부를 처음 시작하는 학생들이 실제로 많이 궁금해하거나 어려워하는 회화 표현과 문법에 대해서 최대한 쉽고 꼼꼼하게 설명하여 혼자 공부해도 쉽게 따라갈 수 있도록 하였습니다. 부담 없는 분량의 해설 동영상 강의와 함께하면 학습효과가 더 높아지고, 한 챕터 한 챕터 따라가다 보면 어렵게만 느껴지는 프랑스어가 점차 익숙해질 것입니다. 더 나아가 현지에서 바로 통하는 다양한 팁들과 문화 페이지를 통해 프랑스라는 나라에 대해 알아가며 재미와 힐링을 동시에 경험할 것입니다.

<레전드 프랑스어 첫걸음>을 통해서 프랑스어 기초를 차근차근 익히고, 우아하고 아름다운 발음이 가져다주는 프랑스어만의 매력을 경험하기를 바라며, 프랑스어라는 낯선 세계에서 자신 있게 첫걸음을 뗄 수 있기를 응원합니다.

그리고 언제나 적극적인 지원과 아낌없는 사랑을 주는 내 가족과 이 책이 출판될 수 있도록 해 준 랭귀지북스에 감사의 마음을 전합니다.
마지막으로 이 책을 허락해 주신 하나님께 영광 돌립니다.

Bonne lecture !

프랑스 파리에서
저자 박혜진

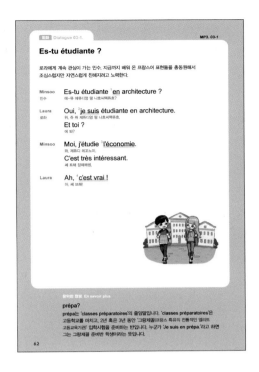

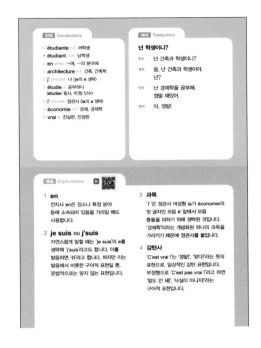

회화 Dialogue

Leçon마다 2개의 대화문을 수록했습니다.
일상에서 겪는 다양한 생활 밀착형
프랑스어 표현을 익힐 수 있습니다.
원어민 전문 성우가 표준어 발음으로
녹음한 MP3 파일을 제공하니, 자주 듣고
따라 해 보세요. 프랑스어 발음은 한글로
표기된 발음을 참고하세요.

유익한 정보 En savoir plus

프랑스 문화와 현지 생활 등 다양한 정보를
통해 프랑스와 가까워지세요.

단어 Vocabulaire

모르는 단어를
바로 찾아보세요.

해석 Traduction

학습자의 해석을
확인하세요.

해설 Explications

대화문 속 핵심 표현과 기초 문법에 대해
꼼꼼히 짚어 줍니다. 독학 학습자를 위한
3분 동영상 강의도 제공합니다.

동영상 강의 : 홍연기 강사

MP3

blog.naver.com/languagebook

유튜브에서
〈레전드 프랑스어 첫걸음〉을
검색하세요.

Comment allez-vous ?

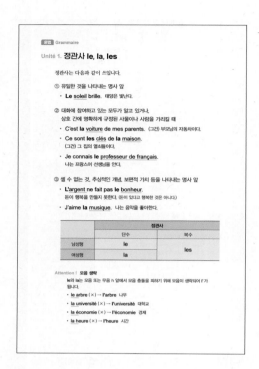

문법 Grammaire

꼭 알아야 할 기본 문법을 한눈에 들어오는
표와 다양한 예문을 통해 쉽게 설명했습니다.

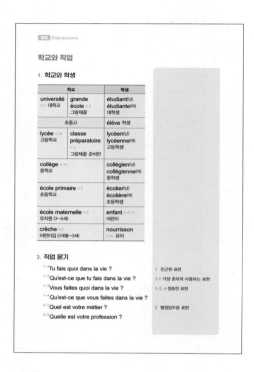

표현 Expressions

각 Leçon 주제와 관련한 필수 어휘와
확장 표현을 살펴봅니다.

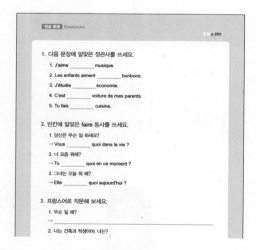

연습 문제 Exercices

단어, 회화, 문법 등을 얼마나 이해했는지
연습 문제를 통해 점검하세요.

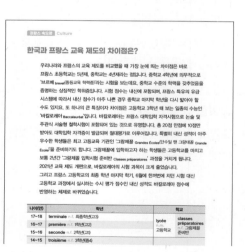

프랑스 속으로 Culture

프랑스의 인사법, 교육 제도, 주거 환경 등
다양한 문화와 현지 정보를 만나 보세요.

Leçon	Dialogue 1	Dialogue 2
01. 인사	Salut ! Ça va ? 안녕! 잘 지내?	Bonjour, comment allez-vous ? 안녕하세요, 어떻게 지내십니까?
02. 이름과 국적	Comment tu t'appelles ? 너는 이름이 뭐니?	Êtes-vous Française ? 프랑스 사람이세요?
03. 직업	Es-tu étudiante ? 넌 학생이니?	Que faites-vous dans la vie ? 무슨 일 하세요?
04. 사는 곳	Où habites-tu ? 어디 사니?	J'habite en ville. 난 도시에서 살아.
05. 시간	Quelle heure est-il ? 몇 시야?	À quelle heure ouvre le magasin ? 가게 몇 시에 열어요?
06. 전화번호	Quel est ton numéro de portable ? 휴대폰 번호가 뭐니?	Qui êtes-vous ? 누구세요?
07. 여가	Qu'est-ce que tu fais ce soir ? 오늘 저녁에 뭐 하니?	Je joue au tennis. 전 테니스를 쳐요.
08. 날짜	C'est quand ? 언제야?	Quel jour sommes-nous ? 오늘이 무슨 요일이죠?
09. 날씨	Il fait quel temps ? 날씨가 어때?	Il fait très beau ! 날씨가 참 좋아!
10. 표 구입	Est-ce qu'il y a un train pour Lyon ? 리옹행 기차 있나요?	Est-ce qu'il reste des places ? 좌석이 남아 있나요?

Grammaire	Expressions	Culture
1. 인칭대명사 2. aller 가다, 지내다	1. 기본 인사 2. 헤어질 때 인사 3. 안부 인사	프랑스의 친근한 뽀뽀 인사, 비쥬
1. être ~이다 2. 소유형용사 3. 대명동사	1. 이름 묻고 답하기 2. 국적 묻고 답하기	프랑스식 이름, 어떻게 다를까?
1. 정관사 le, la, les 2. 남성/여성 명사 3. faire 하다	1. 학교와 학생 2. 직업 묻기	한국과 프랑스 교육 제도의 차이점은?
1. 부정관사 un, une, des 2. où 어디 3. à, en ~에 4. dans ~에서, 안에서 5. habiter 살다	1. 사는 곳 2. 사는 곳 묻기 3. 나라와 도시	프랑스에도 전세가 있을까?
1. quel 무엇, 어떤, 얼마 2. Quelle heure est-il ? 몇 시예요? 3. À quelle heure ~ ? 몇 시에 ~? 4. 비인칭주어 il	1. 시간과 하루 2. 시간 묻고 답하기	시간과 관련된 다양한 표현
1. 부정문 2. appeler 부르다, 전화하다 3. qui 누구, 누가	1. 전화 2. 전화번호 묻기 3. 전화 받고 걸기	프랑스에서 전화할 때 꼭 알아야 할 사항
1. 직접/간접목적보어대명사 2. jouer à ~/ faire de ~ ~ 운동을 하다 3. Qu'est-ce que ~ ? 무엇을 ~? 4. Qu'est-ce qui ~ ? 무엇이 ~?	1. 계획 묻고 답하기 2. 휴일에 가는 곳 3. 취미	프랑스인들의 영화 사랑

1. pouvoir 할 수 있다
2. Quel jour sommes-nous ?
   오늘은 무슨 요일이에요?
3. Le combien sommes-nous ?
   오늘은 며칠이에요?
4. aller + 동사원형 : 곧 ~할 것이다
	1. 요일
	2. 월
	3. 기념일과 축하 인사
		식전 한잔, 아페리티프

1. aimer 좋아하다, 사랑하다 2. ce, ces 이것, 이것들 3. beaucoup 많이/ un peu 조금	1. 계절 2. 날씨	한눈에 보는 프랑스 기후
1. Est-ce que ~ ? 2. pour ~을 위한 3. 관계대명사 qui, que	1. 역에서 2. 영화관에서 3. 표 구매하기	프랑스의 세계적인 축제와 행사

Leçon	Dialogue 1	Dialogue 2
11. 교통	Je prends le bus. 나는 버스를 타.	À quelle station de métro faut-il descendre ? 어느 역에서 내려야 하나요?
12. 음료 주문	Que désirez-vous ? 무엇을 원하십니까?	On s'installe à la terrasse ? 테라스에 앉을까요?
13. 식사 주문	Je vais prendre le plat du jour. 오늘의 요리로 할게요.	Que souhaitez-vous comme entrée ? 전식으로 무엇을 드릴까요?
14. 가격 묻기	Combien coûtent les fraises ? 딸기가 얼마예요?	C'est cher. 비싸네요.
15. 치수 확인	Quelle est votre taille ? 사이즈가 어떻게 되시죠?	Cette pointure vous va ? 이 사이즈 맞으세요?
16. 장소 찾기	Où sont les toilettes ? 화장실이 어디죠?	C'est loin d'ici ? 여기에서 멀어요?
17. 묘사	C'est un cadeau pour toi. 너를 위한 선물이야.	Il a les cheveux bruns. 그는 갈색 머리야.
18. 증상	J'ai mal à la gorge. 목이 아파요.	Je me suis foulé la cheville. 발목을 삐었어.
19. 사과	Excusez-moi, je suis en retard. 죄송합니다, 제가 늦었어요.	Soyez prudent la prochaine fois. 다음부터는 조심하세요.
20. 감정	Je suis très heureuse pour toi ! 네가 잘되었다니 정말 기뻐!	Tu veux sortir avec moi ? 나랑 사귈래?

Grammaire	Expressions	Culture
1. y 그곳에, 그것을 2. chez ~의 집에 3. il faut ~해야 한다 4. prendre① 타다	1. 교통수단 2. 타는 곳 3. 대중교통 관련 표현	파리를 변화시키는 자전거, 벨리브
1. 조건법 2. 관사 3. prendre② 잡다 4. avec ~와 함께	1. 카페 메뉴-커피 2. 카페 메뉴-음식 3. 카페에서	커피 한잔할까?
1. vouloir, souhaiter, désirer 원하다 2. à la place de 대신에 3. 명령법 4. comme ~같이/ ~로서	1. 음식점 코스 요리 2. 맛 표현 3. 음식점에서	고기 요리는 어떻게 주문할까?
1. coûter 값이 ~이다 2. combien 얼마 3. autre 다른	1. 채소 2. 과일 3. 물건 살 때	프랑스의 다양한 시장들
1. grand 큰/ petit 작은 2. un peu 조금/ trop 너무 3. essayer 시도하다 4. taille/ pointure 치수, 사이즈	1. 남성복 2. 여성복 3. 남녀 공용 4. 액세서리	1년 중 단 두 번의 세일
1. avoir envie de ~하고 싶다 2. excusez-moi 실례합니다 3. 장소 전치사 4. à droite 오른쪽에/ à gauche 왼쪽에	1. 길과 교통 2. 위치와 이동	프랑스의 '길'은 모두 같은 길이 아니다?
1. il y a ~이 있다 2. 색 형용사	1. 외모 2. 머리 색과 모양	프랑스 커플들은 서로를 어떻게 부를까?
1. avoir mal 아프다 2. 수동태 3. 제롱디프 (gérondif)	1. 병명과 약 2. 증상 말하기	프랑스 병원의 특징
1. faillir + 동사원형 : 자칫 ~할 뻔하다 2. pardonnez-moi 용서해 주세요 3. 소유대명사 4. 부사	1. 좋지 않은 기분 2. 사건과 사고	사고가 나면 어떻게 처리해야 하나?
1. 복합과거 2. dernier(dernière) 지난/ 마지막의 3. Tu veux sortir avec moi ? 나와 사귈래?	1. 감탄 2. 긍정적인 감정 3. 부정적인 감정	프랑스 결혼식 이모저모

Unité 1. 프랑스에 대해서

- ✓ **국명**   프랑스 공화국(La République française 라 헤쀠블리끄 프항쎄즈)
- ✓ **수도**   파리(Paris 빠히)
- ✓ **언어**   프랑스어(Français 프항쎄)
- ✓ **인구**   6,781만 명(2022년 1월 기준)
- ✓ **면적**   675,417㎢(속령 포함. 본토 면적 551,500㎢)
- ✓ **국내총생산**   1인당 44,852US$(2021년 기준, IMF)
- ✓ **화폐**   유로(Euro 으호)

*출처: 외교부 http://www.mofa.go.kr/

1. 프랑스 영토와 프랑스어

① 프랑스 수도 파리와 주요 도시

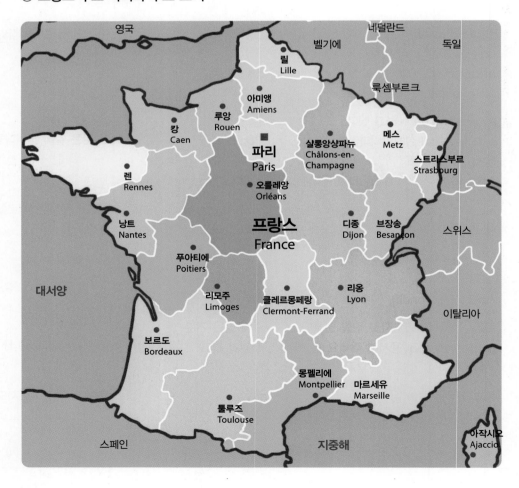

② **프랑스어를 공식어로 쓰는 나라**

프랑스어는 영어, 스페인어, 중국어 등과 더불어 유엔 공용어로 지정된 언어입니다. 캐나다, 벨기에, 스위스 등의 국가에서 공식어로 사용하며, 과거 프랑스의 식민지였던 아프리카의 많은 국가들에서도 공용어로 사용합니다.

2. 프랑스의 상징

① **표어** La devise de la France

Liberté, Egalité, Fraternité 자유, 평등, 박애

② **국기** Le drapeau français : Le drapeau tricolore 르 드하쁘 트히꼴로흐

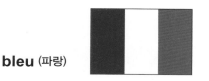

bleu (파랑)　　　　　　　　　　　**rouge** (빨강)

blanc (하양)

blanc = la royauté 왕을 상징하는 색

bleu, rouge = ville de Paris 옛 파리를 상징하는 색

③ **상징물** Figure symbolique de la France : **마리안느** Marianne 마히안느

1792년 제1 공화국이 설립되면서, 국민들의 마음을 이끌어 줄 상징물로 삼은 것이 바로 '마리안느'입니다. 마리안느가 쓰고 있는 '프리지아 모자'는 대혁명 때 생긴 자유와 공화국을 상징한다고 합니다. 프리지아 모자는 원래 그리스와 로마에서 해방된 노예들이 쓰던 모자로, 자유를 상징하기도 하지만, 1791년 급진 혁명가들이 쓰던 붉은 모자를 의미하기도 합니다. 가슴은 유모와 보호자를 상징합니다.

④ **국가** Hymne national de la France : La Marseillaise 라 마흐세예즈

1792년 프랑스 대혁명 때 프랑스 장교인 Claude-Joseph Rouget de Lisle 끌로드 조제프 루제 드 릴이 작사했습니다. 프랑스가 오스트리아를 상대로 선전 포고를 했다는 소식을 듣고, 숙소에서 하룻밤 사이에 가사를 작성했다고 합니다.

⑤ **상징하는 동물** L'animal qui représente la France **: 수탉** le coq

프랑스인은 Gaule(옛 프랑스 지역명)에 살던 민족인 Gaulois의 후손입니다.
고대 로마 시대에 Gaule 지역을 라틴어로 Gallus라 불렀는데, 이는
'Gaule 지역에 사는 사람'을 뜻하는 동시에 '수탉'이라는 뜻도 있었습니다. 그런
연유로 수탉은 프랑스를 상징하는 동물이 되었다고 합니다. 그뿐만 아니라
수탉은 용맹을 상징하기도 하여 오늘날에도 프랑스 국가대표 선수 유니폼 등에
담겨 있습니다.

⑥ **국경일 : 프랑스 대혁명 기념일 7월 14일** La fête nationale du 14 juillet

프랑스 대혁명 기념일은 가장 큰 국립 기념일로, 1789년 대혁명 당시
바스티유 La Bastille 감옥 점령과 1790년 대혁명 일주년을 맞아 강조된 사회통합
정신을 함께 기념하는 날입니다. 이날에는 샹젤리제 Champs-Élysées 거리에서
프랑스 군인들의 퍼레이드가 펼쳐집니다.

Unité 2. **프랑스어 알파벳**

프랑스어 알파벳은 26자로 이루어져 있으며, 6개의 모음(a, e, i, o, u, y)과 20개의
자음이 있습니다.

＊우리말로 표기된 발음은 실제 원어민 발음과 차이가 있습니다. 한국어 발음 표기는 참고만 하고,
　발음 기호를 보며 원어민의 정확한 발음으로 녹음한 파일을 듣고 따라 말하면서 발음을 연습하세요.

1. 알파벳 alphabet 알파베 과 발음 prononciation 프호농씨아씨옹　　　　　　　MP3. 00

A / a	/ɑ/	아	'아' 소리입니다.
	arbre n.m. 나무		
B / b	/be/	베	위와 아랫입술을 동시에 안으로 모으면서 밖으로 터뜨리듯이 소리 냅니다. 우리말 'ㅂ'보다 조금 더 강한 소리입니다.
	baguette n.f. 막대; 바게트(빵)		
C / c	/se/	세	우리말 '쎄'보다 조금 더 부드러운 '세'로 발음됩니다.
	ciel n.m. 하늘		
D / d	/de/	데	혀가 입천장을 지그시 누르면서 동시에 빠르게 소리 내, 우리말 '데'와 '떼' 중간 정도로 발음합니다.
	dauphin n.m. 돌고래		
E / e	/ə/	으	'오' 발음하듯 입술을 모아 주고, 혀가 움푹 패이는 느낌으로 혀끝이 동시에 아랫니에 닿습니다. 이 상태에서 나오는 '으'가 가장 가까운 발음입니다. 가장 많이 하는 발음 중 하나이므로 처음부터 정확한 발음을 익힙니다.
	euro n.m. 유로(화폐)		
F / f	/ɛf/	에프	윗니로 아랫입술을 살짝 깨물듯이 하면서 그 사이로 공기가 나오는 게 느껴질 정도로 발음합니다.
	fleur n.f. 꽃		
G / g	/ʒe/	쟤	입술을 살짝 앞으로 모았다가 풀어 줍니다. 어금니로 혀 양쪽을 살짝 깨물어 줍니다. 모음 e, i, y와 쓰일 때는 'ㅈ' 발음, 그 외의 모음 및 자음과 쓰일 때는 'ㄱ' 발음이 납니다. - rouge 후즈 빨강 - girafe 지하프 기린
	glace n.f. 얼음; 아이스크림		
H / h	/aʃ/	아슈	'아'보다 '슈'를 짧게 끊어 발음합니다.
	herbe n.f. 풀, 잡초		

I / i	/i/	이	입꼬리를 양쪽으로 당기며 '이' 소리를 냅니다.
	image n.f. 이미지		
J / j	/ʒi/	지	입꼬리를 양쪽으로 살짝 당기면서 발음합니다. '쥐'와 가까운 소리가 납니다.
	jupe n.f. 치마		
K / k	/kɑ/	까	눌러주듯 세게 '까' 소리를 냅니다.
	kiwi n.m. 키위		
L / l	/ɛl/	엘르	끝의 '르'를 짧게 소리 내 '엘'과 '엘르' 중간 정도로 발음합니다. l이 두 개 붙은 '-ille'는 '이으'로 발음합니다. - famille 파미이으 가족 - bouteille 부때이으 병 - fille 피이으 여자아이 **예외)** mille, ville, tranquille 이 세 단어와 여기서 파생된 단어들은 끝의 '-le'를 '르'로 발음합니다. - mille 밀르 천(숫자) > millénaire 밀레내흐 천 년된 - ville 빌르 도시 > village 빌라즈 마을 - tranquille 트헝낄르 고요한 > tranquillement 트헝낄르멍 고요하게, 침착하게
	livre n.m. 책		
M / m	/ɛm/	엠므	끝의 '므'를 짧게 소리 내 '엠'과 '엠므' 중간 정도로 발음합니다.
	mer n.f. 바다		
N / n	/ɛn/	엔느	끝의 '느'를 짧게 소리 내 '엔'과 '엔느' 중간 정도로 발음합니다.
	nuage n.m. 구름		
O / o	/o/	오	우리말 '오'보다 좀 더 입술을 앞으로 모으면서 발음합니다.
	océan n.m. 해양		
P / p	/pe/	뻬	'ㅂ'보다 센 'ㅃ' 발음입니다. [p]와 [b] 차이 - poire 뿌와흐 배(과일) ≒ boire 부와흐 마시다
	porte n.f. 문		
Q / q	/ky/	뀨	'뀌'와 '뀨' 중간 정도로 발음합니다. 이때 '끼'로 발음하지 않도록 주의합니다.
	question n.f. 질문		

R / r	/ɛʀ/	에흐	혀가 입안 중간에서 입천장 뒤쪽으로 넘어가며, '흐' 발음에서 목에 진동이 느껴집니다.
	renard n.m. 여우		프랑스어 발음 중 가장 생소하기도 하지만, 가장 많이 하는 발음 중 하나이기 때문에 처음부터 정확한 발음을 익힙니다.
S / s	/ɛs/	에쓰	'ㅅ' 또는 'ㅆ' 발음이지만, 모음 사이에 위치하면 'ㅈ' 발음입니다.
	saumon n.m. 연어		– maison 매종 집 – chaise 쉐즈 의자 – cousin 꾸장 사촌 – oiseau 와조 새
T / t	/te/	떼	'ㄸ' 발음이지만, 'ㅆ'로도 발음합니다.
	tigre n.m. 호랑이		– condition 꽁디씨옹 조건 – fonction 퐁끄씨옹 일, 직업 – interdiction 앙떼흐딕씨옹 금지
U / u	/y/	유	un 앙, chacun 샤깡, aucun 오깡과 같이 비음일 때는 '앙' 발음이고, 그 외에는 '위'와 '유' 중간 정도로 발음됩니다.
	université n.f. 대학		– aucune 오뀐느 어떠한 – uniforme 유니퍼흐므 제복 – unique 유니끄 유일한 – lune 륜느 달
V / v	/ve/	베	윗니로 아랫입술을 살짝 깨물 듯한 상태로 '베'라고 발음합니다.
	vague n.f. 파도		
W / w	/dublə ve/	두블르 베	'두블르 베'의 '르'는 짧게 끊어 줍니다.
	week-end n.m. 주말		
X / x	/iks/	익쓰	입꼬리를 양쪽으로 당기며 '익' 소리를 내고, 이어서 '쓰' 하고 세게 발음해 줍니다.
	rayon X n.m. 엑스선		
Y / y	/igʀɛk/	이그헤끄	'i grec'를 직역하면 '그리스식 i'입니다.
	yaourt n.m. 요거트		
Z / z	/zɛd/	제드	혀가 입천장을 닿으면서 혀끝에서 진동이 느껴지도록 'ㅈ' 발음합니다.
	zèbre n.m. 얼룩말		

2. 철자 부호

´ accent aigu	e 위에 오른쪽 위에서 왼쪽 아래로 내려가는 철자 부호 '´'를 붙여 é가 됩니다. 입을 작게 벌려서 발음합니다. - **é**cole, **é**toile, g**é**nération
` accent grave	a, e, u 위에 왼쪽 위에서 오른쪽 아래로 내려가는 철자 부호 '`'를 붙여 à, è, ù가 됩니다. 입을 벌려서 발음합니다. - déj**à**, gr**è**ve, mani**è**re, p**è**re, m**è**re, o**ù**
^ accent circonflexe	y를 제외한 모음에 철자 부호 '^'를 붙여 â, ê, î, ô, û가 됩니다. 발음에 특별한 영향을 주지 않습니다. - **â**ge, enqu**ê**te, d**î**ner, h**ô**tel, fl**û**te **Tip.** 우리말에 한자어가 많듯이 프랑스 단어 중에는 라틴어 뿌리를 가진 단어들이 많이 남아 있는데 이 '^'는 라틴어의 's'를 대신하기도 합니다. - teste → t**ê**te 머리
¨ tréma	e, i, u 위에 철자 부호 '¨'를 붙여 ë, ï, ü가 됩니다. 모음이 연이어 나올 때 나누어 발음하도록 하는 부호로 tréma가 있는 모음은 따로 나누어 발음합니다. - No**ë**l, cano**ë**, héro**ï**ne, Sa**ü**l
ç cédille	c는 a, o, u 앞에서 [k] 발음이지만, c 밑에 숫자 5모양의 기호가 붙은 ç는 [s] 발음입니다. - Fran**ç**ais, gar**ç**on, gla**ç**on, re**ç**u
' apostrophe	apostrophe는 단어 끝의 모음이 모음 또는 무음 h로 시작하는 단어와 이어질 때 생략되었음을 표시합니다. - l'école, l'élève, l'été, l'histoire
- trait d'union	두 개 이상의 단어로 이루어진 합성어를 표시할 때나 동사와 인칭대명사를 도치할 때 씁니다. - après-midi, rendez-vous, savoir-faire

3. 모음 voyelle 부아이엘

다음은 단모음 a, e, i, o, u, y와 복합모음 중 주의할 발음입니다.

① a와 â

이론적으로 â는 a보다 좀 더 길게 발음하게 되어 있지만 실제로는 거의 차이가
없습니다.

- chat 샤 고양이
- pâtes 빠아뜨 파스타, 국수

② e

e는 이중 자음 앞에 위치할 때는 '에' 발음합니다.
단어 끝에 있는 e는 거의 들리지 않습니다.

- belle 벨르 멋진, 아름다운 / noisette 놔제뜨 헤이즐넛 / verre 베흐 컵, 한잔
- elle 엘르 그녀 (엘 ✕)

③ u

[o] 발음하는 것처럼 입술을 모은 상태로 '유' 발음합니다.

- lumière 류미애흐 빛 / Lucien 류시앙 뤼시앵(이름)

④ 복합모음 eu와 œ

eu와 œ는 비슷하지만, œ는 eu보다 입을 더 벌려서 발음합니다.

- cheveu 슈브 머리카락 / jeu 쥬 게임
- cœur 꺼흐 심장, 하트 / œuf 외프 달걀

4. 비모음

모음을 발음할 때 콧소리가 나는 비모음에는 a, e, i, o, u, y에 n이나 m이 합쳐진
an, en, in, on, un, yn 등이 있습니다.

- manteau 멍또 외투, 코트
- matin 마땅 아침
- un 앙 하나
- parisien 빠히지앙 파리시민(남)
- maison 매종 집
- symbole 쌍벌 상징

5. 반모음

반모음이란 [i], [y], [u]로 발음되는 모음 뒤에 다른 모음이 이어지면 자음과 모음 사이에 [j], [ɥ], [w]와 같은 중간음 소리가 나는 모음을 말하며, 3개의 반모음이 있습니다.

① [j] : i [i], y [i] + 모음

- miel 미엘 꿀 / fille 피이으 여자아이 / abeille 아베이으 벌
- tuyau 뛰요 파이프

② [ɥ] : u [y] + 모음

- lui 뤼 그 / nuage 뉴야즈 구름

③ [w] : ou [u] + 모음

- Louis 루이 루이(이름) / Oui ! 우위 네!, 응!

6. 모음 생략

'모음 생략'이란 단어 끝에 모음 a, e, i가 모음 또는 무음 h로 시작하는 단어를 만났을 때, a, e, i를 생략하고 생략 부호(apostrophe)로 대신하는 것을 말합니다.

① 관사 le와 la

- l'amour = le+amour
- l'arbre = le+arbre
- l'histoire = la+histoire

② 대명사 je, me, te, le, la, se

- Je t'aime. = Je te+aime
- Je m'appelle Julia. = Je me+appelle Julia

③ 대명사 ce

- C'est moi. = Ce+est moi

④ 접속사, 관계 대명사 que

- Je pense qu'il a raison. = Je pense que+il a raison

⑤ 전치사 de

- le repas **d'**hiver = le repas **de** + hiver
- les enfants **d'**Anne = les enfants **de** + Anne

⑥ 부정 부사 ne

- Il **n'**est pas là. = Il **ne** + est pas là
- Elle **n'**écoute pas. = Elle **ne** + écoute pas

Tip. si가 il 앞에 있으면 s'il이 됩니다. 단, elle 앞에서는 생략되지 않습니다.

7. 자음 consonne 꽁쏜느

다음은 자음 발음의 특징입니다.

① 단어 끝에 위치하는 b, c, d, g, p, s, t, x, z는 일반적으로 발음하지 않습니다. (단, 연음 제외)

- plom**b** 쁠롱 납
- **blanc** 블렁 하얀
- ron**d** 홍 동그란
- long 롱 긴
- beaucou**p** 보꾸 많이
- longtemp**s** 롱떵 오래
- serpen**t** 쎄흐뻥 뱀
- rou**x** 후 적갈색
- ri**z** 히 쌀

예외로 단어 끝에 위치하는 b, c, s, t는 발음할 때가 있습니다.

- clu**b** 끌럽 클럽, 동호회
- sa**c** 싸끄 가방 / par**c** 빠흐끄 공원
- bu**s** 뷰쓰 버스 / fil**s** 피쓰 아들
- sep**t** 쎄뜨 일곱 / bu**t** 뷰뜨 목적, 골(축구) / es**t** 에쓰뜨 동쪽 / oues**t** 웨쓰뜨 서쪽

② 단어 끝에 위치하는 f, l, q, r는 발음합니다.

- neu**f** 녀프 아홉
- cie**l** 시엘 하늘
- cin**q** 상끄 다섯
- mu**r** 뮤흐 벽

Unité 3. 연음

'연음'은 단어와 단어를 연결해서 읽는 것을 뜻합니다. 주로 단어가 자음으로 끝날 때, 이 자음이 모음 또는 무음 h로 시작하는 다음 단어와 연결하여 발음됩니다. 프랑스어를 말할 때 몇 가지 경우를 제외하고 연음은 필수입니다.

1. 항상 연음하는 경우

① 한정사와 명사 사이

- les **o**bjets 레 **조**브제   Tip. s 또는 z로 끝나는 단어가 연음되면 'ㅈ' 소리 납니다.
- cet **h**iver 쎄 **띠**베흐

② 형용사와 명사 사이

- les peti**t**s **e**nfants 레 쁘띠 **정**펑
- un gran**d o**urs 앙 그헝 **뚜**흐쓰

③ 인칭대명사 on, nous, vous, ils, elles과 동사 사이

- **on a**chète du pain 옹 **나**쉐뜨 듀 빵
- elle**s o**nt chanté 엘 **종** 셩떼
- Vou**s a**vez des enfants ? 부 **자**베 데 정펑?

④ 부사와 형용사 사이

- c'est trè**s a**gréable 쎄 트해 **자**그헤아블르

⑤ dans, chez, sans, en과 이어지는 단어 사이

- Je suis dan**s u**n restaurant. 쥬 쒸 덩 **장** 헤쓰또헝.
- Nous sommes **en a**vance. 누 썸 정 **나**벙스.

⑥ quand 또는 comment과 이어지는 단어 사이

- Quan**d e**lle est là, je suis heureux. 껑 **뗄** 레 라, 쥬 쒸 죠효.
Tip. d로 끝나는 단어와 연음을 할 때는 'ㄸ' 소리가 납니다.
- Commen**t a**llez-vous ? 꺼멍 **딸**레-부?

⑦ 고정 표현의 연음

- Les États-Unis 레 제따-쮸니
- de temps en temps 드 떵 **정** 떵
- plus ou moins 쁠류 **주** 무왕

2. 연음하지 않는 경우

① r 다음에 오는 자음은 그다음 단어와 연음하지 않습니다.

- Il court assez vite. 일 꾸흐 **아**쎄 비뜨. (일 꾸흐 **따**쎄 비뜨.(×))
- le nord-est 르 너흐-에쓰뜨

② 자음으로 끝나는 단어 뒤에 유음 h가 올 경우 연음하지 않습니다.

- des héros 데 **에**호
- des haricots 데 **아**히꼬

③ onze, oui, yaourt, yoga는 앞 단어와 연음하지 않습니다.

- C'est **onze** euros. 세 **옹**즈 으호.

④ et는 다음 단어와 연음하지 않습니다.

- Il est très jeune **et** intelligent. 일 레 트해 죈 **에** 앵뗄리정.

⑤ quand, comment, combien 다음에 오는 도치된 동사와 연음하지 않습니다.

- **Quand** est-il arrivé ? 껑 **에**-띨 아히베?
- **Comment** est-elle ? 꺼멍 **에**-뗄?

Tip. 예외: Comment **allez**-vous ? 꺼멍 **딸**레-부?

위의 경우를 제외한 나머지는 특별한 연음 규칙이 없습니다.
그렇기 때문에 같은 문장이라도 연음을 하기도 하고, 안 하기도 합니다.

- pas encore 빠 **엉**꺼흐(○) / 빠 **정**꺼흐(○)

Unité 4. 숫자

1. 기수

0	zéro 제호	1	un(une) 앙(윤)	2	deux 드
3	trois 트화	4	quatre 까트흐	5	cinq 쌍끄
6	six 씨쓰	7	sept 쎄뜨	8	huit 위뜨
9	neuf 너프	10	dix 디쓰	11	onze 옹즈
12	douze 두즈	13	treize 트헤즈	14	quatorze 까떠흐즈
15	quinze 깡즈	16	seize 쎄즈	17	dix-sept 디-쎄뜨
18	dix-huit 디-쥐뜨	19	dix-neuf 디즈-너프	20	vingt 방
30	trente 트헝뜨	40	quarante 까헝뜨	50	cinquante 쌍껑뜨
60	soixante 쏴썽뜨	70	soixante-dix 쏴썽뜨-디쓰	80	quatre-vingt 까트흐-방
90	quatre-vingt-dix 까트흐-방-디쓰	100	cent 썽	1 000	mille 밀

다음은 연결 부호로 연결되어 합성어로 쓰이는 기수입니다.

① 1로 끝나지 않는 100 이하의 모든 합성어 기수(17~99)는 연결 부호 '–'로 연결해 씁니다.

- dix-sept 17 / quatre-vingt-dix-huit 98 / cinq cent trente-deux 532

② 1로 끝나는 기수는 접속사 'et(그리고)'가 추가됩니다.

- cinquante et un 51 / soixante et un 61 / soixante et onze 71

예외로 81과 91은 et 대신 연결 부호 '–'로 연결해 씁니다.

- quatre-vingt-un 81 / quatre-vingt-onze 91

Attention ! 숫자 발음할 때 주의할 점

- 7의 sept에서 p는 발음하지 않습니다. sept 쎄뜨(○) / 쎕뜨(×)
- 'neuf heures(9시)'의 f는 v로 발음됩니다. neuf heures 녀 벼흐(○) / 너프 여흐(×)

28

2. 서수

1er/ 1re	premier/première 프흐미에/프흐미애흐	첫 번째	11^e	onzième 옹지앰	열한 번째
2e/ 2^d/2^{de}	deuxième/second(e) 드지앰/쓰공(드)	두 번째	12^e	douxième 두지앰	열두 번째
3^e	troisième 트와지앰	세 번째	13^e	treizième 트헤지앰	열세 번째
4^e	quatrième 까트히앰	네 번째	14^e	quatorzième 까떠호지앰	열네 번째
5^e	cinquième 쌍끼앰	다섯 번째	15^e	quinzième 깡지앰	열다섯 번째
6^e	sixième 씨지앰	여섯 번째	16^e	seizième 쎄지앰	열여섯 번째
7^e	septième 쎄띠앰	일곱 번째	17^e	dix-septième 디-쎄띠앰	열일곱 번째
8^e	huitième 위띠앰	여덟 번째	18^e	dix-huitième 디-쥐띠앰	열여덟 번째
9^e	neuvième 녀비앰	아홉 번째	19^e	dix-neuvième 디즈-녀비앰	열아홉 번째
10^e	dixième 디지앰	열 번째	20^e	vingtième 방띠앰	스무 번째

21^e	vingt et unième 방 떼 유니앰	스물한 번째	30^e	trentième 트헝띠앰	서른 번째
22^e	vingt-deuxième 방-드지앰	스물두 번째	31^e	trente et unième 트헝 떼 유니앰	서른한 번째
23^e	vingt-troisième 방-트와지앰	스물세 번째	40^e	quarantième 까헝띠앰	마흔 번째
24^e	vingt-quatrième 방-까트히앰	스물네 번째	50^e	cinquantième 쌍껑띠앰	쉰 번째
25^e	vingt-cinquième 방-쌍끼앰	스물다섯 번째	60^e	soixantième 쏴썽띠앰	예순 번째
26^e	vingt-sixième 방-씨지앰	스물여섯 번째	70^e	soixante-dixième 쏴썽디지앰	일흔 번째
27^e	vingt-septième 방-쎄띠앰	스물일곱 번째	80^e	quatre-vingtième 까트흐-방띠앰	여든 번째
28^e	vingt-huitième 방-위띠앰	스물여덟 번째	90^e	quatre-vingt-dixième 까트흐-방-디지앰	아흔 번째
29^e	vingt-neuvième 방-녀비앰	스물아홉 번째	100^e	centième 썽띠앰	백 번째

다음은 서수를 쓰는 방법입니다.

① 기수 단어에 -ième을 붙입니다.
- deux → deuxième
- sept → septième

② -e로 끝나는 숫자는 -e를 없애고 -ième을 붙입니다.
- quatre → quatrième
- seize → seizième

③ 서수를 줄여서 쓸 때는 숫자 오른쪽 위에 e를 붙입니다.
- deuxième → 2^e

예외로 '첫 번째'를 뜻하는 서수는 남성 또는 여성으로 쓰이며, 줄여 쓸 때도 남성이면 er, 여성이면 re를 붙입니다. 또 '두 번째'를 뜻하는 서수 second/seconde는 줄여 쓸 때 남성이면 d, 여성이면 de를 붙입니다.
- premier/première → 1er/1re
- second/seconde → 2^d/2^{de}

④ 서수 표현 예시
- seizième arrondissement de Paris
  (16e arrondissement de Paris) 파리 16구
- La Seconde Guerre mondiale 제2차 세계대전
- Le Cinquième Élément 제5원소(영화제목)
- soixantième anniversaire 60번째 생일, 60주년

Unité 5. **동사**

프랑스어 동사는 동사원형의 어미에 따라서 1군, 2군, 3군 동사로 나뉩니다.

1. -er로 끝나는 1군 동사
2. -ir로 끝나는 2군 동사
3. 그 외(-ir, -oir, -oire 등) 3군 불규칙 동사

어느 군에 속한 동사인지에 따라 동사 어미가 바뀝니다.
다음에서 직설법 현재 시제 동사 어미변화를 알아봅시다. (동사 변화표 p.277 참고)

동사 주어	1군 동사 -er	2군 동사 -ir	3군 불규칙 동사 -ir, -oir, -oire
je	-e	-is	-s
tu	-es	-is	-s
il/ elle/ on	-e	-it	-t
nous	-ons	-issons	-ons
vous	-ez	-issez	-ez
ils/ elles	-ent	-issent	-ent
주의	-yer로 끝나면 y이 i가 됩니다. payer(지불하다) → je paie * 예외로 aller 동사는 3군 불규칙 동사입니다.	-ir 동사가 2군인지 3군인지는 1인칭 복수 nous의 동사 변화로 구분할 수 있습니다.	동사의 어미뿐 아니라 어간도 바뀔 수 있으므로 주의합니다.

동사 주어	3군 불규칙 동사					
	-dre	-aître	-ttre	-ompre	-aincre	pouvoir, vouloir, valoir
je	-ds	-s	-ts	-ps	-cs	-x
tu	-ds	-s	-ts	-ps	-cs	-x
il/ elle/ on	-d	-t	-t	-pt	-c	-t
nous	-ons	-aissons	-ons	-ons	-quons	-ons
vous	-ez	-aissez	-ez	-ez	-quez	-ez
ils/ elles	-ent	-aissent	-ent	-ent	-quent	-ent
주의	동사의 어미뿐 아니라 어간도 바뀔 수 있으므로 주의합니다.					

Unité 6. 문장 구조

글을 쓸 때 프랑스어 문장은 대문자로 시작해서 마침표, 느낌표, 물음표 또는 말줄임표로 끝납니다. **말할 때**는 억양에 따라 의도를 알 수 있습니다.
프랑스 문장에는 단순 문장과 복합 문장, 두 종류가 있습니다.

1. 단순 문장 phrase simple

단순 문장은 주어와 그에 따라 변화된 동사(동사원형이 아닌)가 1개인 문장을 가리킵니다.

① 주어 + 동사

- Le chat **mange**.　고양이가 먹는다.
- Je **chante**.　나는 노래한다.

② 주어 + 동사 + 속사 (주로 être 동사를 꾸며 주는 명사 또는 형용사)

- Ces maisons sont **jolies**.　이 집들은 예쁘다.
- Claire est **journaliste**.　클레르는 기자이다.

③ 주어 + 동사 + 목적어

목적어는 동사가 나타내고자 하는 것을 보완해 주는 역할을 합니다.

- Je regarde **la télévision**.　나는 텔레비전을 본다.
- Je pense **à ma meilleure amie**.　나는 내 가장 친한 친구를 생각한다.

④ 주어 + 동사 (+ 직접목적어/간접목적어) + 상황보어

- Je suis **dans le parc**.　나는 공원에 있다.
- Nous sommes **chez le coiffeur**.　우리는 미용실에 있다.
- Je mange une pomme **sous la tente**.　나는 텐트에서 사과를 먹는다.
- Elles visiteront le château de Versailles **demain**.
  내일 그녀들은 베르사유 궁전을 방문할 것이다.

2. 복합 문장 <small>phrase complexe</small>

복합 문장은 주어와 그에 따라 변화된 동사(동사원형이 아닌)가 2개 이상인 문장을 가리킵니다.

① 2개 이상의 절 <small>proposition</small>이 이어질 때

- J'ai obtenu mon permis de conduire, je peux désormais conduire.
  운전면허를 따서, 이제 운전할 수 있다.

Tip. 프랑스어 문장에서는 두 절을 쉼표로 나눠 줍니다.

② et(그리고), ou(또는), donc(그래서) 등의 접속사로 절 <small>proposition</small>이 연결될 때

- J'ai acheté une baguette **et** un croissant.
  나는 바게트와 크루아상을 샀다.

- Pendant les vacances, j'irai à la plage avec mes amis **ou** je passerai du temps avec ma famille.
  방학 동안 나는 친구들과 해변을 가거나 가족과 함께 시간을 보낼 것이다.

③ 주절과 종속접속사로 이어져 있는 종속절

- J'aimerais **que** tu viennes demain.   네가 내일 왔으면 좋겠어.
- Je pense **que** tu as raison.   내 생각에는 네 말이 맞는 것 같아.

3. 문장 부호

. point	마침표	, virgule	쉼표
; point virgule	세미콜론	: deux points	콜론
? point d'interrogation	물음표	! point d'exclamation	느낌표
... points de suspension	말줄임표	( ) parenthèses	괄호
« » guillements	인용 부호, 따옴표	- tiret	연결 부호

Unité 7. **억양**

억양은 그 나라 언어가 일으키는 멜로디입니다. 프랑스어의 매력 중 하나는
발음이지만 여기에 억양이 큰 역할을 합니다. 억양에 따라 말의 의도를 알 수 있기
때문에 매우 중요합니다.

1. 평서문 (긍정문, 부정문)

문장 끝에서 목소리 톤을 낮춰 줍니다.

- Tu travailles. 너는 일한다.
- Tu ne travailles pas. 너는 일하지 않는다.

2. 의문문

문장 끝에서 목소리 톤을 높여 줍니다.

- Tu travailles ? 일 해?

3. 명령문

처음에는 높은 톤으로 시작해서 낮게 끝내 줍니다.

- Arrête tout de suite ! 당장 그만해!

4. 감탄문

목소리 톤이 올라갑니다.

- Joyeux anniversaire ! 생일 축하해!

Unité 8. 언어 레벨

프랑스어는 언어의 레벨을 구어체, 일상대화체, 격식체 세 가지로 구별합니다.

1. 구어체 (친밀한 표현)

구어체는 친한 사이에만 가능한 말투와 표현입니다. 친한 사이에서 말할 때나
문자를 주고 받을 때 씁니다. 친한 사이가 아닌 상대에게 구어체를 쓴다면 실례가
됩니다.

- Coucou Amandine, ça roule (= ça va) ? 안녕 아망딘, 잘 지내?
- Je te présente mon pote. 내 (남자사람) 친구를 소개해.
- Ce bouquin (= livre) est trop bien. 이 책 너무 대박이야.

2. 일상대화체 (가장 흔히 쓰이는 표현)

일상대화체는 말할 때와 글을 쓸 때 가장 일반적으로 쓰입니다. 주로 학교나
사무실에서 또는 잘 알지 못하는 사람과 대화할 때 씁니다. 상대방에게 적절히
예의를 갖추면서도 너무 부담스럽지 않은 수준의 표현입니다. 일상대화체를 사용할
때는 문법과 시제의 일관성을 지키고 어휘 사용에 유의하여 씁니다.

- J'ai lu ce livre. Il est très intéressant. 이 책 읽었어. 아주 재미있어.

3. 격식체 (정중한 표현)

격식체는 문학이나 문서 자료 등에서 글로 표현할 때 주로 사용되며, 격식을 갖추어
정중히 말해야 하는 자리에서도 사용됩니다. 이때 사용되는 어휘와 표현들은
구어나 일상어와 다릅니다.

- J'ai lu cet ouvrage avec beaucoup d'intérêt.
  저는 이 작품을 매우 흥미롭게 읽었습니다.

언어 레벨 단어	구어체 Langage familier	일상대화체 Langage courant	격식체 Langage soutenu
일	boulot n.m.	travail n.m.	métier n.m.
자동차	bagnole n.f.	voiture n.f.	automobile n.f.
먹다	bouffer v.	manger v.	se restaurer v.
지저분한	déguelasse a.	sale a.	répugnant a.

Minsoo
(한국인)
경제학과 대학생

Laura
(프랑스인)
건축학과 대학생

Pierre
(프랑스인) 대학생

Jean
(프랑스인) 교수

Paul
(독일인) 대학생

Léa
(프랑스인) 대학생

Julie
(프랑스인) 대학생

vendeuse
(옷 가게) 점원

femme
여자

guichetière
(기차) 매표소 직원

employée
(영화관) 직원

employée
(지하철) 직원

serveur
(카페) 종업원

serveuse
(음식점) 종업원

marchande
(가게) 상인

commerçant
(벼룩시장) 상인

vendeur
(신발 가게) 점원

vendeur
(쇼핑센터) 점원

passant
행인

pharmacien
약사

responsable
(인사) 담당자

homme
남자

Salut ! Ça va ?

안녕! 잘 지내?

학습 목표

1과에서는 첫인사, 만났을 때와 헤어질 때 인사 등
첫 만남에서 꼭 알아야 하는 기본 표현들을 익힐 수 있습니다.
인칭대명사를 비롯해 회화에서 가장 기본적으로 사용되는
aller 동사에 대해 공부해 봅시다.

— Dialogue   **01-1. 안녕! 잘 지내?**

                   01-2. 안녕하세요, 어떻게 지내십니까?

— Grammaire   **1. 인칭대명사**

                   2. aller 가다, 지내다

— Expressions   다양한 인사

Salut ! Ça va ?

이제 막 프랑스 파리 1대학에 입학한 민수는 부푼 마음으로 강의실에 들어왔다.
지난 강의 때 우연히 옆에 앉으면서 알게 된 피에르에게 반갑게 인사를 해 본다.

Minsoo　　Salut ! [1/2] Ça va ?
민수　　　　　쌀류! 싸 바?

Pierre　　Oui, ça va [3] bien, merci.
삐에흐　　　　위, 싸 바 비앙, 메흐씨.

　　　　　　　Et toi ?
　　　　　　　에 똬?

Minsoo　　Moi [4] aussi, merci.
　　　　　　　똬 오씨, 메흐씨.

강의가 끝나고,

Pierre　　Salut !
　　　　　　　쌀류!

Minsoo　　Salut !
　　　　　　　쌀류!

유익한 정보 En savoir plus

친한 사이에 하는 인사

'Salut ! (안녕!)'는 친한 사이에서 사용하는 인사입니다. 만나서도 'Salut !', 헤어질
때도 'Salut !'라고 합니다. 'Coucou ! (나 왔어!)'라는 표현도 내가 왔음을 알리는
인사로 친한 사이에서 흔히 쓰입니다. 카페에서 나를 기다리는 반가운 친구에게 다가가
'Coucou, ça va ? (나 왔어, 잘 지내?)'라고 하면 더욱 친밀한 관계 표시가 된답니다.

□ salut int. 안녕; 잘 가

□ ça pro.dém. 이것

□ va v. 지내다
(aller 동사, 3인칭 단수)

□ oui int. 응, 네

□ et conj. 그리고

□ toi pro.per. 너

□ moi pro.per. 나

□ aussi ad. 또, 또한

□ merci int. 감사합니다

안녕! 잘 지내?

민수   안녕! 잘 지내?

피에르   응, 잘 지내, 고마워.
너는?

민수   나도 잘 지내, 고마워.

피에르   잘 가!

민수   잘 가!

1 ça va

'ça va'는 친근한 표현으로 잘 아는 사이에서 쓰입니다. 조금 더 예의를 갖추고 싶다면 이렇게 말하세요.

• Tu vas bien ?   잘 지내니?

- Oui, je vais bien.   응, 잘 지내.

2 의문문 만들기①

프랑스어로 질문하고자 할 때 가장 쉬운 방법은 평서문 문장을 그대로 두고, 문장 마지막만 올려서 말하는 것입니다.

• Ça va ?   잘 지내?

- Oui, ça va.   응, 잘 지내.

3 bien

bien은 '잘' 지내고 있다는 것을 강조하는 부사입니다. bien이 'ça va'와 함께 쓰일 때는 그날의 컨디션에 따라서 생략 또는 추가 가능합니다.

4 aussi

aussi는 '또한'이라는 뜻의 부사입니다. 흔히 상대방이 한 말에 동의할 때 '나 또한 그렇다'라는 의미로 강세형 인칭대명사 moi 뒤에 붙여 사용합니다.

• Je vais bien. Et toi ?
난 잘 지내. 너는?

- Moi aussi.   나도.

Bonjour, comment allez-vous ?

민수네 옆집에 사는 장 아저씨. 엘리베이터에서 마주쳐 인사를 나눈다.
항상 넉살 좋은 웃음으로 반갑게 맞아 주시는 아저씨. 좋은 이웃을 만난 것 같아 다행이다.

Minsoo　　　¹Bonjour, ²comment allez-vous ?
민수　　　　봉쥬흐, 꺼멍 딸레-부?

Jean　　　Je vais bien, ³merci.
정　　　　　쥬 배 비앙, 메흐씨.

　　　　　　Et vous ?
　　　　　　에 부?

Minsoo　　　Moi aussi, je vais bien, merci.
　　　　　　뫄 오씨, 쥬 배 비앙, 메흐씨.

Jean　　　Au revoir !
　　　　　　오 흐봐흐!

Minsoo　　　Au revoir !
　　　　　　오 흐봐흐!

유익한 정보 En savoir plus

인사할 때 'Enchanté(e)'는 언제 쓰나요?

'Enchanté(e).'는 '만나서 반갑습니다.'라는 뜻으로, 처음 만난 사람에게 하는
인사입니다. 말하는 사람이 남자면 'Enchanté.', 여자면 'Enchantée.'라고 하지요.
처음 만난 사람이나 소개 받는 자리라면 주로 'Bonjour, enchanté(e). (안녕하세요,
반갑습니다.)'라고 말하면서 악수 또는 뽀뽀 인사를 합니다.

- bonjour int. 안녕하세요 (낮)
- comment ad. 어떻게
- allez v. 지내다
  (aller 동사, 2인칭 복수)
- vous pro.per. 당신
- je pro.per. 나
- vais v. 지내다
  (aller 동사, 1인칭 단수)
- bien ad. 잘
- au revoir int. 안녕히 가세요

해석 Traduction

안녕하세요, 어떻게 지내십니까?

민수 안녕하세요, 어떻게 지내십니까?

장 잘 지냅니다, 고마워요.
당신은요?

민수 저도 잘 지내요, 고마워요.

장 안녕히 가세요!

민수 안녕히 가세요!

해설 Explications

1 bonjour

'Bonjour.'는 낮에 하는 인사로, 모르는 사람, 친한 사람, 어린아이부터 어른까지 누구에게나 사용할 수 있습니다. 비슷하게 자주 사용하는 'Bonsoir.'는 17시 이후에 사용하는 저녁 인사입니다.

2 의문문 만들기②

의문문을 만들 때는 평서문에서 주어와 동사의 위치를 바꾸어 씁니다.

[의문사 + 동사 + 주어 ?]

이런 경우 '주어와 동사가 도치되었다'고 하는데, 이렇게 위치가 바뀐 동사와 주어 사이에 '-(연결부호)'를 넣어 줍니다.

- Comment **allez-vous** ?
  어떻게 지내십니까?
- Quand **vient-il** ?
  그는 언제 옵니까?
- Où **est-elle** ?
  그녀는 어디에 있습니까?

하지만 회화에서는 주어와 동사의 위치를 바꾸지 않고, 의문사가 문장 끝에 위치하는 경우도 있습니다.

- Vous allez comment ?
  어떻게 지내세요?
- Il vient quand ?
  그는 언제 오나요?
- Elle est où ?
  그녀는 어디에 있나요?

3 merci

우리말로 안부를 전할 때 '네, 잘 지내요.' 라고 답하면서 꼭 '고맙다'라는 말을 붙이지 않아도 어색하지 않지요. 하지만 프랑스에서는 'Merci. (고맙습니다.)'까지 말해 주는 것이 자연스럽습니다.

Unité 1. 인칭대명사

1. 주격 인칭대명사

문장에서 주어 역할을 하는 인칭대명사를 주격 인칭대명사라고 합니다.
주격 인칭대명사는 사람이나 사물을 가리키며, 일반적인 문장에서는 항상
맨 앞에 위치합니다.

인칭	수	주격 인칭대명사	예문
1	단수	je (*j') 나	**Je** vais bien. **나는** 잘 지낸다.
2		tu 너	**Tu** vas bien ? **(너는)** 잘 지내?
3		il / elle / *on 그 / 그녀 / 우리	**Il** va bien. **그는** 잘 지낸다. **Elle** va bien. **그녀는** 잘 지낸다. **On** va bien. **우리는** 잘 지낸다.
1	복수	nous 우리	**Nous** allons bien. **우리는** 잘 지냅니다.
2		vous 당신(들), 너희	**Vous** allez bien. **당신(들)은** 잘 지냅니다.
3		ils / elles 그들 / 그녀들	**Ils** vont bien. **그들은** 잘 지냅니다. **Elles** vont bien. **그녀들은** 잘 지냅니다.

Attention ! **j'**

주격 인칭대명사 je(나)는 모음 또는 무음 h로 시작하는 단어 앞에서 e가 생략되어 j'로
씁니다.

- Je aime. → **J'**aime. 나는 좋아한다.
- Je habite à Paris. → **J'**habite à Paris. 나는 파리에 산다.

Plus ! **on**

on은 아주 흔하게 사용되는 대명사로 회화에서는 해석이 생략되며, 크게 세 가지 뜻이
있습니다.

① 사람들

- En Corée du Sud, **on** mange beaucoup de riz.
  한국에서는, (사람들이) 쌀을 많이 먹는다.

② 우리(= nous, 문어체)

- Ce soir, **on** va au restaurant. 오늘 저녁, (우리는) 음식점에 간다.

③ 누군가

- **On** sonne à la porte. 누군가 벨을 울린다.

2. 강세형 인칭대명사

나, 너, 우리를 moi, toi, nous로도 표현할 수 있습니다. 이것을 강세형
인칭대명사라고 합니다. 명령할 때나 상대방을 강하게 부를 때, 이미 언급된
사람 또는 사물을 강조할 때 씁니다. 명사 또는 인칭대명사를 말 그대로
강조하기 위해 씁니다.

강세형 인칭대명사		
인칭	단수	복수
1	moi 나	nous 우리
2	toi 너	vous 당신(들), 너희들
3	lui / elle / on 그/ 그녀/ 우리	eux / elles 그들/ 그녀들

① 주어를 강조할 때 (특히 상대적으로 다름을 강조하기 위해)

- **Moi**, j'aime lire des livres et **toi**, tu aimes regarder des films.
  나는 책 읽는 것을 좋아하고, **너는** 영화 보는 것을 좋아한다.

- **Moi**, je suis Sud-Coréenne et **elle**, elle est Française.
  나는 한국 사람이고, **그녀는** 프랑스 사람이다.

- **Elle**, elle joue au piano et **lui**, il joue de la guitare.
  그녀는 피아노를 치고, **그는** 기타를 친다.

- **Nous**, nous allons partir et **toi**, tu restes ici ?
  우리는 갈 거야, **넌** 여기에 있을 거니?

② 전치사 뒤에 인칭대명사가 올 때

- Il est chez **lui**. 그는 그의 집에 있다.
  Il est chez il. (×)

- Nous allons chez **toi**. 우리는 너의 집에 간다.
  Nous allons chez tu. (×)

- Tu viens avec **moi** ? 나랑 같이 갈래?
  Tu viens avec je ? (×)

③ 동사 없이 사람(인칭대명사)만 나타낼 때

- Qui veut aller à la mer ? 누가 바다에 가고 싶니?
- **Moi** ! 나!
- Qui veut aller à la montagne ? 누가 산에 가고 싶니?
- **Nous** ! 우리!

④ C'est ~ ((이것은) ∼이다) 구문

- C'est **toi** ? 너야?
- C'est **lui** ! 바로 그야!

⑤ 맞장구칠 때

- Il aime le chocolat. 그는 초콜릿을 좋아해.
- **Moi** aussi. 나도 (좋아해).
- J'aime le tennis. 나는 테니스를 좋아해.
- **Lui** aussi. 그도 (좋아해).
- Je n'aime pas les légumes. 나는 채소를 싫어해(좋아하지 않아).
- **Eux** non plus. 그들도 (싫어해).
- Il n'aime pas le poisson. 그는 생선을 싫어해(좋아하지 않아).
- **Elle** non plus. 그녀도 (싫어해).

Unité 2. **aller** 가다, 지내다

aller 동사는 크게 두 가지 뜻으로 사용됩니다. 주로 '가다'라는 뜻으로 쓰며, '지내다'라는 뜻으로도 자주 사용됩니다. 또한 주어에 따라 동사가 불규칙하게 변하는 '3군 불규칙 동사'로, 주어에 따라 동사원형과 전혀 다르게 변화됩니다.

Plus ! **3군 불규칙 동사**

프랑스어는 주어에 따라 동사의 어미가 변합니다. 동사원형이 '-er'로 끝나고 동사변형이 규칙적이면 대부분 1군 동사입니다. 그러나 aller 동사는 1군 동사처럼 '-er'로 끝나지만, 유일하게 동사변형이 규칙적이지 않은 '3군 불규칙 동사'입니다.

주어	동사변화(현재)	주어	동사변화(현재)
je (j')	**vais**	nous	**allons**
tu	**vas**	vous	**allez**
il / elle / on	**va**	ils / elles	**vont**

① (어디에) 가다 : **[~가 + aller + (어디)에]** ~가 (어디)에 가다

- Je **vais** à l'école. 나는 학교에 간다.
- Tu **vas** où ? (너) 어디 가?
- Elle **va** chez Pierre. 그녀는 피에르네 집에 간다.
- Nous **allons** à Paris. 우리는 파리에 갑니다.
- Vous **allez** en France ? (당신은) 프랑스에 가세요?
- Ils **vont** au restaurant. 그들은 음식점에 갑니다.

② 지내다(안부를 물을 때) : **[~가 + aller + 잘]** ~가 잘 지내다

- Je **vais** bien. 난 잘 지내.
- Il **va** bien. 그는 잘 지내.
- Laura **va** bien ? 로라는 잘 지내?
- Nous **allons** bien. 우리는 잘 지내.
- Vous **allez** bien ? (당신은) 잘 지내십니까?
- Ils **vont** bien ? 그들은 잘 지내?

Plus ! **'ça va'는 '괜찮아'라고요?**

'Ça va ?'는 '괜찮아?', '이해했어?'라는 뜻으로, 'Ça va. (괜찮아./알았어.)' 또는 'Ça ne va pas. (괜찮지 않아./모르겠어.)'로 대답합니다. 일상에서 많이 쓰이는 표현이에요.

다양한 인사

1. 기본 인사

¹⁻¹Bonjour. 안녕하세요. (낮)

²Bonsoir. 안녕하세요., 안녕히 가세요. (저녁)

¹⁻²Au revoir. 안녕히 가세요., 안녕히 계세요.

³Salut. 안녕.

2. 헤어질 때 인사

Au revoir. 안녕히 가세요. (낮과 밤 모두)

Bonsoir. 안녕히 가세요., 안녕히 계세요. (저녁)

Bonne journée. 좋은 하루(되세요).

Bonne soirée. 좋은 저녁(되세요).

Bonne nuit. 잘 자(요).

Salut. 안녕., 잘 가.

⁴À tout à l'heure. 이따 봐(요).

⁵⁻¹À plus tard. 나중에 봐(요).

⁵⁻²À bientôt. 곧 봐(요).

⁵⁻³À ce soir. 저녁에 봐(요).

⁵⁻⁴À demain. 내일 봐(요).

3. 안부 인사

Ça va ? 잘 지내?

Tu vas bien ? (너) 잘 지내?

Comment vas-tu ? (너) 어떻게 지내?

Vous allez bien ? (당신은) 잘 지내세요?

⁶Comment allez-vous ? 어떻게 지내십니까?

---

1 만날 때와 헤어질 때,
   각각 다르게 표현합니다.
   Bonjour. (만날 때)
   Au revoir. (헤어질 때)

2 만날 때와 헤어질 때 모두 사용

3 친근한 표현

4 tout à l'heure   이따; 아까

5 à prép. ~에
   전치사 à는 '(어느 때)에'라는
   뜻이므로 인사할 때 꼭 붙여
   써야 합니다.

6 가장 정중한 표현

정답 p.283

1. 빈칸을 알맞게 채워 보세요.

1. 안녕! 잘 지내?

→ Salut ! Ça _____ ?

2. 안녕하세요, 어떻게 지내십니까?

→ Bonjour, comment _____-vous ?

3. 잘 지냅니다.

→ Je vais _____.

4. 저도 잘 지내요, 고마워요.

→ _____ aussi, je vais bien, merci.

2. 빈칸에 알맞은 aller 동사를 쓰세요.

1. Je _____ à l'école.

2. Tu _____ où ?

3. Il _____ bien.

4. Elle _____ chez Pierre.

5. Nous _____ à Paris.

6. Vous _____ en France ?

7. Ils _____ au restaurant.

3. 프랑스어로 작문해 보세요.

1. 안녕하세요, 어떻게 지내십니까?

→ _____

2. 저도 잘 지내요.

→ _____

3. 곧 봐요.

→ _____

4. 좋은 하루 되세요.

→ _____

프랑스의 친근한 뽀뽀 인사, 비쥬

프랑스에서는 친한 이들끼리 만났을 때 다정하게 양 볼에 뽀뽀하며 인사하는 일이
흔합니다. '비쥬 bisou'라고 부르는 이 인사는 프랑스 어디에서나 쉽게 볼 수 있는 인사
문화입니다. 하지만 지역에 따라 약간씩 횟수의 차이가 있는데, 두 번 하는 지역도 있고,
세 번 혹은 네 번까지 하는 곳도 있습니다.

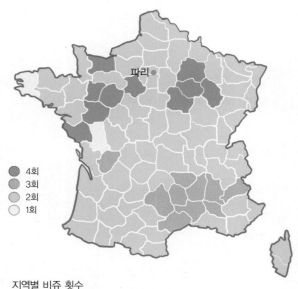

지역별 비쥬 횟수
＊ 데파르트망(département)마다 조금씩 편차가 있습니다.

'비쥬'라는 관습은 언제 생긴 걸까요? '비쥬'라는 말 자체는 로마시대까지 거슬러
올라가야 그 뿌리를 알 수 있습니다. 로마인들은 뽀뽀하는 방식을 세 가지로 나눴지요.
첫 번째는 사에비움 saevium으로 입술에 하는 사랑의 뽀뽀이고, 두 번째는 오스쿨룸
osculum으로 손등에 하며 종교적인 의미 또는 애정을 표현하는 뽀뽀이며, 마지막으로
예의를 갖추어 뺨에 하는 뽀뽀인 바지움 basium이 있습니다. 오늘날 우리가 알고 있는
'비쥬'는 바지움에서 유래한 것입니다.
중세 시대(5~15세기)만 해도 프랑스에서 뽀뽀 인사보다는 말로 하는 인사가
대부분이었습니다. 하지만 부르주아(상류층) 사이에서는 볼 뽀뽀를 했고 귀족들
사이에서는 더 나아가 입술에 뽀뽀를 했다고 합니다.
그러다가 흑사병이 대유행했던 14세기부터는 위생적인 이유로 뽀뽀를 덜 하게
되었습니다. 1차 세계대전이 끝나고 나서야 다시 뽀뽀 인사가 돌아왔다고 하는데요.
이로써 볼에 가벼운 입맞춤을 하는 지금의 '비쥬'가 자리를 잡게 되었다고 합니다.

Comment tu t'appelles ?
너는 이름이 뭐니?

학습 목표

2과에서는 누군가와 처음 만난 상황에서 이름, 국적 등을 묻고 소개하는 표현들을 익힐 수 있습니다.
기본적으로 익혀야 하는 être 동사와 소유형용사, 그리고 대명동사에 대해 공부해 봅시다.

— Dialogue   **02-1. 너는 이름이 뭐니?**

                  02-2. 프랑스 사람이세요?

— Grammaire   **1. être ~이다**

                  2. 소유형용사

                  3. 대명동사

— Expressions   이름과 국적 묻고 답하기

Comment tu t'appelles ?

자리 배정이 자유로운 프랑스 대학교 강의실. 민수는 다양한 사람들과 만나 볼 수 있는 기회를 놓치지 않기로 했다. 한 학생 옆에 자리 잡고, 용기 내어 말을 건네 본다.

Minsoo
민수
[1]Comment tu t'appelles ?
꺼멍 뜌 따뻴?

Laura
로하
Je m'appelle Laura.
쥬 마뻴 로하.

Minsoo
Je suis [2-1]Sud-Coréen.
쥬 쒸 슈드-꼬헤앙.

Tu es [2-2]Française ?
뜌 에 프헝쌔즈?

Laura
Oui, je suis Française.
위, 쥬 쒸 프헝쌔즈.

유익한 정보 En savoir plus

어느 수준까지 자기소개를 하면 좋을까요?

프랑스 사람들과 처음 만났을 때는 한국에서 흔히 묻고 답하는 나이, 가족관계나 결혼 등에 대한 소개는 과감히 빼야 합니다. 특히나 프랑스 사람들은 사생활을 중시하기 때문에 개인적인 영역을 지키려는 성향이 강합니다. 묻지 않았는데 먼저 이런 사적인 영역들을 드러내면 당황할 수도 있고, 실례가 될 수도 있습니다. 처음에는 가볍게 이름, 국적, 사는 곳 정도 물어보는 것이 자연스럽습니다.

단어 Vocabulaire

- □ tu pro.per. 너
- □ t'appelles v. 불리다, 이름이 ～이다
  (s'appeler 동사, 2인칭 단수)
- □ m'appelle v. 불리다, 이름이 ～이다
  (s'appeler 동사, 1인칭 단수)
- □ suis v. ～이다
  (être 동사, 1인칭 단수)
- □ Sud-Coréen n.m. 한국 사람(남자)
- * Sud-Coréenne n.f. 한국 사람(여자)
- □ Française n.f. 프랑스 사람(여자)
- * Français n.m. 프랑스 사람(남자)

해석 Traduction

너는 이름이 뭐니?

민수　너는 이름이 뭐니?

로라　내 이름은 로라야.

민수　나는 한국 사람이야.
　　　너는 프랑스 사람이니?

로라　응, 난 프랑스 사람이야.

해설 Explications

1 이름 묻기 ①

'Comment tu t'appelles ?'은
이름을 묻는 정중한 표현입니다.
주어와 동사를 도치시켜 'Comment
t'appelles-tu ?'라고 쓸 수도 있지요.
예의를 갖추지 않아도 된다면, 주어로
시작하는 'Tu t'appelles comment ?'
이라 해도 좋습니다.

2 국적 묻기 ①

Sud-Coréen은 한국 국적을 나타내는
명사입니다. 남자는 Sud-Coréen,
여자는 Sud-Coréenne입니다.
덧붙여 Sud-Coréen은 하나의
단어이기 때문에 '–(연결부호)'로
이어줍니다.
Française는 프랑스 국적을 나타내는
명사입니다. 여기에서는 주어 'tu (너)'에
해당하는 로라가 여자이기 때문에
Français의 여성형 Française를
씁니다.

Êtes-vous Française ?

학기 초라 서로 알아 가는 분위기이다.
민수의 옆자리에서 두 학생이 서로 국적을 묻는다.

Paul　　Bonjour, [1]comment vous vous appelez ?
뿔　　　　봉쥬흐, 꺼멍 부 부 자뺄레?

Léa　　Je m'appelle Léa. Et vous ?
레아　　　쥬 마뻴 레아. 에 부?

Paul　　[2]Moi, c'est Paul.
　　　　　　　와, 쎄 뿔.

　　　　　　Êtes-vous Française ?
　　　　　　엣–부 프헝쌔즈?

Léa　　Oui, je suis Française.
　　　　　위, 쥬 쒸 프헝쌔즈.

　　　　　Et vous, [3]quelle est votre nationalité ?
　　　　　에 부, 껠 레 보트흐 나씨오날리떼?

Paul　　Je suis Allemand.
　　　　　쥬 쒸 잘멍.

유익한 정보 En savoir plus

나라별 국적

국적을 나타내는 명사는 대문자로 시작합니다.

- un(e) Sud-Coréen(ne) 한국인
- un(e) Japonais(e) 일본인
- un(e) Allemand(e) 독일인
- un(e) Américain(ne) 미국인
- un(e) Chinois(e) 중국인
- un(e) Français(e) 프랑스인
- un(e) Anglais(e) 영국인
- un(e) Espagnol(e) 스페인 사람

단어 Vocabulaire

- ☐ êtes v. ~이다
  (être 동사, 2인칭 복수)
- ☐ Française n.f. 프랑스 사람(여자)
- ☐ quelle a. 어떤, 무슨
- ☐ votre a.pos. 당신의
- ☐ nationalité n.f. 국적
- ☐ Allemand n.m. 독일 사람(남자)
- * Allemande n.f. 독일 사람(여자)

해석 Traduction

프랑스 사람이세요?

폴   안녕하세요, 성함이 어떻게
되십니까?

레아   제 이름은 레아입니다. 당신은요?

폴   저는 폴이에요.
프랑스 사람이세요?

레아   네, 프랑스 사람이에요.
당신은 어느 나라 사람이세요?

폴   독일 사람이에요.

해설 Explications

1 이름 묻기②

'Comment vous vous appelez ?'와
'Comment vous appelez-vous ?'는
같은 뜻으로 이름을 묻는 가장 정중한
표현입니다. 주어 vous로 시작해서
'Vous vous appelez comment ?'
이라고 해도 문법상 문제는 없습니다.
문장의 단어들 순서만 바꿔도
구어적인 표현이 됩니다.

2 이름 답하기

상대방이 이름을 물었을 때는 간단히
'Moi, c'est + 이름.(저는, ~예요.)'으로
대답해도 됩니다. 이는 예의에
어긋나는 것이 아니랍니다.
다만 'Enchanté(e). (반가워요.)' 등
반갑다는 표현을 덧붙이거나 다른
질문으로 대화를 이끌어가는 것이
자연스럽습니다.

3 국적 묻기②

'Quelle est votre nationalité ?'는
상대방의 국적을 묻는 가장 정중한
표현입니다. 조금 더 구어적인 표현은,
주어로 시작해서 'Vous êtes de
quelle nationalité ?'라고 하면 됩니다.
아니면, 조심스럽게 'Vous êtes
Français(e) ? (프랑스인이세요?)'라고
물을 수도 있습니다.

Unité 1. être ~이다

être 동사는 '~이다'라는 뜻으로, 프랑스어 전반에 자주 사용됩니다.
특히 국적이나 직업을 소개할 때 être 동사를 사용하는데, '나는 한국 사람입니다',
또는 '나는 학생입니다'와 같이 '나는 ~입니다'라고 할 때, 'je suis ~'로
표현합니다.
원칙적으로 명사 앞에 관사가 붙지만, être 동사 다음에 오는 국적, 직업, 종교를
나타내는 명사 앞에는 붙지 않습니다.

- Je suis **Sud-Coréen(ne)**. 나는 한국 사람입니다.

  Je suis un(e) Sud-Coréen(ne). (×)

- Je suis **médecin**. 나는 의사입니다.

  Je suis un médecin. (×)

- Je suis **protestant(e)**. 나는 기독교(인)입니다.

  Je suis un(e) protestant(e). (×)

être 동사는 3군 불규칙 동사로, 동사변형이 일정하지 않습니다.
그렇기 때문에 주어에 따른 동사변형을 꼭 외워 두어야 합니다.

être 동사	
Je **suis** étudiant(e). 나는 학생입니다.	Nous **sommes** étudiant(e)s. 우리들은 학생입니다.
Tu **es** étudiant(e). 너는 학생입니다.	Vous **êtes** étudiant(e)s. 당신(들)은 학생입니다.
Il/ Elle/ On **est** étudiant(e). 그/ 그녀/ 우리는 학생입니다.	Ils/ Elles **sont** étudiant(e)s. 그들/ 그녀들은 학생입니다.

Unité 2. 소유형용사

소유형용사는 '나의', '너의', '우리의'처럼 소속이나 소유 관계를 나타낼 때 씁니다.
사람 간의 관계 또는 사람과 사물 간의 관계를 나타냅니다.

① 소유자가 한 명일 때

누구의 ?	sac 가방		montre 시계	
	가방	가방들	시계	시계들
나의	mon	mes	ma	mes
너의	ton sac	tes sacs	ta montre	tes montres
그(녀)의	son	ses	sa	ses

- C'est **mon** stylo. (그건) 내 볼펜이야.
- C'est **ton** téléphone portable ? (그게) 네 휴대폰이야?
- **Son** ordinateur est en panne. 그의 컴퓨터가 고장 났다.
- **Mes** chiots sont mignons. 나의 강아지들은 귀엽다.
- Ce sont **mes** petites sœurs. 내 여동생들이야.
- **Tes** livres sont sur la table. 너의 공책들이 책상 위에 있다.
- **Ses** chaussures sont ici. 그의 신발이 여기에 있다.

Attention ! **mon, ton, son**
> 여성 소유형용사인 ma, ta, sa 뒤에 모음 또는 무음 h으로 시작하는 단어가 올 때는
> mon, ton, son으로 변합니다.
> - ma université (×)
> → **mon** université 나의 대학교
> - ta histoire (×)
> → **ton** histoire 너의 이야기
> - sa amie (×)
> → **son** amie 그의 (여자 사람) 친구

② 소유자가 여러 명일 때

누구의 ?	livre n.m. 책		classe n.f. 교실	
	단수	복수	단수	복수
우리의	notre	nos	notre	nos
당신(들)/ 너희(들)의	votre livre	vos livres	votre classe	vos classes
그(녀)들의	leur	leurs	leur	leurs

- **Notre** professeur est gentil. 우리 교수님은 친절하시다.
- Ce sont **nos** chaussures. 그것들은 우리의 신발입니다.
- **Votre** classe est là-bas. 여러분의 교실은 저기 있습니다.
- Ce sont **vos** chaussures ? 그것들이 당신의 신발입니까?
- Je connais **leur** professeur. 나는 그들의 교수님을 안다.
- Ce sont **leurs** livres. 그것들은 그들의 책입니다.

Unité 3. 대명동사

프랑스어 문장들을 보다 보면 동사 앞에 se가 붙는 경우가 있습니다.
이렇게 동사 앞에 se가 붙는 동사를 '대명동사'라 하는데, 이 대명동사는
무엇을 '자신한테 ~하다'라는 뜻으로 사용됩니다. 여기에서 se는 '자신에게',
'자신으로 하여금'을 뜻하는 대명사로, '재귀대명사'라고 부릅니다. 동사
s'appeler(불리다)처럼 앞에 se(모음으로 시작하는 동사 앞에서는 s')가 붙으면
대명동사가 되는 것입니다.
같은 동사라도 앞에 se가 있고 없고에 따라 뜻이 달라집니다.

se가 붙을 때		se가 안 붙을 때	
s'appeler	자신을 부르다 (= 자신의 이름은 ~이다)	appeler	(누군가를) 부르다
se laver	자신을 씻기다 (= 스스로 씻다)	laver	(누군가를/무엇을) 씻기다
s'habiller	자신에게 옷을 입히다 (= 스스로 입다)	habiller	(누군가에게) 옷을 입혀 주다
se regarder	자신을 보다	regarder	(누군가를/무엇을) 보다

- **Je m'appelle Joowon.** 내 이름은 주원입니다.
  J'appelle Joowon. 나는 주원이를 부른다.
- **Je me lave.** 나는 씻는다.
  Je lave ma voiture. 나는 내 자동차를 닦는다.
- **Je m'habille.** 나는 옷을 입는다.
  J'habille mes enfants. 나는 내 아이들에게 옷을 입힌다.
- **Je me regarde dans la glace.** 나는 거울을 본다. (거울에서 나 자신을 본다.)
  Je regarde la télévision. 나는 텔레비전을 본다.

Attention ! **대명동사가 될 수 없는 동사**
boire(마시다), manger(먹다), marcher(걷다), courir(뛰다)와 같은 동사들은 대명동사가
될 수 없습니다.
- Je me bois. (×) 나는 나를 마신다.
- Je me marche. (×) 나는 나를 걷는다.

이름과 국적 묻고 답하기

1. 이름 묻고 답하기

nom (de famille) n.m. (이름을 제외한) 성

prénom n.m. (성을 제외한) 이름

se prénommer v. 이름이 ~이다

s'appeler v. 불리다

[1-1]Comment tu t'appelles ? 이름이 뭐니?

[1-2]Comment vous appelez-vous ?
성함이 어떻게 되십니까?

[1-3]Je m'appelle Julia. 제 이름은 줄리아입니다.

[1-4]Je me prénomme Julia.
제 이름은 줄리아라고 합니다.

[1-5]C'est Julia. 줄리아예요.

> [1] 이름을 묻고 말할 때 쓰는 다양한 표현

2. 국적 묻고 답하기

nationalité n.f. 국적

origine n.f. 출신, 태생

[2]Quelle est votre nationalité ?
국적이 어떻게 되십니까?

[3-1]De quelle origine êtes-vous ? (격식체)
[3-2]Vous êtes de quelle origine ? (구어체)
어디 출신이세요?

[3-3]De quelle origine es-tu ? (격식체)
[3-4]Tu es de quelle origine ? (구어체)
어디 출신이니?

[4-1]Je suis d'origine française.
저는 프랑스 출신입니다.

[4-2]Je suis d'origine sud-coréenne.
저는 한국 출신입니다.

> [2] nationalité는 국적을 의미하며, 주로 행정적인 절차에서 사용함
>
> [3] origine은 nationalité와 상관없이 출신, 태생을 뜻합니다. 따라서 한국 '출신(origine)'이면서 프랑스 '국적(nationalité)'일 수 있습니다.
>
> [4] origine이 여성 명사이므로 따르는 형용사도 여성형입니다.
> origine chinoise,
> orignie canadienne

58

1. 주어에 맞게 명사와 형용사를 완성하세요.

1. 그는 한국 사람이다.

→ Il est Sud-Cor_____.

2. 그녀는 학생이다.

→ Elle est étu_____.

3. 그의 아버지는 의사이다.

→ Son père est méd_____.

4. 나의 어머니는 프랑스인이다.

→ Ma mère est Fran_____.

2. 빈칸에 알맞은 appeler 동사를 쓰세요.

1. Je m'_____ Lucie.

2. Comment vous-_____ vous ?

3. Tu t'_____ comment ?

4. Nous nous _____ Nicolas.

5. Il s'_____ Arthur.

3. 프랑스어로 작문해 보세요.

1. 이름이 뭐니?

→ _____

2. 내 이름은 로라야.

→ _____

3. 너는 프랑스 사람(여자)이니?

→ _____

4. 나는 독일 사람(남자)이야.

→ _____

5. 어디 출신이니?

→ _____

프랑스식 이름, 어떻게 다를까?

우리나라와 다르게 프랑스에서는 항상 '이름'부터 말하고, 이어서 '성'을 말합니다.
예를 들면, 프랑스에서 가장 많은 성 중 하나가 Bernard 베흐나흐인데요, Bernard는
이름으로도 쓰이기 때문에 이름인지 성인지 구분하려면 위치를 보면 됩니다.
Pierre Bernard 피에흐 베흐나흐라고 하면 Bernard가 성입니다.
Bernard Pierre 베흐나흐 피에흐일 경우에는 Bernard가 이름입니다.
또 다른 예로, 프랑스에서 Julia Park이라고 하면, 자연스럽게 앞에 있는 Julia를
이름으로, Park은 성으로 이해합니다. 나도 모르게 한국식으로 '권철수'라고 했다면
외국 이름에 익숙하지 않은 프랑스인이라면 끝에 있는 '수'를 성으로 이해할 수 있습니다.

프랑스 이름	
이름	성
Christian Dior	
Christian	Dior
Marion Cotillard	
Marion	Cotillard
Charles de Gaulle	
Charles	de Gaulle

Charles de Gaulle 샤흘르 드 골과 같이
전치사 de가 이름과 성 사이에 끼어
있는 경우도 많은데, 이런 경우는 de부터
성입니다. 옛 프랑스에서는 가문의 이름을
따서 '성'을 만드는 과정에서 de를 쓰는
경우가 많았습니다. 특히 monsieur(나리)
또는 seigneur(귀인)이라고 불리던
귀족들은 땅을 소유하고 있는 경우가
많았는데, 그 땅의 명칭을 붙여서 성을
지었다고 합니다.
우리가 '전주 이씨', '파평 윤씨' 하는
것처럼 소유한 지역 이름 앞에 de를 붙여 'Louis de Bourbon 루이 드 부흐봉', 'Philippe
d'Orléans 필립 도흘레앙' 등으로 부른 것이지요.

이 때문에 일반적으로 이름 앞에 de가 들어가 있으면 다 귀족인 줄 알지만, 사실
평민들도 많습니다. 특별히 성이랄 게 없었던 평민들이 뒤늦게 출신 지역명을 따서 성을
만드는 경우가 많았다고 합니다. 예를 들어 조상이 Caen 껑이란 도시 출신이라면
'de Caen'이라는 성을 사용했지요. 결국 성에 de가 들어간 가문은 귀족이 많지만
그렇지 않은 귀족도 있으며, 평민 중에도 많다고 할 수 있습니다.
이름 중에는 Anne-Claire 안-끌레흐처럼 두 개의 이름을 '-(연결부호)'로 붙여서 만든
복합형도 있습니다. 남자는 Jean-Pierre 장-삐에흐, 여자는 Anne-Christine 안-크히스틴과
같은 이름들을 흔히 볼 수 있습니다.

* 출처: www.nom-famille.com

Que faites-vous dans la vie ?

무슨 일 하세요?

학습 목표

3과에서는 전공이나 직업에 대해 서로 묻고 답하는 표현들을 익힐 수 있습니다.
정관사와 명사, 그리고 일상에서 흔하게 사용되는 faire 동사에 대해 공부해 봅시다.

— Dialogue   **03-1. 넌 학생이니?**

                        03-2. 무슨 일 하세요?

— Grammaire   **1. 정관사 le, la, les**

                        2. 남성/여성 명사

                        3. faire 하다

— Expressions 학교와 직업

Es-tu étudiante ?

로라에게 계속 관심이 가는 민수. 지금까지 배워 온 프랑스어 표현들을 총동원해서
조심스럽지만 자연스럽게 친해지려고 노력한다.

Minsoo 민수	Es-tu étudiante [1] en architecture ? 에-뛰 에뜌디엉 떵 나흐씨떽뜌흐?
Laura 로하	Oui, [2] je suis étudiante en architecture. 위, 쥬 쒸 제뜌디엉 떵 나흐씨떽뜌흐. Et toi ? 에 똬?
Minsoo	Moi, j'étudie [3] l'économie. 똬, 제뜌디 레꼬노미. C'est très intéressant. 쎄 트해 장떼헤썽.
Laura	Ah, [4] c'est vrai ! 아, 쎄 브해!

유익한 정보 En savoir plus

prépa?

prépa는 'classes préparatoires'의 줄임말입니다. 'classes préparatoires'은
고등학교를 마치고, 2년 혹은 3년 동안 '그랑제꼴(프랑스 특유의 전통적인 엘리트
고등교육기관)' 입학시험을 준비하는 반입니다. 누군가 'Je suis en prépa.'라고 하면
그는 그랑제꼴 준비반 학생이라는 뜻입니다.

- □ étudiante n.f. 여학생
- * étudiant n.m. 남학생
- □ en prép. ~에, ~의 분야에
- □ architecture n.f. 건축, 건축학
- □ j' pro.per. 나 (je의 e 생략)
- □ étudie v. 공부하다
  (étudier 동사, 1인칭 단수)
- □ l' art.déf. 정관사 (la의 a 생략)
- □ économie n.f. 경제, 경제학
- □ vrai a. 진실한, 진정한

넌 학생이니?

민수   넌 건축과 학생이니?

로라   응, 난 건축과 학생이야.
      넌?

민수   난 경제학을 공부해.
      정말 재밌어.

로라   아, 정말!

1 en

전치사 en은 장소나 특정 분야
등에 소속되어 있음을 가리킬 때도
사용합니다.

2 je suis ou j'suis

자연스럽게 말할 때는 'je suis'의 e를
생략해 'j'suis'라고도 합니다. 이를
발음하면 '쉬'라고 합니다. 하지만 이는
발음에서 비롯한 구어적 표현일 뿐,
문법적으로는 맞지 않는 표현입니다.

3 과목

'l''은 정관사 여성형 la가 économie의
첫 글자인 모음 é 앞에서 모음
충돌을 피하기 위해 생략된 것입니다.
'경제학'이라는 개념화된 하나의 과목을
가리키기 때문에 정관사를 붙입니다.

4 감탄사

'C'est vrai !'는 '정말!', '맞다!'라는 뜻의
표현으로, 일상적인 감탄 표현입니다.
부정형으로 'C'est pas vrai !'라고 하면
'말도 안 돼!', '사실이 아니지!'라는
구어적 표현입니다.

Que faites-vous dans la vie ?

민수는 옆집에 사는 장과 가볍게 인사만 나누는 사이이다.
민수는 집에 들어가다 마주친 장에게 궁금했던 것을 용기 내어 물어본다.

Minsoo
민수
¹Que faites-vous dans ²la vie ?
끄 팻–부 덩 라 비?

Jean
정
Je suis professeur.
쥬 쒸 프호페쎠흐.

Minsoo
³Ah ⁴vraiment.
아 브해멍.

Jean
정
Et vous ?
에 부?

Minsoo
Moi, je suis étudiant.
먀, 쥬 쒸 제뜌디엉.

유익한 정보 En savoir plus

직업을 물을 땐 조심스럽게!

상대방의 직업을 물을 때 'Quelle est votre profession ?'이라고도 합니다. 하지만
이것은 '당신의 직업은 무엇입니까?'라는 뜻의 직설적인 표현으로, 주로 행정적인
업무를 볼 때와 같이 공식적인 자리에서 씁니다. 비공식적인 자리에서 상대방의 직업이
궁금하다면 이러한 직설적 질문보다는 실례되지 않게 'Que faites-vous dans la vie
?(무슨 일 하세요?)' 또는 'Vous travaillez ? (일하세요?)'라고 묻는 것이 자연스럽습니다.

단어 Vocabulaire

- que pro.inter. 무엇
- faites v. 하다
  (faire 동사, 2인칭 복수)
- dans prép. ~에서, 안에서
- vie n.f. 삶, 인생
- professeur n.m.
  (중학교 이상의) 교사, 선생님, 교수
- vraiment ad. 정말로
- étudiant n.m. 남학생

해석 Traduction

무슨 일 하세요?

민수   무슨 일 하세요?

장   교수입니다.

민수   아, 그렇습니까.

장   당신은요?

민수   저는 학생입니다.

해설 Explications

1 que
의문문에서 앞에 쓰이는 que는
'quoi(무엇)'의 격식체입니다.
- Que faites-vous dans la vie ?
  무슨 일 하십니까? (격식체)
- Vous faites quoi dans la vie ?
  무슨 일 하세요? (구어체)

2 la vie
'la vie'는 '삶', '인생'이란 뜻으로 이
문장을 직역하면 '당신은 인생에서
무엇을 하십니까?'입니다. 여기에서는
'삶'의 총체를 말하는 것이기 때문에
정관사 la를 씁니다. 부정관사를
붙여서 'une vie'라고 쓰면, 여러 인생
중 하나라는 의미가 되기 때문에 뜻이
통하지 않습니다.

3 ah
감탄사 ah는 구어적 표현으로,
우리말의 '아하' 정도로 이해할 수
있습니다.

4 vraiment
부사 vraiment은 되물을 때 '정말?'
이라고 하거나, 감탄하며 '정말!'이라는
의미로 쓸 수 있습니다.
특히 추임새와 감탄사를 잘 넣는
프랑스 사람들에게 vraiment은 다양한
상황에서 자주 사용합니다.

Unité 1. 정관사 le, la, les

정관사는 다음과 같이 쓰입니다.

① 유일한 것을 나타내는 명사 앞

- **Le** soleil brille. 태양은 빛난다.

② 대화에 참여하고 있는 모두가 알고 있거나,
   상호 간에 명확하게 규정된 사물이나 사람을 가리킬 때

- C'est **la** voiture de mes parents. (그건) 부모님의 자동차이다.
- Ce sont **les** clés de **la** maison.
  (그건) 그 집의 열쇠들이다.
- Je connais **le** professeur de français.
  나는 프랑스어 선생님을 안다.

③ 셀 수 없는 것, 추상적인 개념, 보편적 가치 등을 나타내는 명사 앞

- **L'**argent ne fait pas **le** bonheur.
  돈이 행복을 만들지 못한다. (돈이 있다고 행복한 것은 아니다.)
- J'aime **la** musique. 나는 음악을 좋아한다.

	정관사		
	단수	복수	
남성형	le	les	
여성형	la		

Attention ! **모음 생략**

le와 la는 모음 또는 무음 h 앞에서 모음 충돌을 피하기 위해 모음이 생략되어 l' 가
됩니다.

- le arbre (×) → **l'**arbre 나무
- la université (×) → **l'**université 대학교
- la économie (×) → **l'**économie 경제
- la heure (×) → **l'**heure 시간

정관사 le와 les는 전치사 à 또는 de와 같이 쓰일 경우 축약됩니다.

① à + le = au
- Nous allons **au** restaurant. 우리들은 음식점에 간다.
  Nous allons <u>à le</u> restaurant. (×)

② à + les = aux
- Je parle **aux** enfants. 나는 아이들에게 말한다.
  Je parle <u>à les</u> enfants. (×)

③ de + le = du
- le livre **du** professeur 교수님의 책
  le livre <u>de le</u> professeur (×)

④ de + les = des
- les bonbons **des** enfants 아이들의 사탕
  les bonbons <u>de les</u> enfants (×)

Unité 2. 남성/여성 명사

명사는 크게 두 종류입니다.

흔히 말하는 '명사'는 사물을 가리키는 '보통명사'이며, 남성형 명사와 여성형 명사로 구분합니다. 보통명사와 달리 '고유명사'는 사물이나 사람에 고유하게 부여된 이름을 가리키는 명사입니다.

명사는 저마다 성(性)과 수(數)를 가지고 있으며, 이것에 따라 관사, 지시형용사 또는 소유형용사 등의 한정사가 바뀌는 것이 특징입니다.

- **un** homme 남자
- **mon** crayon 내 연필
- **une** femme 여자
- **cet** ami 이 친구

반면에 고유명사는 첫 글자를 대문자로 써주며 앞에 관사가 붙지 않습니다.

- **Claire** est mince. 클레르는 날씬하다.
- **Paris** est une belle ville. 파리는 아름다운 도시이다.

보통명사는 대부분 고정된 성(性)이 있지만, 직업을 나타내는 명사의 경우 주어에 따라 남성형 또는 여성형으로 변형됩니다.

① 직업이나 사람을 가리키는 남성 명사에 e를 붙이면 여성 명사가 됩니다.

남성형	여성형
un voisin 이웃 남자	une voisine 이웃 여자
un étudiant 남자 대학생	une étudiante 여자 대학생
un ami (남자) 친구	une amie (여자) 친구

② 그 외 규칙

남성형	여성형	남성형	여성형
-er	-ère	-eur	-euse
infirmier 남자 간호사	infirmière 여자 간호사	chanteur 남자 가수	chanteuse 여자 가수
-teur	-trice	-f	-ve
acteur 남자 배우	actrice 여자 배우	veuf 홀아비	veuve 과부
-eux	-euse		
amoureux 사랑하는 남자	amoureuse 사랑하는 여자		

③ 직업이나 사람을 가리키는 명사 중 e로 끝나는 남성 명사는 여성형도 동일합니다.

- un élève 남학생 → une élève 여학생
- un pianiste 남자 피아니스트 → une pianiste 여자 피아니스트

Unité 3. **faire** 하다

faire 동사는 '하다'라는 뜻으로 실제 일상에서 대화할 때 자주 사용됩니다. 'Tu (너는) fais (하다) quoi (무엇을) ?'라고 하면 '너 뭐 해?'라는 뜻입니다. 이처럼 친구에게 가볍게 근황을 물을 때 흔히 faire 동사를 씁니다.

- Tu **fais** quoi en ce moment ?   요즘 뭐 해?
- Tu **fais** quoi aujourd'hui ?   오늘 뭐 해?

faire 동사	
Je **fais** la cuisine. 나는 요리를 한다.	Nous **faisons** la cuisine. 우리(들)은 요리를 한다.
Tu **fais** la cuisine. 너는 요리를 한다.	Vous **faites** la cuisine. 당신(들)은 요리를 한다.
Il/ Elle/ On **fait** la cuisine. 그/ 그녀/ 우리는 요리를 한다.	Ils/ Elles **font** la cuisine. 그들/ 그녀들은 요리를 한다.

'Tu (너는) fais (하다) quoi (무엇을) dans la vie (삶 속에서) ?'라는 표현은 '너는 무엇을 하면서 살아?', 즉 '너는 무슨 일을 하니?'라는 뜻입니다. 친한 사이라 해도 'Quelle est ta profession ? (네 직업은 뭐야?)'과 같은 직설적인 질문보다 'dans la vie'라는 표현을 써서 조심스럽게 'Tu fais quoi dans la vie ? (넌 무슨 일을 하니?)'라고 묻는 것이 더 좋습니다. 대답할 때는 직업 명사를 사용합니다.

- Tu fais quoi **dans la vie** ?   넌 무슨 일 하니?
- Vous faites quoi **dans la vie** ?   무슨 일을 하세요?
- Je suis **médecin**.   저는 의사입니다.
- Je suis **cuisinier**.   저는 요리사입니다.

직업이 없고 일을 찾고 있는 중이라면 다음과 같이 말합니다.

- Je cherche un travail.   일을 찾고 있어요.
- Je suis au chômage.   저는 실직 상태예요.

학교와 직업

1. 학교와 학생

학교		학생
université n.f. 대학교	grande école n.f. 그랑제꼴	étudiant(남) étudiante(여) 대학생
초중고		élève 학생
lycée n.m. 고등학교	classe préparatoire n.f. 그랑제꼴 준비반	lycéen(남) lycéenne(여) 고등학생
collège n.m. 중학교		collégien(남) collégienne(여) 중학생
école primaire n.f. 초등학교		écolier(남) écolière(여) 초등학생
école maternelle n.f. 유치원 (3~6세)		enfant n.m./f. 어린이
crêche n.f. 어린이집 (3개월~3세)		nourrisson n.m. 유아

2. 직업 묻기

1-1 Tu fais quoi dans la vie ?

1-2 Qu'est-ce que tu fais dans la vie ?

1-3 Vous faites quoi dans la vie ?

1-4 Qu'est-ce que vous faites dans la vie ?

2-1 Quel est votre métier ?

2-2 Quelle est votre profession ?

1 친근한 표현

1-1 가장 흔하게 사용하는 표현

1-3, 4 정중한 표현

2 행정업무용 표현

1. 다음 문장에 알맞은 정관사를 쓰세요.

1. J'aime _____ musique.

2. Les enfants aiment _____ bonbons.

3. J'étudie _____ économie.

4. C'est _____ voiture de mes parents.

5. Tu fais _____ cuisine.

2. 빈칸에 알맞은 faire 동사를 쓰세요.

1. 당신은 무슨 일 하세요?

→ Vous _____ quoi dans la vie ?

2. 너 요즘 뭐해?

→ Tu _____ quoi en ce moment ?

3. 그녀는 오늘 뭐 해?

→ Elle _____ quoi aujourd'hui ?

3. 프랑스어로 작문해 보세요.

1. 무슨 일 해?

→ _____

2. 나는 건축과 학생이야. 너는?

→ _____

3. 무슨 일 하십니까?

→ _____

4. 저는 요리사입니다.

→ _____

5. 저는 교수입니다.

→ _____

한국과 프랑스 교육 제도의 차이점은?

우리나라와 프랑스의 교육 제도를 비교했을 때 가장 눈에 띄는 차이점은 바로
프랑스 초등학교는 5년제, 중학교는 4년제라는 점입니다. 중학교 4학년에 의무적으로
'브르베 brevet(중등교육 학력증)'라는 시험을 보는데요. 중학교 수준의 학력을 갖추었음을
증명하는 상징적인 학위증입니다. 시험 점수는 내신에 포함되며, 프랑스 특유의 유급
시스템에 따라서 내신 점수가 아주 나쁜 경우 중학교 마지막 학년을 다시 밟아야 할
수도 있지요. 또 하나의 큰 특징이자 차이점은 고등학교 3학년 때 보는 일종의 수능인
'바칼로레아 Baccalauréat'입니다. 바칼로레아는 프랑스 대학입학 자격시험으로 논술 및
주관식 서술형 철학시험이 포함되어 있는 것으로 유명합니다. 총 20점 만점에 10점만
받아도 대학입학 자격증이 발급되며 절대평가로 이루어집니다. 특별히 내신 성적이 아주
우수한 학생들은 최고 고등교육 기관인 '그랑제꼴 Grandes Écoles(단수일 땐 그랑데꼴 Grande
École)'을 준비하기도 합니다. 그랑제꼴에 입학하고자 하는 학생들은 고등학교를 마치고
보통 2년간 '그랑제꼴 입학시험 준비반 Classes préparatoires' 과정을 거치게 됩니다.
2021년 교육 제도 개편으로, 바칼로레아의 시험 과목이 크게 줄었습니다.
그리고 프랑스 고등학교의 최종 학년 마지막 학기, 6월에 한꺼번에 치던 시험 대신
고등학교 과정에서 실시하는 수시 평가 점수인 내신 성적도 바칼로레아 점수에
반영하는 체제로 바뀌었습니다.

나이(만)	학년	학교	
17~18	terminale n.f. 최종학년(고3)	lycée n.m. 고등학교	classes préparatoires n.f. 그랑제꼴 준비반
16~17	première n.f. 1학년(고2)		
15~16	seconde n.f. 2학년(고1)		
14~15	troisième n.f. 3학년(중4)	collège n.m. 중학교	
13~14	quatrième n.f. 4학년(중3)		
12~13	cinquième n.f. 5학년(중2)		
11~12	sixième n.f. 6학년(중1)		
10~11	cours moyen 2 (CM2) n.m. 중급 2학년(초5)	école primaire n.f. 초등학교	
9~10	cours moyen 1 (CM1) n.m. 중급 1학년(초4)		
8~9	cours élémentaire niveau 2 (CE2) n.m. 초급 2학년(초3)		
7~8	cours élémentaire niveau 1 (CE1) n.m. 초급 1학년(초2)		
6~7	cours préparatoire (CP) n.m. 준비학년(초1)		
5~6	grande section n.f. 상급반	école maternelle n.f. 유치원	
4~5	moyenne section n.f. 중급반		
3~4	petite section n.f. 하급반		

Où habites-tu ?

어디 사니?

학습 목표

4과에서는 살고 있는 지역 또는 장소를 묻고 답하는
표현들을 익힐 수 있습니다.
부정관사와 더불어 위치를 묻는 의문부사 où 등에 대해
공부해 봅시다.

Où habites-tu ?

민수는 수업이 있을 때면 꼭 로라를 찾아 옆에 앉는다.
친해지고 싶은 마음에 기회가 있을 때마다 조금씩 로라에 대해서 알아간다.

Minsoo
민수
[1] Où habites-tu ?
우 아빗-뜌?

Laura
로하
[2] J'habite à Paris. Et toi ?
쟈빗 따 빠히. 에 똬?

Minsoo
Moi aussi j'habite à Paris dans le 15e arrondissement.
똬 오씨 쟈빗 따 빠히 덩 르 꺙지엠 아홍디쓰멍.

Laura
Moi, j'habite dans [3] le 16e.
똬, 쟈빗 덩 르 쎄지엠.

유익한 정보 En savoir plus

고유한 특징을 지닌 파리의 구 arrondissement

프랑스의 수도 파리는 20개의 지역구로 나누어져 있습니다. 중심의 1구부터 시작해서
달팽이 껍데기처럼 나선형을 그리며 시계 방향으로 20구까지 이루어져 있습니다.
서울로 치면 서초구, 강남구, 종로구와 비슷한 개념입니다. 파리에 살면 몇 구인지만
말해도 잘사는 지역인지 아닌지, 유명한 건축물이나 주요 명소가 있는 곳인지 알 수
있습니다. 반대로 유명한 거리나 명소만 말해도 몇 구인지 알 수 있을 만큼 파리의
'구'는 이미지화되어 있습니다.

단어 Vocabulaire

- où ad. 어디
- habites v. 살다
  (habiter 동사, 2인칭 단수)
- j' pro.per. 나 (je의 e 생략)
- à prép. ～에
- dans prép. ～에서, 안에서
- arrondissement n.m. 구

해석 Traduction

어디 사니?

민수 넌 어디 사니?

로라 파리에 살아. 넌?

민수 나도 파리에 살아, 15구에서.

로라 난 16구에 살아.

해설 Explications

1 où

où는 '어디'라는 뜻의 의문부사입니다. 의문문을 만들 때는 문장 앞에 où를 두고, 주어와 동사를 도치시킵니다. 구어적 표현일 때는 où만 문장 맨 끝에 위치시킵니다.

[주어 + 동사 + où ?]

- Tu habites où ?
  어디 사니 ?

의문부사 où를 쓸 때는 u 위에 'accent grave(`)'를 반드시 표시해야 합니다. 이 표시가 없는 ou는 '또는', '혹은'이라는 의미이기 때문입니다.

2 j'habite

habiter의 h는 무음입니다. 무음 h는 모음으로 취급하기 때문에, 앞에 모음으로 끝나는 단어가 오면 모음 충돌을 피하기 위해 앞의 모음을 생략합니다. 그래서 주어 je의 모음 e를 생략하여 'j'habite'라고 씁니다.

3 le 16^e

'le 16^e'은 'le 16^e arrondisssement'을 줄인 말입니다. 이렇게 지역구를 말할 때는 arrondissement을 생략하고, 'le 1er', 'le 7e', 'le 15e'과 같이 서수로 표현합니다.

J'habite en ville.

대학교 카페에서 오랜만에 피에르를 만났다. 서로 반갑게 인사하며 지난 주말 소식을 묻는다.
주말마다 강아지와 함께 시간을 보낸다는 피에르의 말에 그가 어디에 사는지 궁금해졌다.

Minsoo
민수

¹Tu habites dans ²une maison ?

뜌 아빗 덩 쥰 매종?

Pierre
삐에흐

Non, j'habite dans un appartement.

농, 쟈빗 덩 장 나빠흐뜨멍.

Minsoo

Tu habites ³à la campagne ?

뜌 아빗 딸 라 껑빠뉴?

Pierre

Non, j'habite ⁴en ville.

농, 쟈빗 떵 빌르.

유익한 정보 En savoir plus

프랑스인들의 쉼터, 별장

별장이라고 하면 영화 속 인물처럼 부유한 사람들이나 소유할 수 있는 고급스러운
저택을 떠올리기 쉽죠. 하지만 프랑스에서 별장은 상당히 대중화가 되어 있습니다.
여가생활을 중요시하는 프랑스 사람들은 주말이나 휴가를 여유롭게 보내기 위해
거주지 외 다른 지역이나 시골에 별장 개념의 주택을 소유하는 경우가 많습니다.
큰 부담 없는 가격대로 지방의 별장을 장기 할부로 장만하곤 하는데요. 파리지앵
사이에서는 이런 별장을 'maison de campagne(시골집)'이라고 부릅니다.

- habites v. 살다
  (habiter 동사, 2인칭 단수)
- une 여성형 부정관사
- maison n.f. 주택
- non int. 아니(요)
- habite v. 살다
  (habiter 동사, 1인칭 단수)
- un 남성형 부정관사
- appartement n.m. 아파트
- à prép. ~에
- campagne n.f. 시골
- en prép. ~에서, 안에서
- ville n.f. 도시

난 도시에서 살아.

민수 주택에서 사니?

피에르 아니, 아파트에 살아.

민수 시골에 사니?

피에르 아니, 난 도시에서 살아.

1 tu habites ou vous habitez

'tu habites'를 읽을 때 h는 발음하지 않습니다. 그에 반해 존칭으로 'vous habitez'라고 말할 때는 vous의 s가 모음 h와 만나면서 '부 자비떼'로 연음됩니다.

2 une

많은 집들 중에 하나의 집을 나타내면서, 셀 수 있는 것이므로 부정관사 une을 씁니다. 만약 정관사 la를 쓴다면 특정한 집을 가리키는 것이 됩니다.

- Tu habites dans la maison de tes parents ?
  넌 네 부모님 집에서 사니?

3 à la

전치사 à는 '~에'라는 뜻입니다. 여기서 campagne가 여성 명사이기 때문에 앞에 la가 붙습니다. 남성 명사일 때는 [à + le]를 줄여 au라고 씁니다.

- Je suis **au** restaurant. (○)
  Je suis **à le** restaurant. (×)
  나는 음식점에 있어.

4 en

전치사 en은 '~에서'라는 뜻으로, 장소나 특정 분야 등에 소속되어 있음을 의미합니다. 이 문장에서는 도시 '속에서' 산다. 즉 '난 도시에서 살아'라는 뜻입니다. 이렇듯 특정 도시가 아니라, 시골과 대립되는 의미의 '도시에서' 산다는 표현은 관사 없이 'en ville'라고 하면 됩니다.

Unité 1. 부정관사 un, une, des

부정관사는 불특정한 명사 앞에 붙는 관사입니다.

	부정관사	
	단수	복수
남성형	un	des
여성형	une	

① 셀 수 있는 명사 앞

- **J'achète un** livre.
  나는 (어떤 한 권의) 책을 산다.

- ≠ J'achète le livre de mon auteur préféré.
  내가 가장 좋아하는 작가의 책을 산다.

- **J'ai une** tortue.
  나는 (한 마리) 거북이가 있다.

- ≠ J'ai la tortue de mon ami.
  나는 내 친구의 거북이를 갖고 있다.

- **J'ai des** stylos.
  나는 (여러 개의) 펜들을 갖고 있다.

- ≠ J'ai les stylos de Pierre.
  나는 피에르의 펜들을 갖고 있다.

② 신원을 모르는 사람 또는 막연한 사물

- **Un** client a appelé.
  어떤 손님이 전화했다. (누구인지 모름)

- J'ai **une** bonne idée !
  좋은 생각이 있어! (문장에선 무슨 생각인지 모름)

- J'ai trouvé **des** gants.
  장갑을 찾았다. (누구 것인지 모름)

Unité 2. **où** 어디

où는 '어디'라는 뜻의 의문부사입니다.

① 친근한 표현 : [**주어 + 동사 + où ?**] (où는 문장 끝에 위치)

- **Tu habites où ?** 넌 어디 사니?
- **Tu vas où ?** 너 어디 가?
- **Tu es où ?** 너 어디 있어?

② 정중한 표현 : [**Où + 동사 + 주어 ?**] (보통 où는 문장 앞에, 주어와 동사는 도치)

- **Où habitez-vous ?** 어디 사세요?
- **Où allez-vous ?** 어디 가세요?
- **Où êtes-vous ?** 어디 계세요?

Unité 3. **à, en** ~에

전치사 à, en 또는 au(x)는 도시나 나라(대륙)에 '있다'고 하거나 '간다'고 할 때
씁니다.

	~에 있다	~에 간다
à 도시명	Je suis **à** Barcelone. 난 바르셀로나에 있다.	Je vais **à** Rome. 난 로마에 간다.
en 여성형 국가명	Je suis **en** Chine. 난 중국에 있다.	Je vais **en** Russie. 난 러시아에 간다.
au 남성형 국가명	Je suis **au** Japon. 난 일본에 있다.	Je vais **au** Canada. 난 캐나다에 간다.
aux 복수형 국가명	Je suis **aux** États-Unis. 난 미국에 있다.	Je vais **aux** Pays-Bas. 난 네덜란드에 간다.

Unité 4. **dans** ~에서, 안에서

전치사 dans은 크게 세 가지 표현으로 사용됩니다.

① (장소)에(서) : 특정한 '장소 안'

- **dans** le parc 공원에(서)
- **dans** le restaurant 음식점 안에(서)

② (공간) 안에(서) : 기차나 버스, 옷장처럼 외부와 구분된 닫힌 '공간 안'

- **dans** le train 기차 안에(서)
- **dans** l'armoire 옷장 안에(서)
- **dans** le tiroir 서랍 안에(서)

③ (시간) 후에 : 얼마간의 시간 또는 기간 '후'

- **dans** deux heures 2시간 후에
- **dans** un mois 한 달 후에

Unité 5. **habiter** 살다

habiter 동사는 '살다', '거주하다'라는 뜻입니다. '나는 한국에서 산다',
'너는 어디에 살아?'와 같이 거주와 관련된 표현에 씁니다.
'J' (나는) habite (살다) en (에서) Corée du Sud (남한).'라고 하면
'나는 남한(한국)에서 산다.'라는 뜻입니다.

habiter 동사	
J'**habite** en France. 나는 프랑스에서 산다.	Nous **habitons** en France. 우리들은 프랑스에서 산다.
Tu **habites** en France. 너는 프랑스에서 산다.	Vous **habitez** en France. 당신(들)은 프랑스에서 산다.
Il/ Elle/ On **habite** en France. 그/ 그녀/ 우리는 프랑스에서 산다.	Ils/ Elles **habitent** en France. 그들/ 그녀들은 프랑스에서 산다.

- **J'habite** à Paris. 나는 파리에 산다.
- Elle **habite** dans un appartement. 그녀는 아파트에서 산다.
- Nous **habitons** loin d'ici. 우리는 여기에서 멀리 산다.

사는 곳 묻기

1. 사는 곳

maison n.f. 주택

appartement n.m. 아파트

studio n.m. 원룸

[1]deux pièces (거실 포함) 방 두 개짜리 집

2. 사는 곳 묻기

[2-1]Tu habites où ? 어디 살아?

[2-2]Où habites-tu ? 어디 사니?

[3-1]Vous habitez où ? 어디 사세요?

[3-2]Où habitez-vous ? 어디 사십니까?

3. 나라와 도시

[4]나라	수도
la France 프랑스	Paris 파리
[4-1]la République de Corée 대한민국	Séoul 서울
[4-2]l'Allemagne 독일	Berlin 베를린
l'Espagne 스페인	Madrid 마드리드
les Pays-Bas 네덜란드	Amsterdam 암스테르담
le Royaume-Uni 영국	Londres 런던
la Chine 중국	Pékin 베이징
le Japon 일본	Tokyo 도쿄
les États-Unis 미국	Washington 워싱턴

1 프랑스에서는 집 규모를 말할 때 거실도 하나의 방으로 여기기 때문에 거실을 포함한 방 개수로 말합니다. 'deux pièces'는 '거실 하나, 방 하나'라는 뜻입니다.

2 친근한 표현

3 정중한 표현

4 나라의 성에 따라 관사가 달라집니다.

4-1 흔히 북한과 구분하여 남한이라고 할 때는 'la Corée du Sud'라고 합니다.

4-2 l'는 모음 앞 la의 a 생략

1. 빈칸에 알맞은 habiter 동사를 쓰세요.

    1. J'_____ à Séoul.

    2. Où _____-tu ?

    3. Nous _____ loin d'ici.

    4. Il _____ en ville.

    5. Elles _____ à la campagne.

2. 다음 문장에 알맞은 부정관사를 쓰세요.

    1. J'habite dans _____ maison.

    2. Louise habite dans _____ appartement.

    3. J'achète _____ livre.

    4. Nous avons _____ stylos.

    5. Lucas a _____ gants.

3. 빈칸에 알맞은 전치사를 찾아 쓰세요.

〈보기〉	à	en	au(x)

    1. Je vais _____ Paris.

    2. Je suis _____ France.

    3. Hugo va _____ Pays-bas.

    4. Alice va _____ Rome.

    5. Hugo et Alice vont _____ États-Unis.

프랑스에도 전세가 있을까?

결론부터 말하면 프랑스에는 전세가
없습니다. 프랑스에서 집을 구하려면
매매로 사거나 월세로 임대를 해야
하는데요, 매달 임대료를 내는 월세
제도가 일반적입니다. 집을 구할 때는
인터넷으로 내가 원하는 장소와 방
개수 등을 미리 살펴보고, 이후 부동산

중개업소(agence immobilière 아정쓰 이모빌리애흐)를 방문하면 훨씬 수월하게 일을 진행할
수 있습니다.

프랑스인들이 집을 구할 때 검색하는 대표적인 사이트로는 www.seloger.com,
www.logicimmo.com 등이 있습니다. 이러한 웹사이트들은 부동산 중개소에서
내놓은 집들을 소개하는데, 보통 사전 심사를 위해 월세 3배에 달하는 월급 증명서를
요구하는 것이 특징입니다.

주인이 직접 내놓은 집들을 검색할 때는 주로 www.pap.fr을 이용합니다. 개인 생활을
중시하는 프랑스 사람들에게 집이 갖는 의미는 참 특별합니다. 그래서 웬만하면 자기
집을 마련하려 하는데요, 실제로 절반이 넘는 프랑스 사람들이 본인의 집을 소유하고
있다고 합니다. 파리 등 대도시는 집값이 비싸지만, 정부가 정책적으로 저렴한 주택
공급을 통해서 일반 가정이 집을 구입하는데 도움을 주고 있습니다.

주거 알로까시옹이라고 들어 보셨나요?

외국인 유학생도 누릴 수 있는 프랑스의 주택 보조금, 'allocation logement 알로까씨옹
로쥬멍'은 프랑스에 머무는 모든 학생들이 신청할 수 있는 '월세 보조금'입니다. 보조금의
액수는 고정되어 있지 않으며, 학생 개인 또는 가족의 소득과 월세비, 주거 형태 등에
따라 변합니다. 프랑스에서의 유학을 계획한다면 꼭 알로까시옹을 미리 알아보세요!

Quelle heure est-il ?

몇 시야?

학습 목표

5과에서는 일상에서 시간을 묻고 말하는 상황들을 통해
시간과 관련된 표현들을 익힐 수 있습니다.
의문형용사 quel과 비인칭주어 il 등에 대해 공부해 봅시다.

Quelle heure est-il ?

민수는 월요일마다 아침 8시에 학교 앞에서 피에르를 만나 커피를 한잔하고 강의실로 간다.
오늘따라 침대에서 일어나지 못하는 민수는 끊임없이 울리는 전화벨 소리에 눈을 떴다.

Minsoo
민수
¹Quelle heure est-il ?
껠 려흐 에–띨?

Pierre
삐에흐
²⁻¹Il est 8 heures.
일 레 위 떠흐.

Minsoo
³Déjà ? Je suis ⁴en retard !
데쟈? 쥬 쒸 정 흐따흐!

Pierre
Le ⁵cours commence à 8 heures 30.
르 꾸흐 꺼멍스 아 위 떠흐 트헝뜨.

Minsoo
Oui, ²⁻²il reste 30 minutes.
위, 일 헤쓰뜨 트헝뜨 미뉴뜨.

유익한 정보 En savoir plus

'저녁 8시 뉴스'가 아니라 '20시 뉴스'

프랑스에서는 시간을 말할 때, 낮 12시 이후는 13시, 14시 등과 같이 표현합니다.
일반적으로 오전, 오후라는 표현을 따로 붙이지 않고, 24시간 기준으로 말합니다.
방송에서도 낮 1시에 하는 뉴스를 '오후 1시 뉴스'라고 하지 않고
'journal de 13 heures(13시 뉴스)'라고 합니다.
마찬가지로 '저녁 8시 뉴스'는 'journal de 20 heures(20시 뉴스)'라고 합니다.

□ **quelle** a. 몇
(의문형용사, 여성 단수)

□ **heure** n.f. 시(시간)

□ **il** pro.per. 그
(비인칭대명사, 3인칭 단수)

□ **est** v. ~이다
(être 동사, 3인칭 단수)

□ **déjà** ad. 벌써

□ **retard** n.m. 늦음, 지각

□ **cours** n.m. 수업, 강의

□ **commence** v. 시작하다
(commencer 동사, 3인칭 단수)

□ **reste** v. 남다, 여전히 ~하다
(rester 동사, 3인칭 단수)

몇 시야?

민수 몇 시야?

피에르 8시야.

민수 벌써? 나 늦었어!

피에르 수업은 8시 30분에 시작해.

민수 응, 30분 남았어.

1 quelle

의문형용사 quel은 뒤에 오는 명사에
따라서 변합니다. 여기에서는 뒤에 오는
명사 heure가 여성 단수이기 때문에
여성 단수형 quelle로 썼습니다.

2 il est

이 문장에서 il은 시간을 나타내는
비인칭주어입니다. 비인칭주어일 때는
따로 주어를 해석하지 않습니다.
être 동사와 함께 시간을 나타냅니다.
[il est + 시간] ~시입니다

• Il est 7 heures. 7시입니다.

• Il est 20 heures.
20시(저녁 8시)입니다.

3 déjà

부사 déjà는 '벌써', '이미'라는 뜻입니다.
문장 안에서는 동사 뒤에 위치합니다.

• Elle est **déjà** là.
그녀는 벌써 와 있다.

과거형일 때는 조동사와 과거분사
사이에 위치합니다.

• Il a **déjà** mangé.
그는 이미 먹었다.

4 en retard

'en retard'는 직역하면 '지각으로'
입니다. 프랑스어로 '늦다'는 'être en
retard'로 표현합니다.

5 cours

명사 cours는 단수든 복수든 항상
끝에 s가 붙는 불변어에 속합니다.
끝의 s는 발음하지 않습니다.

À quelle heure ouvre le magasin ?

10월이 되니 날씨가 아주 쌀쌀해졌다. 민수는 겉옷을 하나 장만하려고 옷 가게를 찾았다.
그러나 너무 일찍 왔는지 점원이 못 들어오게 한다.

Minsoo
민수

À quelle heure [1]ouvre le magasin ?

아 껠 려흐 우브흐 르 마가장?

vendeuse
벙드즈

Le magasin ouvre [2]dans une heure.

르 마가장 우브흐 덩 쥬 녀흐.

Minsoo

Et à quelle heure [3]ferme le magasin ?

에 아 껠 려흐 페흐므 르 마가장?

vendeuse

Il ferme à 20 heures.

일 페흐므 아 방 떠흐.

유익한 정보 En savoir plus

해지기 전 미리미리 볼일 보기

24시간 영업하는 가게가 곳곳에 있는 한국과는 달리, 프랑스에서는 일반적으로
가게들은 저녁 8~9시 이전에, 백화점은 저녁 8시에 문을 닫아요. 게다가 일요일 또는
월요일에는 대부분 영업을 하지 않습니다. 해가 있을 때 미리미리 볼일을 봐야 하는
이유이지요. 다만 일부 (대형)마트는 밤 10시까지도 영업을 합니다.

□ ouvre v. 열다
　(ouvrir 동사, 3인칭 단수)
□ magasin n.m. 가게
□ dans prép. (시간) 후에
□ ferme v. 닫다
　(fermer 동사, 3인칭 단수)
□ vendeuse n.f. 점원(여자)
* vendeur n.m. 점원(남자)

가게 몇 시에 열어요?

민수　가게 몇 시에 열어요?

점원　한 시간 후에 문 열어요.

민수　그럼 몇 시에 닫죠?

점원　20시(오후 8시)에 닫아요.

1　ouvre

ouvrir 동사는 주로 문, 창문 등을 '열다'라는 뜻으로 쓰지만, 상황에 따라 '영업하다'라는 뜻으로도 씁니다.

• J'**ouvre** la porte.
　나는 문을 연다.
• Le magasin **ouvre** aussi le dimanche.
　그 가게는 일요일에도 영업한다.

2　dans

전치사 dans이 시간 앞에 놓일 때는 '～후에'라는 뜻을 나타냅니다.

• Je pars **dans** 2 heures.
　나는 2시간 후에 나간다.
• Le cours finit **dans** 1 heure.
　수업은 1시간 후에 끝난다.

3　ferme

fermer 동사는 문 등을 '닫다'라는 뜻으로 쓰입니다. 여기에서는 ouvrir 동사와 마찬가지로 '영업을 마치다'라는 뜻으로 썼습니다.

Unité 1. **quel** 무엇, 어떤, 얼마

의문문에서 quel은 '무엇', '어떤' 혹은 '얼마'라는 뜻을 나타냅니다.
주로 누군가에게 궁금한 것에 대한 자세한 답을 원할 때 사용되지요. 문장에서는
보통 맨 앞에 위치하며, 꾸며 주는 명사의 성과 수에 따라서 형태가 바뀝니다.

	의문형용사 quel	
	단수	복수
남성형	quel	quels
여성형	quelle	quelles

① 무엇 : 이름이나 전화번호처럼 구체적인 정보가 궁금할 때

- **Quel** est ton numéro de téléphone ?
  너의 전화번호가 **무엇**이니?

- **Quelle** est ton adresse e-mail ?
  네 이메일 주소가 **뭐**니?

② 어떤 : 사물의 종류, 모양, 색깔 등 구체적인 특징을 물을 때

- **Quelle** est ta musique préférée ?
  네가 가장 좋아하는 음악은 **어떤** 것이니?

- **Quels** sont les livres que vous achetez ?
  당신이 사는 책들은 **어떤** 것들입니까?

③ 얼마, 몇 : 가격이나 나이처럼 구체적인 수(數)로 된 답을 요구할 때

- **Quel** est le prix de ces pommes ?
  이 사과들의 가격이 **얼마**입니까?

- **Quel** âge as-tu ?
  너 **몇** 살이니?

Unité 2. **Quelle heure est-il ? 몇 시예요?**

시간을 물어볼 때는 'Quelle (몇) heure (시간) est (이다) - il (비인칭대명사) ?
(몇 시예요?)'라고 하면 됩니다. 대답은 [il est + 숫자 + heure(s)] 구조입니다.

- Il est 8 heures. 8시입니다.
- Il est 21 heures. 21시(밤 9시)입니다.

분 단위를 말할 때, 세 가지 방식으로 표현할 수 있습니다.

① 숫자 그대로 : 15분(quinze minutes), 45분(quarante-cinq minutes) 등
- Il est vingt heures vingt. 20시(저녁 8시) 20분입니다.

Attention ! **minute(s)**

단위 시간 '분'을 말할 때는 특별한 경우가 아니면 minute(s)을 따로 붙이지 않습니다.
- Il est dix heures trente. 10시 30분입니다.

Il est dix heures trente <u>minutes</u>. (×)

② 30분을 한 시간의 절반으로 표현 : 30분 = une demi-heure (1시간의 반)

보통 '~시 30분'을 말할 때는 'une demi-heure'라 하지 않고 간단히
'~ heures et demie'라고 합니다. demi는 명사 앞에 위치할 때는 'e' 없이
쓰입니다.
- Il est seize heures trente. 16시(오후 4시) 30분입니다.

= Il est seize heures et demie. (16시 그리고 반입니다.)

③ 한 시간을 4등분(15분)하는 표현 : 15분 = un quart (1/4)

보통 '~시 15분'을 말할 때는 'un quart'라 하지 않고 간단히
'~ heures et quart'라고 합니다.
- Il est huit heures quinze. 8시 15분입니다.

= Il est huit heures et quart. (8시 그리고 1/4입니다.)
- Il est huit heures quarante-cinq. 8시 45분입니다.

= Il est neuf heures moins le quart. (9시 15분 전입니다.)

* 여기에서 moins은 '더 적게', '덜'이라는 뜻입니다.

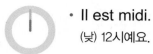

· Il est midi.
(낮) 12시예요.

· Il est minuit.
자정이에요. (밤 12시예요.)

· Il est une heure cinq.
1시 5분입니다.

· Il est une heure quinze.
= Il est une heure et quart.
1시 15분입니다. (1시 그리고 1/4입니다.)

· Il est une heure trente.
= Il est une heure et demie.
1시 반입니다.

· Il est une heure quarante-cinq.
= Il est deux heures moins le quart.
1시 45분입니다. (2시 15분 전입니다.)

Unité 3. À quelle heure ~ ? 몇 시에 ~?

우리말 '몇 시에'에서의 '~에'는 전치사 à에 해당합니다. '몇 시에(à quelle heure)'
라는 표현은 한국어와 프랑스어 문장에서 그 위치가 서로 다릅니다. '몇 시에 와?'
처럼 우리말에서는 '몇 시에'가 항상 동사 앞에 위치하지만 프랑스어에서는 순서에
상관이 없습니다. 다만 'à quelle heure'가 문장 뒤에 위치할 때는 구어적인
표현입니다.

· À quelle heure viens-tu ? 몇 시에 오니?

= Tu viens **à quelle heure** ? (구어체)

· À quelle heure dors-tu ? 몇 시에 자니?

= Tu dors **à quelle heure** ? (구어체)

· À quelle heure arrivons-nous ? 우리는 몇 시에 도착합니까?

= Nous arrivons **à quelle heure** ? (구어체)

Unité 4. 비인칭주어 il

프랑스어 문장은 문법상 주어가 없는 경우는 없기에(명령법 제외), 주어가 필요 없을 경우 그 자리에 뜻이 없는 비인칭주어 il을 씁니다. 이렇게 뜻이 없는 il과 함께 사용되는 동사를 비인칭동사라고 합니다. 비인칭동사는 주어로 3인칭 단수 il만 사용하며, 아무 뜻이 없으므로 해석하지 않습니다.
비인칭동사는 크게 두 종류로 나뉩니다.
비인칭 구문으로만 쓰는 것과 비인칭과 인칭 구문 모두에 쓸 수 있는 것 등입니다.

① 항상 비인칭주어 il과 함께 쓰는 대표적인 비인칭동사

  a. 시간 관련 동사

  · **Il** est deux heures. 2시입니다.

  · **Il** est midi. 자정입니다.

  b. 날씨 관련 동사

  · **Il** pleut. 비가 온다.

  · **Il** fait beau. 날씨가 좋다.

  c. falloir 동사 : ～해야 하다

  · **Il** faut partir. 가야 한다.

  · **Il** faut travailler. 일을 해야 한다.

② 비인칭동사이자 일반 동사인 동사

  : sembler(～처럼 보이다, 같다), rester(남다, ～을 계속하고 있다),
   se produire((일이) 일어나다), manquer(비다, 부족하다), arriver((일이) 생기다) 등

  · **Il** semble important de bien manger.
   잘 먹는 것은 중요해 보인다. (비인칭)

  · **Il** semble très fatigué. 그는 매우 피곤해 보인다. (인칭)

  · **Il** reste encore des yaourts dans le frigo.
   냉장고에 요거트가 남아 있다. (비인칭)

  · **Il** reste célibataire. 그는 여전히 독신으로 있다. (인칭)

시간 묻고 답하기

1. 시간과 하루

seconde n.f. 초   minute n.f. 분

journée n.f. 하루

[1-1]aujourd'hui ad./n.m. 오늘

[1-2]hier ad./n.m. 어제

[1-3]demain ad./n.m. 내일

semaine n.f. 주   mois n.m. 달

année n.f. 연도   décennie n.f. 10년간

siècle n.m. 세기   millénaire n.m. 천 년

éternité n.f. 영원

aube n.f. 새벽   matinée n.f. 오전 시간

matin n.m. 아침   midi n.m. 정오

après-midi n.f. 오후 시간

soir n.m. 저녁   soirée n.f. 저녁 시간

crépuscule n.m. 석양

nuit n.f. 밤   minuit n.m. 자정

2. 시간 묻고 답하기

Quelle heure est-il ? 몇 시예요?

[2]Pourriez-vous m'indiquer l'heure,
s'il vous plaît ?
몇 시인지 알 수 있을까요?

Savez-vous l'heure qu'il est ?
몇 시인지 아세요?

Il est neuf heures. 9시입니다.

Il est neuf heures pile. 정각 9시입니다.

Il est environ neuf heures. 9시쯤입니다.

1 aujourd'hui, hier, demain은 문장에서 주로 부사로 씁니다.

2 가장 정중한 표현

1. 빈칸을 알맞게 채워 보세요.

    1. 몇 시야?
    → _____ heure est-il ?

    2. 8시야.
    → _____ _____ 8 heures.

    3. 수업이 8시 30분에 시작해.
    → Le cours commence _____ 8 heures 30.

    4. 몇 시에 오니?
    → _____ _____ _____ viens-tu ?

2. 빈칸에 알맞은 의문형용사를 찾아 쓰세요.

    〈보기〉   quel   quelle   quels   quelles

    1. _____ est ton numéro de téléphone ?

    2. _____ âge as-tu ?

    3. _____ est ta musique préférée ?

    4. _____ sont les livres que vous achetez ?

3. 프랑스어로 작문해 보세요.

    1. 나 늦었어!
    → _____

    2. 가게는 한 시간 후에 문 열어요.
    → _____

    3. 16시입니다.
    → _____

    4. 가격이 얼마입니까?
    → _____

시간과 관련된 다양한 표현

표현	의미 & 예문
Avant l'heure, c'est pas l'heure. Après l'heure, c'est plus l'heure. 시간은 시간이다.	'시간은 꼭 지켜야 한다'라는 의미로 시간을 못 지킨 사람에게 유감을 표할 때 씁니다. 줄여서 'L'heure, c'est l'heure.'라고도 합니다. - C'est trop tard. L'heure, c'est l'heure ! 　너무 늦었습니다. 시간은 시간입니다!
Tu cherches midi à 14h ! 너는 오후 2시에 정오를 찾는구나!	말도 안 되는 상황에서 답을 찾거나 쉬운 문제를 어렵게 만들 때 우스갯소리로 하는 표현입니다.
de bonne heure 아침 일찍	아침 일찍 시작했다는 것을 강조하고 싶을 때 쓰입니다. - Je suis arrivé(e) de bonne heure. 아침 일찍 도착했어.
C'est l'heure ! 시간 다 됐어!	임박한 상황이나 무엇을 할 시간이 다 되었다는 것을 알릴 때 사용하는 표현입니다. 'C'est l'heure !'는 고정 표현으로, 여기에 다른 동사를 덧붙여 사용합니다.
à la bonne heure 좋은 시간에	좋은 소식을 듣고 감탄할 때 쓰는 표현입니다. 영화나 TV에서 흔히 들을 수 있지만, 친한 친구들 사이에서는 'Tant mieux ! (잘 됐다!, 다행이다!)' 또는 'Super !(너무 좋다!)'를 쓰는 것이 더 자연스럽습니다.
le 4 heures 오후 4시, 간식 시간	유일하게 앞에 관사가 붙는 시간입니다. 'le 4 heures'는 하나의 명사처럼 사용되며, 하교 후, 아이들의 '간식 시간'을 뜻합니다. 어른들도 사용할 수 있습니다.
entre midi et 2 정오와 2시 사이	프랑스 사람이 'entre midi et 2'라는 말했다면 점심 시간을 언급한 것으로 이해하면 됩니다. 프랑스는 점심 시간이 보통 12시부터 2시까지이기 때문입니다.
les heures de pointe 러시아워	이 표현은 교통이 가장 혼잡한 시간을 가리킵니다. - Il faut éviter les heures de pointe. 　러시아워를 피해야 합니다.
remettre les pendules à l'heure 시계들의 시간을 맞추다	한마디로 일의 초점을 맞춘다는 뜻입니다. 핵심을 상기시키거나 다시 본론으로 돌아가는 것을 의미합니다. - Remettons les pendules à l'heure. 　다시 핵심으로 돌아갑시다.

Quel est ton numéro de portable ?

휴대폰 번호가 뭐니?

학습 목표

6과에서는 전화를 걸고 받을 때의 표현과 통화하면서
쓸 수 있는 표현들을 익힐 수 있습니다.
'ne ~ pas'와 같은 부정문과 appeler 동사, 그리고
의문대명사 qui에 대해 공부해 봅시다.

— **Dialogue**   **06-1.** 휴대폰 번호가 뭐니?

   06-2. 누구세요?

— **Grammaire**   **1.** 부정문

   2. appeler 부르다, 전화하다

   3. qui 누구, 누가

— **Expressions** 전화번호 묻기와 전화 받고 걸기

Quel est ton numéro de portable ?

민수는 여전히 로라만 만나면 이것저것 물어보기 바쁘다. 로라도 이런 민수가 싫지만은 않다.
그래서인지 어려운 과제가 나오자 로라가 먼저 도와주겠다고 한다. 드디어 전화번호를 받았다!

Minsoo
민수

Quel est ton [1] numéro de portable ?

껠 레 똥 뉴메호 드 뻐흐따블르?

Laura
로하

[2] C'est le 06 23 45 67 89.

쎌 르 제호씨스 방똬 까헝뜨쌍끄 쏴썽세뜨 까트흐방녀프.

Minsoo

Merci, je t'[3] appelle demain !

메흐씨, 쥬 따뻴 드망!

Laura

Oui, à demain !

위, 아 드망!

유익한 정보 En savoir plus

프랑스 사람들이 가장 많이 사용하는 통신사는?

한국의 대표 통신사에 SKT, KT, LG 등이 있다면, 프랑스 사람들이 가장 많이
사용하는 대표 통신사는 Orange, SFR, Bouygues Telecom 그리고 Free입니다.
한국에서 '010'으로 시작하는 전화번호가 으레 휴대폰 번호임을 알 듯 프랑스에서는
'06'이나 '07'로 시작하는 번호가 바로 휴대폰 번호입니다.

단어 Vocabulaire

- quel a. 어느
- est v. ～이다
  (être 동사, 3인칭 단수)
- ton a.pos. 너의
- numéro n.m. 번호
- de prép. ～의
- portable n.m. 휴대폰
- c' pro.dém. 지시대명사 (ce의 e 생략)
- merci int. 고마워
- t' pro.per. 너를, 너에게 (te의 e 생략)
- appelle v. 전화하다
  (appeler 동사, 1인칭 단수)
- demain ad. 내일

해석 Traduction

휴대폰 번호가 뭐니?

민수　(너의) 휴대폰 번호가 뭐니?

로라　06 23 45 67 89야.

민수　고마워, 내일 전화할게!

로라　응, 내일 봐!

해설 Explications

1 numéro de portable

'휴대폰 번호'는 'numéro de téléphone portable'라고 하는 것이 정확합니다. 하지만, 'téléphone portable(휴대폰)'를 간단히 줄여서 'numéro de portable'라고 하거나, 더 간단하게 numéro라고 해도 '전화번호'로 이해됩니다.

2 C'est le

전화번호를 말할 때, 한국어로는 바로 숫자만 말해도 괜찮지만, 프랑스어로 말할 때는 'C'est le ~'로 시작하지 않으면 어색합니다. 전화번호가 여러 개의 숫자로 이루어져 있어도 하나의 번호로 인식되기 때문에 앞에 정관사 단수형 le가 붙습니다.

3 appeler

대명동사 s'appeler는 '(~ 이름으로) 불리다'라는 뜻인 반면, 앞에 재귀대명사가 없는 일반 동사 appeler는 '부르다', '전화하다'라는 뜻입니다.

Qui êtes-vous ?

민수는 로라에게 과제에 대해 물어보고자 전화를 건다.
통화 연결음이 이어진 끝에 들려오는 목소리가 어쩐지 낯설다.

Minsoo
민수

¹Allô, Laura ?

알로, 로하?

femme
팜므

Non, je ²ne suis pas Laura.

농, 쥬 느 쉬 빠 로하.

³Qui êtes-vous ?

끼 엣-부?

Minsoo

Je suis Minsoo.

쥬 쒸 민수.

femme

⁴Vous vous êtes trompé de numéro.

부 부 젯 트홍뻬 드 뉴메호.

Minsoo

Ah, excusez-moi.

아, 엑스뀨제-므와.

유익한 정보 En savoir plus

자연스럽게 통화하려면

전화를 걸어 '~(누구) 있어요?'라고 물을 때는 'Je voudrais parler à ~,
s'il vous plaît. (~에게 말하고 싶은데요)'라고 말하는 것이 자연스럽습니다.
반대로 '누구라고 전해드릴까요?'는 'C'est de la part de qui ?'라고 합니다.

단어 Vocabulaire

- allô int. 여보세요
- qui pro.inter. 누구, 누가
- ne ~ pas ~이 아니다, 않다
- vous êtes trompé
  v. ~을 착각하다, 잘못 알다
  (se tromper 동사, 복합과거, 2인칭 복수)
- excusez v. 용서하다
  (excuser 동사, 2인칭 복수)
- * excusez-moi 죄송합니다,
  실례합니다
- femme n.f. 여자
- * homme n.m. 남자

해석 Traduction

누구세요?

민수　여보세요, 로라?

여자　아니요, 로라 아닌데요.
　　　누구세요?

민수　저는 민수입니다.

여자　번호를 잘못 아셨네요.

민수　아, 죄송합니다.

해설 Explications

1 allô

allô는 전화 걸 때 '여보세요' 하는
것과 같습니다. 전화를 받을 때는
'Oui, allô. (네, 여보세요.)'라고 하면
됩니다.

2 ne ~ pas

'~이 아니다', '~않다' 등 무언가를
부정할 때는 [ne + 동사 + pas]를
씁니다.

- Je suis Laura.
  나는 로라입니다.
- Je **ne** suis **pas** Laura.
  나는 로라가 아닙니다.

3 qui

qui는 '누구', '누가'를 뜻하는
의문대명사입니다. 잘 모르는 사람에 대해
물을 때 자주 사용해요.

- **Qui** est-ce ?
  (그게) 누구야? / 누구세요?
- **Qui** sont-elles ?
  저 여자들은 누구죠?
- **Qui** est venu ? 누가 왔어?

4 vous vous êtes trompé de

[se tromper de + 무관사 명사]는
'혼동하다', '착각하다'라는 뜻으로
사용됩니다. 'vous vous êtes trompé
de ~'라고 하면 '당신은 ~을 착각했습니다
(잘못 알았습니다)'라는 뜻입니다.

Unité 1. 부정문

부정문은 거절 또는 반대 등의 부정적인 의사를 표현할 때 씁니다.
가장 흔히 쓰이는 부정 표현은 ne와 pas로 만들어집니다.

① 단순시제 문장 : [**ne** + 동사 + **pas**]

- Je mange. 나는 먹는다.
→ Je **ne** mange **pas**. 나는 먹지 않는다.
- Il travaille. 그는 일한다.
→ Il **ne** travaille **pas**. 그는 일하지 않는다.

② 두 개의 동사가 연이어 있을 때 : [**ne** + 첫 번째 동사 + **pas**]

- J'aime voyager. 나는 여행하는 것을 좋아한다.
→ Je **n'**aime **pas** voyager. 나는 여행하는 것을 좋아하지 않는다.

Attention ! n'

동사가 모음 또는 무음 h로 시작하는 경우 그 앞에 위치한 ne의 e가 생략되어 n'로
씁니다.

③ 대명동사가 사용될 때 : [**ne** + 재귀대명사 + 동사 + **pas**]

- Je me couche tard. 나는 늦게 잔다.
→ Je **ne** me couche **pas** tard. 나는 늦게 자지 않는다.
- Tu te laves. 너는 씻는다.
→ Tu **ne** te laves **pas**. 너는 씻지 않는다.

④ avoir나 être를 조동사로 쓰는 복합시제 문장 : [**ne** + 조동사 + **pas**]

- Je suis sorti(e). 나는 나갔다.
→ Je **ne** suis **pas** sorti(e). 나는 나가지 않았다.
- J'ai compris. 나는 이해했다.
→ Je **n'**ai **pas** compris. 나는 이해하지 못했다.

⑤ 동사원형 문장 : [**ne** + **pas** + 동사]

- Je suis désolé(e) de **ne pas** vous avoir répondu.
답변해 드리지 못해서 죄송해요.

ne + 부사

ne는 다른 부사와 결합하여 사용되기도 합니다. 이 경우 의미가 달라집니다.

① ne ~ jamais 전혀 ~ 않다

- Je regarde la télévision. 나는 텔레비전을 본다.
- → Je **ne** regarde **jamais** la télévision. 나는 전혀 텔레비전을 보지 않는다.
- Il est à l'heure. 그는 제시간에 온다.
- → Il **n'est jamais** à l'heure. 그는 결코 제시간에 오지 않는다.
- Elle range. 그녀는 치운다.
- → Elle **ne** range **jamais**. 그녀는 전혀 치우지 않는다.
- Vous chantez ? (당신은) 노래하세요?
- → Vous **ne** chantez **jamais** ? (당신은) 노래 전혀 안 하세요?

② ne ~ plus 더 이상 ~ 않다

- Je parle. 나는 말한다.
- → Je **ne** parle **plus**. 나는 더 이상 말하지 않는다.
- Je travaille. 나는 일한다.
- → Je **ne** travaille **plus**. 나는 더 이상 일하지 않는다.
- J'ai mal. 나는 아프다.
- → Je **n'ai plus** mal. 나는 더 이상 아프지 않다.

③ ne ~ rien 아무것도 ~ 않다

- Je vois. 나는 보인다.
- → Je **ne** vois **rien**. 나는 아무것도 보이지 않는다.
- Il dit quelque chose. 그는 무언가를 말한다.
- → Il **ne** dit **rien**. 그는 아무 말도 하지 않는다.
- Elle sait tout. 그녀는 다 안다.
- → Elle **ne** sait **rien**. 그녀는 아무것도 알지 못한다.

ne ~ que

'ne ~ que'는 'ne ~ pas'와 비슷해 보이지만, 부정의 뜻이 아닌 '단지', '오직 ~뿐이다'라는 뜻으로 쓰입니다.

- Je **ne** mange **que** des légumes. 저는 채소만 먹어요.

Unité 2. **appeler** 부르다, 전화하다

appeler 동사는 '부르다', '전화하다'라는 뜻으로 사용됩니다.
문맥이나 상황에 따라 의미를 파악할 수 있습니다.

appeler 동사	
J'appelle mon ami. ① 나는 내 친구를 부른다. ② 나는 내 친구에게 전화한다.	Nous **appelons** notre ami. ① 우리들은 우리의 친구를 부른다. ② 우리들은 우리의 친구에게 전화한다.
Tu **apppelles** ton ami. ① 너는 너의 친구를 부른다. ② 너는 너의 친구에게 전화한다.	Vous **appelez** votre ami. ① 당신(들)은 당신(들)의 친구를 부른다. ② 당신(들)은 당신(들)의 친구에게 　 전화한다.
Il/ Elle **appelle** son ami. ① 그/그녀는 그/그녀의 친구를 부른다. ② 그/그녀는 그/그녀의 친구에게 　 전화한다.	Ils/ Elles **appellent** leurs amis. ① 그들/그녀들은 그들/그녀들의 친구들을 　 부른다. ② 그들/그녀들은 그들/그녀들의 　 친구들에게 전화한다.

- **J'appelle** mes parents.
  나는 부모님께 전화한다.
  나는 부모님을 부른다.

- Elle **appelle** sa sœur.
  여동생에게 전화한다.
  여동생을 부른다.

- Nous **appelons** le serveur.
  우리들은 종업원에게 전화를 한다.
  우리들은 종업원을 부른다.

Unité 3. **qui 누구, 누가**

'누구세요?', '저 사람 누구야?', '누구 만났어?'와 같이 '누구'라는 뜻의
의문대명사 qui는 한 사람 또는 여러 명의 정체성을 물을 때 쓰입니다.

① 누구세요? : 정체성에 대한 질문

- **Qui** es-tu ? 너는 누구니?
- **Qui** est cette personne ? 이 사람은 누구니? (이 사람은 누구예요?)
- **Qui** êtes-vous ? 당신은 누구세요?

② 누가 ～을 했어요? : 행위의 주체에 대한 질문

- **Qui** a sonné ? 누가 벨을 울렸어? (울렸나요?)
- **Qui** a téléphoné ? 누가 전화 걸었어? (걸었나요?)
- **Qui** a gagné ? 누가 이겼어? (누가 이겼어요?)

③ 누구를/누구에게 ～해요? : 목적어에 대한 질문

- **Qui** as-tu vu ? 너는 누구를 봤니?
- **Qui** attends-tu ? 너는 누구를 기다려?
- **Qui** appelez-vous ? 당신은 누구에게 전화하세요?

구어체에서는 의문대명사 qui가 문장 끝에 위치합니다.

- Tu es **qui** ? 너는 누구니?
- Tu attends **qui** ? 누구를 기다려?
- Vous appelez **qui** ? 누구에게 전화하세요?
- Tu as vu **qui** ? 누구를 봤니?
- C'est **qui** ? 누구야?

전화번호 묻기와 전화 받고 걸기

1. 전화

téléphone fixe n.m. 집전화

téléphone portable n.m. 휴대전화

texto n.m. 문자　　sonnerie n.f. 전화벨

message vocal n.m. 음성 메시지

2. 전화번호 묻기

[1]C'est quoi ton numéro de portable ?
너의 전화번호가 뭐니?

Quel est ton numéro de portable ?

[2]Quel est votre numéro de portable ?

1　친근한 표현

2　정중한 표현

3. 전화 받고 걸기

Allô ?　여보세요?

Oui ?　네?

Qui est à l'appareil ?　누구세요?
(수화기를 들고 있는 분이 누구시죠?)

Ne quittez pas.　끊지 마세요. (잠시만요.)

Vous vous êtes trompé de numéro de téléphone.
전화번호를 잘못 아셨습니다. (전화 잘못 거셨습니다.)

Bonjour, vous êtes bien ~ ?
안녕하세요, ~님/씨 맞으시죠?

Bonjour, je pourrais parler à ~ ?
안녕하세요, ~와 통화할 수 있을까요?

Bonjour, pouvez-vous me passer ~ ?
안녕하세요, ~를 바꿔 주실 수 있을까요?

[3]Ah d'accord, excusez-moi. 아 네, 죄송합니다.

3　전화를 잘못 걸었을 때 사과의 뜻으로 말해 보세요.

1. 빈칸을 알맞게 채워 보세요.

1. 너의 휴대폰 번호가 뭐니?

→ Quel est ton _____ _____ téléphone ?

2. 06 23 45 67 89야.

→ _____ _____ 06 23 45 67 89.

3. 여보세요, 로라?

→ _____ , Laura ?

4. 번호를 잘못 아셨네요.

→ Vous vous êtes _____ de numéro.

2. 빈칸에 알맞은 appeler 동사를 쓰세요.

1. Je t'_____ demain.

2. Elle _____ sa sœur.

3. Qui _____-vous ?

4. Elles _____ leurs amis.

3. 프랑스어로 작문해 보세요.

1. 저는 로라가 아니에요.

→ _____

2. 누가 이겼어요?

→ _____

3. 나는 먹지 않는다.

→ _____

4. 나는 여행하는 것을 좋아하지 않는다.

→ _____

프랑스에서 전화할 때 꼭 알아야 할 사항

프랑스 전화번호는 몇 자리인가요?

프랑스 전화번호는 숫자 10자리로 구성되어 있습니다. 번호를 불러줄 때나 써 줄 때는 꼭 두 자리씩 묶어서 표현합니다. 예를 들어 전화번호가 '01 42 51 62 73'이라면 '공일 사십이 오십일 육십이 칠십삼'이라고 말합니다. 앞 두 자리 수는 프랑스 내 지역 번호입니다. 위의 전화번호처럼 앞에 두 자리가 '01'이면 파리 지역 번호이지요. 휴대폰은 지역 번호 대신 '06' 또는 '07'로 시작합니다.

한국에서 프랑스로 전화 걸 때는 어떻게 하나요?

한국에서 프랑스 일반 번호로 전화를 걸 때는 [33(프랑스 국가번호)+(첫 0 제외) 지역 번호]를 누른 다음 걸고자 하는 전화번호를 눌러야 합니다.
예를 들어 한국에서 위 전화번호로 전화를 건다면, '33 1 42 51 62 73' 순입니다.
만약 프랑스 휴대폰에 전화한다면 '33 6' 또는 '33 7'을 누르고 나머지 번호를 누르면 됩니다.

반대로 프랑스에서 한국으로 전화 걸 때는?

프랑스에서 한국 일반 번호로 전화를 걸 때는 [82(한국 국가번호)+(첫 0 제외) 지역 번호]를 누르고 나머지 전화번호를 누르면 됩니다.
예컨대 '02 123 4567'이라면 '82 2 123 4567'을 누르면 됩니다.
한국 휴대폰에 전화한다면, [82+(첫 0 제외) 10+나머지 번호]를 누릅니다.

프랑스 지역 번호는 어떻게 알 수 있나요?

프랑스는 일반전화의 경우 5개의 지역으로 나누어져 있습니다. 전화번호 맨 앞의 두 숫자는 각 지역을 가리키는데요, 01은 파리와 수도권, 02는 북서부, 03은 북동부, 04는 남동부, 05는 남서부와 대서양 지역을 가리킵니다.

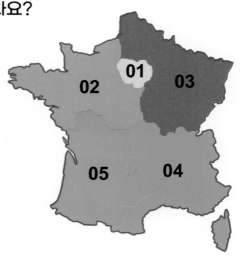

Qu'est-ce que tu fais ce soir ?

오늘 저녁에 뭐 하니?

학습 목표

7과는 여가 활동으로 하는 취미에 대해 묻고 답하는
표현들을 익힐 수 있습니다.
직접/간접목적보어대명사, '~ 운동을 하다'에 대한 표현과
의문대명사, 그리고 vouloir 동사 등에 대해 공부해 봅시다.

Qu'est-ce que tu fais ce soir ?

여유가 생긴 민수는 과제를 도와준 로라에게 식사 대접이라도 해야겠다는 생각이 든다.
그런 마음을 읽은 듯 로라가 먼저 뜻밖의 제안을 한다. 혹시 로라도 민수를 좋아하는 걸까?

Minsoo
민수

Qu'est-ce que tu fais ce soir ?
께-스 끄 뛰 패 쓰 쏴흐?

Laura
로하

[1]Rien de spécial. Et toi ?
히앙 드 쓰뻬시알. 에 똬?

Minsoo
민수

Moi [2]non plus.
똬 농 쁠뤼.

Laura
로하

Tu [3]veux aller voir un film ?
뛰 브 알레 봐흐 앙 필므?

Minsoo
민수

Oui, c'est une bonne idée !
위, 쎄 뛴 번 니데!

유익한 정보 En savoir plus

파리를 방문한다면 할인 패스를 이용하세요!

파리를 방문하게 된다면 할인 패스 'Paris Passlib'을 이용해 보세요. 파리 관광
안내소에서 만든 이 패스로 각자의 여행 일정에 따라 파리를 여행할 수 있습니다.
유람선 관광, 버스 투어, 미술관, 에펠탑 입장 등이 패스에 포함되어 있어서, 따로따로
입장료를 내는 것보다 비용을 줄여 줍니다. 스마트폰 앱 'Paris Passlib'으로 패스를
구입하면 즉시 사용할 수 있습니다.

*관광 안내소 공식 사이트 www.parisjetaime.com

- qu'est-ce que 무엇을
- fais v. 하다
  (faire 동사, 2인칭 단수)
- rien pro.ind. 아무것도
- de prép. ～의
- spécial a. 특별한
- veux v. 원하다
  (vouloir 동사, 2인칭 단수)
- aller v. 가다 (동사원형)
- voir v. 보다 (동사원형)
- film n.m. 영화
- bonne a. 좋은
- idée n.f. 생각

해석 Traduction

오늘 저녁에 뭐 하니?

민수   오늘 저녁에 뭐 하니?

로라   특별히 하는 것 없어. 너는?

민수   나도 없어.

로라   영화 보러 갈래?

민수   응, 좋은 생각이야!

해설 Explications

1 rien de spécial

동사가 없는 'rien de spécial(특별한 것 없다)'은 'je ne fais rien de spécial (나는 특별히 하는 것 없다)'의 줄임 표현입니다. 친한 사이에는 주어 없이 말해도 어색하지 않습니다.
여기에서 rien은 부정대명사로 '아무것도'라는 뜻입니다. 완전한 문장에서는 ne와 함께 씁니다.

- Je **ne** fais **rien**.
  나는 아무것도 하지 않는다.

2 non plus

'non plus'는 '또한'이라는 뜻으로, 부정적 내용에 대해 동의할 때 씁니다.

- Je veux faire la cuisine.
  난 요리하고 싶어.
- Moi **aussi**. 나도. (긍정적 내용에 동의)
- Je ne veux pas faire la cuisine.
  난 요리하고 싶지 않아.
- Moi **non plus**. 나도.
  (부정적 내용에 동의)

3 vouloir

조동사 vouloir 뒤에는 동사원형 또는 명사가 올 수 있습니다.

- Je **veux** manger une pomme.
  나는 사과 먹기를 원한다.
- Je **veux** une pomme.
  나는 사과를 원한다.

Je joue au tennis.

가끔 마주치는 장 아저씨. 항상 인사만 나눴지만 오늘은 민수의 주말 일정을 먼저 물어봐 줬다.
이번 주말 한국에서 부모님이 오신다하여 더욱 반갑다. 어쩐지 장 아저씨와 가까워진 느낌이다.

Jean
정
Que faites-vous ce week-end ?
끄 팻–부 쓰 윅–껜드?

Minsoo
민수
Je [1] le passe [2] en famille.
쥬 르 빠 썽 파미으.

Et vous ?
에 부?

Jean
Moi, [3] je joue au tennis avec des amis.
똬, 쥬 주 오 떼니쓰 아벡 데 자미.

Minsoo
Ah vraiment !
아 브해멍!

[4] Je vous souhaite un bon week-end alors !
쥬 부 쑤애 땅 봉 윅–껜드 알러흐!

유익한 정보 En savoir plus

매년 5월 프랑스에서 열리는 세계적인 스포츠 행사는?

바로 Roland-Garros라고 하는 프랑스 오픈 테니스 대회입니다. 세계 4대 그랜드 슬램 대회
중 하나이며, 유일하게 적토를 사용하는 클레이 코트에서 경기가 진행됩니다. 이 메이저
대회는 국가적인 축제 분위기 속에서 2주간 이어지며, 전 세계 곳곳에 중계됩니다.

- faites v. 하다
  (faire 동사, 2인칭 복수)
- week-end n.m. 주말
- passe v. 보내다
  (passer 동사, 1인칭 단수)
- famille n.f. 가족
- joue v. 놀다, (게임을) 하다
  (jouer 동사, 1인칭 단수)
- tennis n.m. 테니스
- avec prép. ~와, 같이
- amis n.m.pl. 친구들
- souhaite v. 소망하다, 바라다
  (souhaiter 동사, 1인칭 단수)
- alors ad. 그러면

전 테니스를 쳐요.

장 이번 주말에 뭐 하세요?

민수 전 가족과 함께 보내요.
당신은요?

장 전 친구들과 테니스를 쳐요.

민수 아 정말요!
그럼 좋은 주말 보내시길
바랍니다!

1 le

여기에서 le는 앞 문장의
'ce week-end'를 대신하는
직접목적보어대명사입니다.

2 en famille

'en famille'는 '가족과 함께'라는
뜻입니다.

3 jouer à ~

[jouer à + 정관사 + 운동 종목]은
'~ 운동을 하다'라는 표현입니다.

4 je vous souhaite ~

'je vous souhaite ~'는 직역하면
'저는 당신이 ~하기를 바랍니다'입니다.
상대방에게 바라거나 소망하는 것이
있을 때 사용하는 정중한 표현입니다.
① 예의를 갖춰야 할 때는
    목적보어대명사로 vous를 씁니다.
- Je **vous** souhaite bon courage.
  힘내시길 바랍니다.
- Je **vous** souhaite bonne chance.
  행운을 빕니다.
② 친한 사이에는 목적보어대명사로 te를
    쓰거나 'je te souhaite'를 생략합니다.
- Je **te** souhaite bon courage !
= Bon courage ! 힘내!
- Je **te** souhaite bonne chance !
= Bonne chance ! 행운을 빌어!

Unité 1. 직접/간접목적보어대명사

1. 직접목적보어대명사

'나를', '너를', '그것을'처럼 '~을(를)'을 붙여 사람이나 사물을 가리키는 대명사를
직접목적보어대명사라고 합니다. 어떤 사건이나 행위의 목적이 되는 사람 또는
사물을 대신합니다.

① 사람을 가리키는 직접목적보어대명사

- Je connais Chulsoo. 나는 철수를 안다.
→ Je **le** connais. 나는 **그를** 안다.

② 사물을 가리키는 직접목적보어대명사

- Je range les livres. 나는 책들을 정리한다.
→ Je **les** range. 나는 **그것들을** 정리한다.

직접목적보어대명사	
me 나를	nous 우리를
te 너를	vous 당신(들)을, 너희를/너희들을
le 그를, 그것을 la 그녀를, 그것을	les 그(녀)들을, 그것들을

Attention ! m', t', l'
> 직접목적보어대명사 me, te, le, la 다음에 모음이나 무음 h로 시작하는 동사가 나오면,
> me는 m', te는 t', le와 la는 l'로 모음을 생략합니다.

직접목적보어대명사는 대신하는 사람 또는 사물의 성(性)과 수(數)에 따라
변화하며 항상 동사 앞에 위치합니다.

- J'aime toi. 나는 너를 사랑해.
→ Je **t'**aime. 나는 **너를** 사랑해.
- Je mange une pomme. 나는 사과를 먹는다.
→ Je **la** mange. 나는 **그것을** 먹는다.
- Je connais les chanteurs coréens. 나는 한국 가수들을 안다.
→ Je **les** connais. 나는 **그들을** 안다.

2. 간접목적보어대명사

'나에게', '너에게', '우리에게'처럼 '~에게'를 붙여 사람을 가리키는 대명사를 간접목적보어대명사라고 합니다. 간접목적보어대명사는 어떤 사건이나 행위의 대상이 되는 사람을 대신하며, 직접목적보어대명사와 3인칭 표현만 다르고, 1, 2인칭은 동일합니다.

- Je parle à Chulsoo. 나는 철수에게 말한다.
- → Je **lui** parle. 나는 **그에게** 말한다.
- J'écris à mes amis. 나는 친구들에게 편지를 쓴다.
- → Je **leur** écris. 나는 **그들에게** 편지를 쓴다.

간접목적보어대명사가 대신하는 사람 앞에는 항상 전치사 à가 붙습니다.

간접목적보어대명사	
me 나에게	nous 우리에게
te 너에게	vous 당신(들)에게, 너희/너희들에게
lui 그에게/그녀에게	leur 그들에게/그녀들에게

간접목적보어대명사는 가리키는 사람의 성(性)과 수(數)에 따라 변화하며 항상 동사 앞에 위치합니다.

- Il téléphone à moi. 그는 나에게 전화한다.
- → Il **me** téléphone. 그는 **나에게** 전화한다.
- J'envoie une carte postale à ma sœur.
  나는 여동생에게 엽서를 보낸다.
- → Je **lui** envoie une carte postale.
  나는 **그녀에게** 엽서를 보낸다.
- Le professeur donne des devoirs à ses étudiants.
  교수님이 학생들에게 숙제를 내 준다.
- → Le professeur **leur** donne des devoirs.
  교수님이 **그들에게** 숙제를 내 준다.

Unité 2. **jouer à ~/ faire de ~** ~운동을 하다

프랑스어로 '~운동을 하다'라고 말할 때, 운동이 무엇인지에 따라서 jouer 동사
또는 faire 동사를 구분하여 사용합니다.

1. jouer à ~ : 공을 사용하는 운동

jouer 동사는 1군 동사로 흔히 '놀다' 또는 '게임을 하다'라는 뜻으로 쓰입니다.
하지만 [jouer 동사 + 전치사 à + 정관사 + 운동 종목(명사)] 구조라면
'~ 운동을 하다'라는 뜻이 됩니다.

① [**jouer au + 운동 종목** (남성 명사)]

- Je **joue au** <u>football</u>. 나는 축구를 한다.
- Je **joue au** <u>golf</u>. 나는 골프를 친다.

② [**jouer à la + 운동 종목** (여성 명사)]

- Je **joue à la** <u>pétanque</u>. 나는 페탕크 놀이를 한다.

2. faire de ~ : 공을 사용하지 않는 운동

faire 동사는 3군 동사로 '하다'라는 뜻입니다. [faire 동사 + 전치사 de +
정관사 + 운동 종목(명사)] 구조도 '~ 운동을 하다'라는 뜻이 됩니다.

① [**faire du + 운동 종목** (남성 명사)]

- Je **fais du** <u>taekwondo</u>. 나는 태권도를 한다.
- Je **fais du** <u>ski</u>. 나는 스키를 탄다.

② [**faire de la + 운동 종목** (여성 명사)]

- Je **fais de la** <u>natation</u>. 나는 수영을 한다.

③ [**faire de l' + 무음 h** 또는 **모음으로 시작하는 명사**]

- Je **fais de l'**<u>équitation</u>. 나는 승마를 한다.

Unité 3. **Qu'est-ce que ~ ?** 무엇을 ~?

'qu'est-ce que ~'는 '무엇(을)~'이라는 뜻으로 어떠한 사건이나 행위의 목적을
묻는 의문대명사입니다. 뒤에 [주어+동사] 형태의 완전한 문장이 이어져야
합니다. 'qu'est-ce que'로 시작하는 질문은 '네', '아니요'로 대답할 수 없는
간접의문문으로, 어떤 상황이나 사물에 대해 물어보는 것이기 때문에 구체적인
답이 필요합니다. 또한 뒤에 오는 문장은 주어와 동사를 도치할 수 없습니다.

- Qu'est-ce que **tu fais** ?
  무엇을 하고 있어?

- Qu'est-ce que **c'est** ?
  그게 무엇인가요?

> **Attention !** **qu'est-ce que와 que의 차이점은?**
> 'qu'est-ce que ~'와 que로 시작하는 문장은 뜻이 같습니다. 하지만, que로 시작하는
> 문장이 더 정중한 표현이고, 주어가 도치된 [동사+주어] 구조입니다.
> - Qu'est-ce que tu fais ? 너 뭐 해?
> - Que fais-tu ? 너 뭐 하니?

Unité 4. **Qu'est-ce qui ~ ?** 무엇이 ~?

'qu'est-ce qui ~'는 '무엇(이)~'라는 뜻으로 '무엇이 일어났어?', '무엇이 문제를
일으켰어?'와 같이 어떠한 사건이나 행위의 주체를 묻는 의문대명사입니다.
행위의 주체, 즉 주어에 대해 묻기 때문에 뒤에 주어가 없는 문장이 따릅니다.

- Qu'est-ce qui **se passe** ?
  무엇이(무슨 일이) 일어났어?

- Qu'est-ce qui **a causé ce problème** ?
  무엇이 이 문제를 일으켰어?

다양한 여가 생활

1. 계획 묻고 답하기

Qu'est-ce que tu fais demain ?
내일 뭐 해?

Qu'est-ce que tu fais cet été ?
이번 여름에 뭐 해?

Qu'est-ce que tu fais pour les vacances ?
휴가 때 뭐 해?

Je me repose. 난 쉬어.

[1]Je ne fais rien. 난 아무것도 안 해.

Je vais chez mes parents.
난 부모님 댁에 가.

1 'de spécial'을 덧붙여 'je ne fais rien de spécial'라 하면, '난 특별히 하는 것 없어'라는 뜻이 됩니다.

2. 휴일에 가는 곳

cinéma n.m. 영화관

montagne n.f. 산   station de ski n.f. 스키장

mer n.f. 바다   plage n.f. 해변

campagne n.f. 시골

[2-1]Je vais au cinéma. 나는 영화관에 간다.

[2-2]Il va à la plage. 그는 해변에 간다.

2 '나는 산에 간다', '나는 바다에 간다' 등을 표현할 때는
[je vais **au** + 남성 명사]
[je vais **à la** + 여성 명사]
구조로 문장을 만듭니다.

3. 취미

randonnée n.f. 등산 promenade n.f. 산책

lecture n.f. 독서   peinture n.f. 미술

cuisiner v. 요리하다

faire du sport 운동을 하다

regarder des films 영화를 보다

écouter de la musique 음악을 듣다

1. 빈칸에 알맞은 직접목적보어대명사 또는 간접목적보어대명사를 찾아 쓰세요.

> 〈보기〉　　me(m')　　te(t')　　le　　la　　nous　　lui　　leur

1. 그는 나에게 전화한다.　　　　→ Il _____ téléphone.

2. 나는 그들에게 편지를 쓴다.　　→ Je _____ écris.

3. 나는 그를 안다.　　　　　　　→ Je _____ connais.

4. 나는 너를 사랑해.　　　　　　→ Je _____ aime.

2. 빈칸에 알맞은 jouer 또는 faire 동사를 쓰세요.

1. 나는 축구를 한다.　　　→ Je _____ au football.

2. 나는 태권도를 한다.　　→ Je _____ du taekwondo.

3. 나는 테니스를 친다.　　→ Je _____ au tennis.

4. 나는 승마를 한다.　　　→ Je _____ de l'équitation.

3. 프랑스어로 대답해 보세요.

1. A: Qu'est-ce que tu fais ce soir ? (오늘 저녁에 뭐 하니?)

   B: _____

2. A: Que faites-vous ce week-end ? (이번 주말에 뭐 하세요?)

   B: _____

3. A: Qu'est-ce que tu fais cet été ? (이번 여름에 뭐 해?)

   B: _____

프랑스인들의 영화 사랑

프랑스에서 영화는 제7의 예술이라고 불릴 만큼 예술의 한 분야로 인정받고 있으며, 각별한 사랑을 받는 분야이기도 합니다. 그렇다면 해외에서는 프랑스 영화가 얼마나 많은 인기를 누리고 있을까요?

프랑스 영화는 세계 영화 시장에서 미국 영화 다음으로 가장 많이 수출된다고 합니다. 〈아멜리에 Le Fabuleux Destin d'Amélie Poulain〉, 〈언터처블 Intouchable〉, 〈그린란드로 가자 Le voyage au Groenland〉 등과 같이 세계적으로 인기를 얻은 영화들을 필두로 다양한 장르의 프랑스 영화가 세계인들에게 사랑받고 있습니다.

프랑스 사람들이 가장 좋아하는 배우는 누구일까요?

프랑스 사람들이 가장 좋아하는 프랑스 배우를 꼽는 다양한 여론 조사를 보면, 남자 배우들의 경우 공통적으로 상위권에 오마르 시 Omar Sy, 대니 분 Dany Boon 또는 장 르노 Jean Reno의 이름이 언급되는 것을 볼 수 있습니다. 그리고 여자 배우는 소피 마르소 Sophie Marceau, 마리옹 코티아르 Marion Cotillard 또는 바네사 파라디 Vanessa Paradis가 가장 인기 있는 여자 배우들로 언급되곤 합니다. 특히 프랑스 배우이자 흥행 감독인 대니 분은 그의 두 번째 영화인 〈알로, 슈티 Bienvenue chez les Ch'tis(2008년)〉를 감독하고 주요 역할 중 하나를 맡았는데요, 이 영화는 2천만 명이 넘는 관람객 수를 기록하여 이전까지 프랑스 영화 중에서 가장 큰 인기를 끌었던 〈파리 대탈출 La Grande Vadrouille(1966년, 1천 7백만 명)〉을 넘어서 현재까지 프랑스에서 가장 흥행에 성공한 영화로 남아 있습니다.

전 세계가 가장 주목하는 영화 축제: 프랑스 칸 국제 영화제

1946년 9월 제1회 영화제가 열린 이후로 1951년부터는 매년 5월 중 총 12일 동안 열리는 칸 국제영화제는 올림픽과 월드컵 다음으로 전 세계 언론 매체들이 가장 많이 주목하는 행사라고 합니다. 성대하고 화려하게 펼쳐지는 이 영화제는 다양한 장르의 신작 영화들을 소개하고 재능 있는 영화인들을 발굴하는 거대한 필름 마켓을 자랑합니다. 특히 이 영화제의 하이라이트는 레드 카펫 위에서 화려한 자태를 뽐내는 전 세계 유명 감독들과 배우들의 모습들인데요. 바로 이 레드 카펫을 밟아 보는 것이 영화배우들과 감독들의 꿈이라고 할 만큼 영화계의 대표적인 상징으로 자리 잡고 있습니다.

2019년 제72회 영화제에서는 봉준호 감독의 〈기생충 Parasite〉이 최고상인 황금종려상을 수상하는 쾌거를 이루었습니다.

C'est quand ?

언제야?

학습 목표

8과에서는 날짜나 요일을 묻는 상황들을 통해 날짜에 관한 기본 표현들을 익힐 수 있습니다.
가능성을 나타낼 때 사용하는 pouvoir 동사와 더불어 요일과 날짜에 대한 표현, 그리고 근접미래시제에 대해 공부해 봅시다.

— **Dialogue**   **08-1. 언제야?**

　　　　　　　08-2. 오늘이 무슨 요일이죠?

— **Grammaire**   **1. pouvoir** 할 수 있다

　　　　　　　2. Quel jour sommes-nous ?
　　　　　　　오늘은 무슨 요일이에요?

　　　　　　　3. Le combien sommes-nous ?
　　　　　　　오늘은 며칠이에요?

　　　　　　　4. aller + 동사원형 : 곧 ~할 것이다

— **Expressions** 기념일과 축하 인사

C'est quand ?

이번 주 토요일은 민수의 친구 피에르의 생일이다.
민수는 요즘 부지런히 수업을 따라가면서 짝사랑도 하고, 친구들과 어울리느라 바쁘다.

Pierre
삐에흐
¹Je t'invite à mon ²anniversaire.
쥬 땅비 따 몽 나니베흐쎄흐.

Minsoo
민수
³C'est quand ?
쎄 껑?

Pierre
삐에흐
C'est le ⁴samedi 2 mai.
쎄 르 쌈디 두 매.

Minsoo
민수
D'accord.
다꺼흐.

Pierre
삐에흐
Tu peux venir ?
뜌 쁘 브니흐?

Minsoo
민수
Oui, ⁵bien sûr.
위, 비앙 쓔흐.

나이를 묻지 않는 프랑스인들
우리나라는 궁금하면 나이를 묻거나 몇 년생인지 묻곤 하지요. 그런데 프랑스에서는
'Tu as quel âge ? (몇 살이야?)'라고 상대방의 나이를 물어보는 것은 실례가 될
수 있습니다. 더불어 'Tu es né(e) en quelle année ? (몇 년생이야?)'라는 질문은
이상하게 들릴 수도 있습니다. 프랑스에서는 한국만큼 나이를 중요하게 여기지 않으며
나이와 상관없이 친구가 될 수 있습니다.

- t' pro.per. 너를 (te의 e 생략)
- invite v. 초대하다
  (inviter 동사, 1인칭 단수)
- mon a.pos. 나의
- anniversaire n.m. 생일
- quel a.int. 무슨, 어떤, 몇
- jour n.m. 날, 일
- peux v. 할 수 있다
  (pouvoir 동사, 2인칭 단수)
- bien sûr 물론

언제야?

피에르 내 생일 파티에 초대할게.

민수 언제야?

피에르 5월 2일 토요일이야.

민수 알겠어.

피에르 올 수 있어?

민수 응, 물론이지.

1 현재시제
나는 '지금' 너를 초대하는 것이므로 'je t'invite (나는 너를 초대해)'처럼 현재시제로 씁니다.

2 anniversaire
'생일 파티'를 직역하면 'fête d'anniversaire'지만, 말할 때는 fête를 생략해 anniversaire라고만 합니다.

3 C'est quand ?
'C'est quand ?'은 '언제야?'란 뜻으로 'C'est quel jour ?(며칠이야?)'라고도 표현할 수 있습니다.

4 날짜
프랑스어로 날짜를 나타낼 때 순서에 주의합니다. [요일 + 일 + 월(+ 연도)] 순으로 씁니다.

5 bien sûr
'bien sûr'는 '물론이지', '그럼'이라는 뜻으로, 하나의 구어적 표현으로 익히는 것이 좋습니다. 형용사 sûr의 u 위에 'accent circonflexe(ˆ)'를 반드시 표시해야 합니다.
이 표시가 없는 sur는 위치를 나타내는 전치사로, '위에'라는 뜻이 됩니다.

Quel jour sommes-nous ?

이제는 옆집 장 아저씨와 마주칠 때마다 이런저런 대화를 나누게 되어 부쩍 친해졌다.
장은 민수에게 같이 한잔하자고 제안하지만, 오늘은 약속이 있어 아쉽게도 거절할 수밖에.

Jean
정

Voulez-vous aller [1]boire un verre ce soir ?
불레-부 알레 부와흐 앙 베흐 쓰 쏴흐?

Minsoo
민수

[2]Quel jour sommes-nous ?
껠 쥬흐 썸-누?

Jean

Nous sommes jeudi. Pourquoi ?
누 썸 쥬디. 뿌흐꽈?

Minsoo

J'ai déjà un [3]rendez-vous.
줴 데쟈 앙 헝데-부.

Je [4]vais dîner chez un ami.
쥬 배 디네 쉐 장 나미.

Jean

[5]Tant pis !
떵 삐!

La prochaine fois alors !
라 프호쉔 프화 알러흐!

유익한 정보 En savoir plus

술은 즐기되 적당히!

프랑스 방송에서는 술 광고 마지막에 'à consommer avec modération'이라는 문구가
꼭 나옵니다. 이 말은 '적절히 마실 것'이라는 뜻입니다. 프랑스는 음주 문화가 발달했지만,
과하게 취하는 것은 매우 예절에 어긋한 행동으로 여깁니다. 특히 공공장소에서 취한
상태로 있는 것은 법적으로도 금지하고, 주류 판매점에서 미성년자에게 술을 파는 것과
이에 대한 금지 사항을 게시하기도 합니다.

- voulez v. 원하다
  (vouloir 동사, 2인칭 복수)
- boire v. 마시다 (동사원형)
- verre n.m. 컵, 한잔
- jeudi n.m. 목요일
- pourquoi ad./conj. 왜
- déjà ad. 이미
- rendez-vous n.m. 약속
- dîner v. 저녁 식사를 하다 (동사원형)
- tant pis 할 수 없지
- prochaine a. 다음
- fois n.f. 번

오늘이 무슨 요일이죠?

장 오늘 저녁에 한잔하러 갈래요?

민수 오늘이 무슨 요일이죠?

장 오늘은 목요일이에요. 왜요?

민수 이미 약속이 있어서요.
친구 집에 저녁 식사 하러 가요.

장 할 수 없죠!
그럼 다음에 봐요!

1 boire un verre

boire는 '마시다', verre는 '(유리)잔'으로, 직역하면 '잔을 마시다'라는 뜻입니다. 다시 말해 '한잔하다'라는 하나의 표현이기 때문에 이대로 외워 두면 좋습니다.

2 오늘이 무슨 요일이죠?

'Quel jour sommes-nous ?'는 '오늘이 무슨 요일입니까?'라는 질문 중 가장 정중한 표현입니다.

3 약속

rendez-vous는 형태는 동사같지만 '약속'이라는 뜻의 남성 명사입니다. 헷갈리지 않도록 주의하세요.

4 ~을 할 것이다

'je vais dîner'는 [aller 동사 + 동사원형]의 형태로, 근접미래시제 입니다. 가까운 미래에 '~을 할 것이다' 라고 표현할 때 씁니다.

- Je **vais aller** chez mes parents ce samedi.
  이번 토요일에 부모님 댁에 갈 거예요.
- Il **va chanter** demain.
  그는 내일 노래를 부를 것이다.

5 tant pis

'tant pis'는 '할 수 없다', '어쩔 수 없다' 라는 뜻입니다. 라틴어에서 온 말로 직역하면 '최악과 같다'이며, 유감을 나타내는 표현입니다. 반대말은 'tant mieux(다행이다)'입니다.

Unité 1. pouvoir 할 수 있다

pouvoir 동사와 vouloir 동사는 뒤에 동사원형이 따라오는 조동사입니다. pouvoir 동사 뒤에는 항상 동사원형이 따릅니다. (예외로 vouloir 동사 뒤에는 명사가 올 수 있습니다.) 이 두 동사는 말하는 사람의 의도, 생각 또는 행동을 나타내는 역할을 하는데요. 아래의 두 문장을 비교해 봅니다.

· Il cuisine. 그는 요리를 한다. (현실)

→ Il **peut** cuisiner. 그는 요리를 할 수 있다. ('그'에게 요리할 능력 및 가능성이 있음)

→ Il **veut** cuisiner. 그는 요리 하기를 원한다. ('그'가 요리하려는 의향이 있음)

pouvoir 동사는 가능성 또는 능력을 나타냅니다. 'Je (나) peux (할 수 있다) cuisiner (요리하다).'라고 하면 '나는 요리를 할 수 있다.'라는 뜻입니다.

· Je **peux** réparer cette montre. 나는 이 시계를 고칠 수 있어.
· Tu **peux** venir ? 너 올 수 있어?
· Nous **pouvons** marcher longtemps. 우리들은 오랫동안 걸을 수 있어.

pouvoir 동사	
Je **peux** marcher. 나는 걸을 수 있다.	Nous **pouvons** marcher. 우리들은 걸을 수 있다.
Tu **peux** marcher. 너는 걸을 수 있다.	Vous **pouvez** marcher. 당신(들)은 걸을 수 있다.
Il/ Elle/ On **peut** marcher. 그/ 그녀/ 우리는 걸을 수 있다.	Ils/ Elles **peuvent** marcher. 그들/ 그녀들은 걸을 수 있다.

Unité 2. **Quel jour sommes-nous ?** 오늘은 무슨 요일이에요?

요일을 물을 때는 'Quel jour sommes-nous ?'라고 합니다. 직역하면 '우리는 무슨 날이에요?'라는 뜻입니다. '오늘'을 뜻하는 aujourd'hui를 덧붙여 말하기도 하지만 현재시제를 쓰기 때문에 굳이 붙이지 않아도 됩니다. 질문에 답할 때 요일에는 정관사 le를 붙이지 않습니다.

① 오늘이 무슨 요일인지 물을 때

- Quel jour sommes-nous ? 오늘은 무슨 요일입니까? (격식체)

- Nous sommes quel jour ? 오늘 무슨 요일이에요?

- On est quel jour ? 오늘 무슨 요일이야? (구어체)

- Nous sommes samedi ? 오늘이 토요일인가요?

- Nous sommes jeudi ou vendredi ?
  오늘이 목요일인가요 아니면 금요일인가요?

② 오늘이 무슨 요일인지 답할 때 :
  [Nous sommes + 요일] 오늘은 ~요일이다

- Nous sommes **lundi**. 오늘은 월요일입니다.

- Nous sommes **mardi**. 오늘은 화요일입니다.

- Nous sommes **mercredi**. 오늘은 수요일입니다.

- Nous sommes **jeudi**. 오늘은 목요일입니다.

- Nous sommes **vendredi**. 오늘은 금요일입니다.

- Nous sommes **samedi**. 오늘은 토요일입니다.

- Nous sommes **dimanche**. 오늘은 일요일입니다.

Attention ! **반복되는 요일**
    반복되는 특정 요일은 복수형으로 쓰기도 합니다.
    - Vous allez souvent à la piscine ? 얼마나 자주 수영장에 가요?
    - Je vais à la piscine tous **les lundis**. 월요일마다 수영장을 가요.

Unité 3. **Le combien sommes-nous ?** 오늘은 며칠이에요?

날짜를 말하고 쓰는 순서가 우리나라와 다르기 때문에 주의해야 합니다.
날짜는 [① 요일 ② 일 ③ 월 ④ 연도] 순서입니다.

- 프랑스   le vendredi 5 *juin 2020 (5/6/2020)
- 한국   2020년 6월 5일 금요일 (2020/6/5)

Attention ! 몇 월인지를 쓸 때는 숫자로 쓰지 않고, 각 월의 명칭을 씁니다.

① 오늘이 며칠인지 물을 때

- Nous sommes le combien ? 오늘 며칠이에요? (구어체)
- Le combien sommes-nous ? 오늘은 며칠입니까? (격식체)
- Nous sommes le 15 ? 오늘이 15일인가요?

② 오늘이 며칠인지 답할 때 :
   [**Nous sommes + 정관사 le + 날짜**] 오늘은 ～월 ～일이다

- Nous sommes le *premier juin. 오늘은 6월 1일입니다.
- Nous sommes le *1er. 오늘은 1일입니다.

Attention ! 매달 1일은 서수로 표현하며, 간단하게 1^{er}라고 쓰기도 합니다.

- Nous sommes le 3. 오늘은 3일입니다.
- Nous sommes le 25. 오늘은 25일입니다.

③ 요일 포함 날짜 전체 :
   [**Nous sommes＋정관사 le＋요일＋일＋월**] 오늘은 ～월 ～일 ～요일이다

- Nous sommes le vendredi 3 janvier.
  오늘은 1월 3일 금요일입니다.

- Nous sommes le dimanche 13 septembre.
  오늘은 9월 13일 일요일입니다.

Attention ! **le + jour / mois**
   모든 '일(jour)'과 '월(mois)'은 남성형이기 때문에 항상 정관사 남성형 le를 붙여 씁니다.
   - Paris, **le** 25 mars 2016 2016년 3월 25일, 파리에서
   - Séoul, **le** vendredi 3 janvier 2020 2020년 1월 3일 금요일, 서울에서

Unité 4. **aller + 동사원형 : 곧 ~할 것이다**

가까운 미래, 즉 곧 이루어질 일을 나타낼 때는 근접미래시제를 씁니다.
근접미래시제는 [aller 동사 + 동사원형]으로 구성되며, 아주 흔하게 쓰입니다.

- **Je vais** étudier. 나는 공부를 할 거야.
- **Je vais** dormir. 나는 잘 거야.

Attention ! 철자법 주의: Je vais **étudier.** (○) Je vais **étudié.** (×)

현재시제	근접미래시제
	aller 동사 + 동사원형
J'étudie. 나는 공부한다.	Je **vais** étudier. 나는 공부할 것이다.
Tu étudies. 너는 공부한다.	Tu **vas** étudier. 너는 공부할 것이다.
Il/ Elle/ On étudie. 그/ 그녀/ 우리는 공부한다.	Il/ Elle/ On **va** étudier. 그/ 그녀/ 우리는 공부할 것이다.
Nous étudions. 우리들은 공부한다.	Nous **allons** étudier. 우리들은 공부할 것이다.
Vous étudiez. 당신(들)은 공부한다.	Vous **allez** étudier. 당신(들)은 공부할 것이다.
Ils/ Elles étudient. 그들/ 그녀들은 공부한다.	Ils/ Elles **vont** étudier. 그들/ 그녀들은 공부할 것이다.

① 앞으로 변화될 상황 중 거의 확정된 일

- Je **vais** aller au restaurant. 나는 음식점에 갈 거예요.
- Mon ami **va** venir. 제 친구가 올 거예요.
- Nous **allons** chanter une chanson. 우리들은 노래를 부를 거예요.
- Vous **allez** acheter le pantalon bleu ?
  (당신은) 파란 바지를 살 거예요?
- Ils **vont** venir ? 그들이 올 건가요?

② 당장 일어날 일 또는 예상할 수 있는 일

- Il **va** pleuvoir. 비가 올 거야.
- Attention, tu **vas** tomber ! 조심해, 넘어진다!

기념일과 축하 인사

1. 요일 n.m.

lundi 월요일   mardi 화요일

mercredi 수요일   jeudi 목요일

vendredi 금요일   samedi 토요일

dimanche 일요일

2. [1]월 n.m.

1월	janvier	2월	février
3월	mars	4월	avril
5월	mai	6월	juin
7월	juillet	8월	août
9월	septembre	10월	octobre
11월	novembre	12월	décembre

3. 기념일과 축하 인사

[2]anniversaire n.m. 생일; 기념일

[3-1]1er mai 노동절 (5월 1일)

[3-2]8 mai 전승 기념일 (5월 8일)

[3-3]14 juillet 프랑스 대혁명 기념일 (7월 14일)

[3-4]11 novembre 휴전 기념일 (11월 11일)

[4]fête de naissance n.f. 아기 출생 축하 파티

fête d'anniversaire n.f. 생일 파티

[5-1]invitation n.f. 초대장

[5-2]faire-part n.m. 안내장, 통지서

Bon anniversaire ! 생일 축하해요!

Joyeux anniversaire ! 생일 축하해요!

1 '〜월에'는 앞에 전치사 en을 붙입니다. '〜월달에'라고 할 때는 앞에 'au mois de'를 붙입니다.
Je vais rentrer **en** mars.
난 3월에 돌아올 거야.
Je vais rentrer **au mois de** mars.
난 3월달에 돌아올 거야.

2 누군가의 탄생을 기념하고 축하해 주는 날이기도 하지만, 국가 차원에서는 '기념일'입니다.

3 국가 기념일은 휴일입니다.

4 아기가 태어나면 친한 사람들을 초대해 축하하는 파티입니다.

5 invitation은 상대를 초대하는 서신이며, faire-part는 일반적으로 가정의 중요한 행사 (생일, 결혼, 사망)를 알리는 역할을 합니다.

1. 빈칸에 알맞은 단어를 쓰세요.

1. A: C'est quand ton anniversaire ?

   B: C'est le _____ (목요일) 5 _____ (12월).

2. A: Quel jour sommes-nous ?

   B: Nous sommes _____ (월요일).

3. A: On est quel jour ?

   B: Nous sommes le _____ _____ (6월 1일).

4. A: Vous allez souvent à la piscine ?

   B: Oui, je vais à la piscine tous _____ _____ (수요일마다).

2. 다음 문장을 근접미래형으로 바꿔 보세요.

1. J'étudie. (étudier v.)

→ _____

2. Nous chantons. (chanter v.)

→ _____

3. Il pleut. (pleuvoir v.)

→ _____

4. Mon ami vient. (venir v.)

→ _____

3. 빈칸에 알맞은 pouvoir 동사를 쓰세요.

1. Je _____ cuisiner.

2. Tu _____ m'appeler ?

3. Nous _____ marcher longtemps.

4. Ils _____ venir ?

식전 한잔, 아페리티프

프랑스에서는 본격적인 식사를 하기 전에 입맛을 돋우기 위해 술을 마시는 문화가 있습니다. 우리말로는 식전주, 바로 아페리티프 apéritif인데요, 줄여서 아페로 apéro라고도 합니다. 아페리티프는 프랑스식 라이프 스타일의 하나라고 할 만큼 프랑스 식문화에서 떼려야 뗄 수 없는 대표 관습 중 하나입니다.

음식점 메뉴에서 전식에 앞서 가장 먼저 눈에 띄는 부분이 아페리티프 메뉴이고, 가정집에서 손님을 초대할 때도 식사 전에 아페리티프를 먼저 대접하는 모습을 쉽게 볼 수 있습니다. 이렇게 식전에 술을 마실 때는 간단한 감자칩이나, 견과류, 카나페 등과 같이 짭잘한 음식을 곁들여서 함께 마시는 것이 특징입니다.

아페리티프는 식사 전 '대화의 시간'을 담당하기도 합니다. 편안한 분위기에서 술 한잔하며 자유롭게 이야기를 나누는 자리이기 때문입니다. 하지만 자유로워 보이는 아페리티프 문화 바탕에는 지켜야 할 기본 예의가 있는데, 바로 취하지 않을 정도로 적당히 마시는 것입니다.

아페리티프는 언제, 왜 생겼나요?

역사적 배경을 살펴보면 아페리티프는 중세 시대에 생겼습니다. 프랑스의 옛말로 apéritif는 입맛을 돋워 주는 것을 가리켰으며 의학용어로 쓰였습니다. 중세 시대 때 입맛을 돋워 주고 소화를 돕기 위해 향료가 더해진 포도주를 끓여 마신 것이 오늘날 아페리티프의 기원으로 볼 수 있습니다.

하지만 원래 아페리티프는 즐기는 목적으로 마시는 '술'이 아니라 위장병과 소화불량 예방을 위한 일종의 '약용 음료'였습니다. 시간이 한참 지나서야 부유한 집에서 아페리티프에 술을 넣기 시작했고 1940년대부터 대중화되었습니다.

대표적인 아페리티프로는 Suze 쉬즈, Raphaël 라파엘, Ricard 히까흐, Kir cassis 끼흐 꺄씨스가 있습니다. 프랑스 거리에는 일을 마친 젊은 직장인들이 아페리티프 모임 하는 것을 쉽게 볼 수 있는데요. 특히 여름에 날씨가 좋을 때는 '카페-바(카페와 바를 겸하는 곳)'에서 모임을 합니다. 'apéros-dînatoires(아페로-저녁 식사)'라는 뜻의 아페리티프를 곁들여 식사하는 모습도 흔히 볼 수 있답니다.

Il fait quel temps ?

날씨가 어때?

학습 목표

9과에서는 날씨에 대해 묻고 답하는 표현 등
날씨에 관한 다양한 표현들을 익힐 수 있습니다.
aimer 동사, 지시형용사와 수량을 나타내는
부사에 대해 공부해 봅시다.

— Dialogue   **09-1. 날씨가 어때?**

                   09-2. 날씨가 참 좋아!

— Grammaire   **1. aimer 좋아하다, 사랑하다**

                   2. ce, ces 이것, 이것들

                   3. beaucoup 많이/ un peu 조금

— Expressions   계절과 날씨

Il fait quel temps ?

요즘 민수와 로라는 도서관에서 함께 공부하는 시간이 늘었다.
오늘도 도서관에서 공부하다가 점심을 먹으러 나가려는데 날씨가 심상치 않다.

Minsoo
민수
[1]Il fait quel temps ?
일 패 껠 떵?

Laura
로하
[2]Il fait gris et il pleut.
일 패 그히 에 일 쁠르.

Minsoo
Il pleut beaucoup ?
일 쁠르 보꾸?

Laura
Oui, il pleut [3]de plus en plus !
위, 일 쁠르 드 쁠류 정 쁠류씨!

[4]Il y a aussi beaucoup de vent !
일 리 야 오씨 보꾸 드 벙!

Minsoo
Attendons [5]un peu.
아떵동 앙 쁘.

유익한 정보 En savoir plus

날씨 관련 재미있는 표현

- Il pleut des cordes. (밧줄이 쏟아진다.) 비가 억수같이 쏟아진다.
  비가 많이 올 때 흔히 쓰는 표현입니다.
- Après la pluie vient le beau temps. (비 온 뒤에 날이 갠다.)
  시련 후에 좋은 시기가 올 거라는 위로의 표현입니다.
- Il fait un froid de canard ! (오리 추위다!) 너무 춥다!
  아주 추울 때 오리 사냥을 하던 것에서 생긴 표현으로, 몹시 추운 날 흔히 씁니다.

- temps n.m. 날씨; 시간
- gris n.m. 회색 a. 흐린(날씨)
- pleut v. 비가 오다
  (pleuvoir 동사, 3인칭 단수)
- beaucoup ad. 많이
- de plus en plus 점점 더, 더욱 더
- attendons v. 기다리다
  (attendre 동사, 2인칭 복수)
- un peu 조금

날씨가 어때?

민수   날씨가 어때?

로라   흐리고 비가 와.

민수   비가 많이 와?

로라   응, 비가 점점 더 와!
       바람도 많이 불어!

민수   조금 기다리자.

---

1 날씨가 어때?

'Il fait quel temps ?'은 '날씨가 어때?'
라는 뜻으로 흔하게 사용합니다. 좀 더
정중하게 표현할 때는 의문부사로
시작해서 'Quel temps fait-il ?'이라고
합니다.

2 비인칭주어 il

여기에서 주어 il은 아무 뜻도 없는
비인칭주어로, 형식적인 주어 역할만
합니다. 이와 같이 날씨를 표현할 때는
비인칭주어 il을 사용합니다.
- **Il fait chaud.** 덥다.
- **Il fait froid.** 춥다.

3 de plus en plus

'de plus en plus'는 '점점 더'라는
뜻입니다. 반대말로 'de moins en
moins(점점 덜)'이 있습니다.
이 표현들은 동사 뒤에 위치합니다.
- Il travaille **de plus en plus**.
  그는 일을 점점 더 한다.
- Elle mange **de moins en moins**.
  그녀는 점점 덜 먹는다.

4 il y a ~

'il y a ~'는 비인칭 구문으로,
주어나 동사를 따로 해석하지 않고
'~이 있다'라는 뜻으로 사용됩니다.

5 un peu

'un peu'는 '조금'이라는 뜻의 수량
부사입니다. 보기엔 부정관사가 붙은
명사 같지만, 부사이기 때문에 형태가
변하지 않습니다.

Il fait très beau !

겨울이 가고 어느덧 봄바람이 분다.
걱정스럽던 프랑스 대학 생활도 적응하고, 이제 민수의 마음에도 봄이 온 것 같다.

Laura
로하

Il fait très [1]beau !
일 패 트해 보!

Minsoo
민수

Oui, c'est [2]enfin le printemps.
위, 쎄 떵팡 르 프항떵.

Laura

J'aime [3]cette saison.
잼 쎗 쌔종.

Il fait doux.
일 패 두.

Minsoo

Moi, je n'aime pas l'automne et l'hiver.
마, 쥬 냄 빠 로떤 에 리베흐.

Il fait froid.
일 패 프화.

유익한 정보 En savoir plus

온도 관련 재미있는 표현

- Garde la tête froide. (머리를 차갑게 유지해.) 차분함을 유지해.
  어려운 상황에도 차분함을 유지할 때의 표현입니다.
- Elle n'a pas froid aux yeux. (그녀는 눈이 시리지 않다.) 그녀는 대담하다.
  '대담하다', '기죽지 않다'라는 표현입니다.
- J'ai eu chaud ! (더웠다!) 큰일 날 뻔했어!
  아슬아슬한 상황에서 벗어났을 때 쓰는 표현입니다.

단어 Vocabulaire

- □ beau a. 멋진, 아름다운
- □ enfin ad. 드디어
- □ printemps n.m. 봄
- □ aime v. 좋아하다
  (aimer 동사, 1인칭 단수)
- □ cette a. 이, 그, 저
- □ saison n.f. 계절
- □ automne n.m. 가을
- □ hiver n.m. 겨울
- □ froid a. 추운, 차가운
- * été n.m. 여름

해석 Traduction

날씨가 참 좋아!

로라 날씨가 참 좋아!

민수 응, 드디어 봄이네.

로라 나는 이 계절이 좋아.
날씨가 따뜻해.

민수 난, 가을과 겨울이 싫어.
추워.

해설 Explications

1 beau

형용사 beau는 '멋진', '아름다운'이란 뜻으로, 주로 외적인 아름다움을 표현할 때 쓰지만 날씨에 관해서도 쓸 수 있습니다. 흔히 'Il fait beau.'라고 하면 '날씨가 좋다.'라는 뜻입니다.

2 enfin

시간 부사 enfin은 '마침내', '끝으로' 라는 뜻입니다. 구어로는 '드디어'라는 뜻도 됩니다.

- **Enfin**, tu es là !
  드디어, 네가 왔네!

3 지시형용사

cette는 지시형용사 ce의 여성형입니다. 지시형용사 ce는 명사 앞에 위치하며, '이', '그', '저'로 해석할 수 있습니다. 그렇지만 보통 '이', '이것'의 의미로 사용되는 경우가 많습니다.

- **Ce** mercredi, c'est mon anniversaire.
  이번 주 수요일이 내 생일이야.
- Tu connais **ce** film ?
  너 이 영화 알아?

Unité 1. **aimer** 좋아하다, 사랑하다

프랑스어로 '좋아하다'와 '사랑하다'는 모두 aimer 동사로 표현됩니다.

① [**aime + (좋아하는) 대상**] ~을 좋아하다

(취향이나 기호를 밝히는 것은 구체적이고 정확한 것이기 때문에 정관사를 붙임)

- *J'**aime** <u>les</u> chats. 나는 고양이를 좋아한다.
- J'**aime** ce parfum. 나는 이 향수를 좋아한다.
- Vous **aimez** <u>la</u> cuisine coréenne ? 한국 음식을 좋아하세요?

Attention ! **j'aime**

'j'aime'은 'je+aime'에서 모음이 생략된 표현입니다. je의 모음 e와 aime의 모음 a가 서로 충돌하기 때문에 앞 모음이 자연스럽게 생략된 것입니다.

aimer 동사	
J'**aime** le miel. 나는 꿀을 좋아한다.	Nous **aimons** le miel. 우리들은 꿀을 좋아한다.
Tu **aimes** le miel. 너는 꿀을 좋아한다.	Vous **aimez** le miel. 당신(들)은 꿀을 좋아한다.
Il/ Elle/ On **aime** le miel. 그/ 그녀/ 우리는 꿀을 좋아한다.	Ils/ Elles **aiment** le miel. 그들/ 그녀들은 꿀을 좋아한다.

② [**aime + 이름/호칭**] ~를 사랑하다

- J'**aime** Pierre, je suis amoureuse.
  나는 피에르를 사랑해, 나는 사랑에 빠졌어.
- Tu **aimes** vraiment Léa ? 레아를 정말 사랑해?
- Il t'**aime**. 그는 너를 사랑해. (te의 모음 e 생략)

Attention ! **amour**

프랑스어는 우리말처럼 '좋아하다'와 '사랑하다'를 구별해 쓰지 않지만, 호감 이상의 '사랑'을 구분하여 가리키는 명사는 있습니다. 바로 남성 명사 amour입니다.

- C'est de l'**amour**. 이건 사랑이야.
- mon **amour** 내 사랑 (가족 사이, 연인 사이처럼 사랑하는 사람에 대한 호칭)
- faire l'**amour** 사랑을 하다 (육체적인 사랑)

Unité 2. **ce, ces** 이것, 이것들

'이것'이나 '이것들'처럼 이미 언급된 사람 또는 사물을 가리킬 때 사용하는 형용사를 지시형용사라고합니다. 뒤에 오는 명사에 따라서 단수/복수, 남성/여성으로 변형됩니다.

	지시형용사	
	단수	복수
남성형	ce 이것 cet 이것	ces 이것들
여성형	cette 이것	

① [**ce** + 남성 단수 명사]

- **ce** cours 이 수업
- **ce** jour 이 날

② [**cet** + 모음 또는 무음 h로 시작되는 남성 단수 명사]

- **cet** avion 이 비행기
- **cet** été 올 여름

③ [**cette** + 여성 단수 명사]

- **cette** maison 이 집
- **cette** université 이 대학교

④ [**ces** + 복수 명사]

- **ces** hommes 이 남자들
- **ces** femmes 이 여자들

- **Ce** livre est intéressant. 이 책은 흥미롭다.
- **Cet** arbre est grand. 이 나무는 크다.
- **Cette** dame, c'est ma supérieure. 이 (여자)분은, 내 상사이다.
- **Ces** enfants sont mignons. 이 아이들은 귀엽다.
- *__Ce__ héro est courageux. 이 영웅은 용감하다.

Attention ! **ce** + 유음 h
예외로 유음 h로 시작하는 남성 명사에는 cet 대신 ce가 사용됩니다.
- **ce h**éro 이 영웅
- **ce h**érisson 이 고슴도치

Unité 3. **beaucoup 많이/ un peu 조금**

beaucoup와 un peu는 수량을 나타내는 부사로, 주어와 명사의 성별과 관계없이 항상 동일한 형태로 사용됩니다.

1. **beaucoup 많이**

① 동사 강조

- J'aime **beaucoup** le chocolat.
  나는 초콜릿을 많이 좋아한다.

- Il travaille **beaucoup**.
  그는 일을 많이 한다.

- Je vous remercie **beaucoup** !
  대단히 감사합니다!

② [**beaucoup de + 명사**] 많은 ～ (뒤에 오는 명사 강조)

- Je mange **beaucoup de** chocolat.
  나는 초콜릿을 많이 먹는다.

- Il a **beaucoup de** travail.
  그는 일이 많다.

③ [**beaucoup + trop + 형용사**] 너무 많이 ～ (뒤에 오는 형용사 강조)

- Cette veste est **beaucoup trop** petite pour moi.
  이 자켓은 나한테 너무 많이 작다.

- Ce sac est **beaucoup trop** lourd.
  이 가방은 너무 많이 무겁다.

2. un peu 조금, 약간

① 동사 강조

- Je connais **un peu** cette femme.
  저는 이 여자에 대해 약간 압니다.

- Je parle **un peu** le français.
  저는 프랑스어를 약간 합니다.

② [**un peu de + 명사**] 약간의 ~ (뒤에 오는 명사 강조)

- Cela prend **un peu de** temps.
  시간이 좀 걸립니다.

- Il faut **un peu de** patience.
  약간의 인내가 필요합니다. (좀 기다리셔야 합니다.)

- Elle fait **un peu de** sport.
  그녀는 운동을 조금 합니다.

Plus ! **trop**

trop는 '너무'란 뜻의 부사로, 주로 형용사나 부사와 함께 쓰입니다.

① trop + 형용사

- Ce film est trop ennuyant !
  이 영화는 너무 지루해!

② trop + 부사

- Lucas dort trop tard !
  루카가 너무 늦게 자요!

계절과 날씨

1. ¹계절

printemps n.m. 봄

été n.m. 여름

automne n.m. 가을

hiver n.m. 겨울

2. 날씨

²Quel temps fait-il ? 날씨가 어때요?

³⁻¹Il fait chaud. 더워요.

³⁻²Il fait froid. 추워요.

³⁻³Il fait frais. 시원해요.

³⁻⁴Il fait beau. 날씨가 좋아요.

³⁻⁵Il fait gris. 날씨가 흐려요.

Il neige. 눈이 내려요.

Il pleut. 비가 내려요.

Il grêle. 우박이 내려요.

Il fait humide. 날씨가 눅눅해요.

Il fait sec. 날씨가 건조해요.

Il y a du vent. / Il fait du vent.
바람이 불어요.

Il y a du soleil. 햇빛이 비쳐요.

Il y a du brouillard. / Il fait du brouillard.
안개가 끼었어요.

Il y a des nuages. 구름이 꼈어요.

Il y a une averse. 폭우가 내려요.

Il fait un vent d'orage. 폭풍이 불어요.

---

1 '(어떤 계절)에'라고 할 때, 봄만 전치사 au를 쓰고, 여름, 가을, 겨울은 전치사 en을 씁니다.

au printemps 봄에

en été 여름에

en automne 가을에

en hiver 겨울에

2 특정 지역이나 장소의 날씨를 물을 때는 'Quel temps fait-il en/ au/ à ~ ?'라고 합니다. 어느 곳인지에 따라 앞의 전치사가 변합니다.

Quel temps fait-il en Chine ?
중국 날씨는 어때요?

Quel temps fait-il au Japon ?
일본 날씨는 어때요?

Quel temps fait-il à Séoul ?
서울 날씨는 어때요?

3 날씨를 묘사할 때 비인칭 구문 'Il fait ~'를 씁니다.

1. 다음 질문에 답해 보세요.

    1. A: Quel temps fait-il ?

      B: 흐리고 비가 와.

    → _____

    2. A: Il pleut beaucoup ?

      B: 응, 비가 점점 더 와!

    → _____

    3. A: Tu aimes le printemps ?

      B: 응, 나는 그 계절을 좋아해.

    → _____

2. 빈칸에 알맞은 aimer 동사를 쓰세요.

    1. J'_____ le printemps.

    2. Elle n'_____ pas l'hiver.

    3. Nous _____ le chocolat.

    4. Vous _____ la cuisine coréenne ?

    5. Ils _____ les chats.

3. 다음 문장에서 밑줄 친 관사를 지시형용사로 바꿔 보세요.

    1. <u>Le</u> livre est intéressant.

    → _____

    2. <u>La</u> maison est grande.

    → _____

    3. <u>Les</u> enfants sont mignons.

    → _____

    4. <u>Un</u> héro est courageux.

    → _____

한눈에 보는 프랑스 기후

여행 갈 때 꼭 알아야 할 프랑스 기후는?

프랑스의 기후는 지역마다 기온차가 크다는 것이 특징입니다.

기후상으로 보면 크게 다섯 지역으로 나눌 수 있습니다.

① **서안 해양성 기후** Le climat océanique : 서쪽 지역

습기가 많은 해양성 기후로 연중 선선합니다.

② **변질된 서안 해양성 기후** Le climat océanique altéré : 파리와 중부 지방

여름은 덥지만 건조하며, 겨울은 거의 매일 비가 내리고 습기 찬 날씨를 보입니다.

③ **반 대륙성 기후** Le climat semi-continental : 알자스, 로렌, 라인 협곡 지역

여름은 덥고 겨울은 매우 추운 것이 특징입니다.

④ **산악 기후** Le climat de montagne : 산악지대 (알프스, 피레네, 중앙 산악지대)

산악 지형의 영향으로 여름은 선선하고 습하며 겨울은 매우 추운 것이 특징입니다.

⑤ **지중해성 기후** Le climat méditerranéen : 남부 지방

겨울은 온화하고 여름은 무척 더워 연중 평균 기온이 높은 편이며, 그 덕택에
이 지역은 휴양지로 인기가 높습니다.

Est-ce qu'il y a un train pour Lyon ?

리옹행 기차 있나요?

학습 목표

10과에서는 예매할 때 필요한 기본 표현들과 함께
기차역, 영화관 등 장소에 따라 표를 살 때 사용하는
표현들을 익힐 수 있습니다.

질문할 때 자주 쓰는 'Est-ce que ~ ?'를 비롯하여,
전치사 pour, 두 문장을 하나로 만들어 주는 관계대명사
qui, que 등에 대해 공부해 봅시다.

— Dialogue   **10-1. 리옹행 기차 있나요?**

                      10-2. 좌석이 남아 있나요?

— Grammaire   **1. Est-ce que ~ ?**

                      2. pour ~을 위한

                      3. 관계대명사 qui, que

— Expressions 매표소에서

Est-ce qu'il y a un train pour Lyon ?

주말이다. 민수는 리옹에서 어학연수 중인 선배를 만나러 간다.
당일 아침 역 매표소에서 기차표를 산다.

Minsoo
민수
Bonjour, [1]est-ce qu'il y a un train [2]pour Lyon,
봉쥬흐, 에-스 낄 리 야 앙 트항 뿌흐 리옹, 쓰 마땅?
ce matin ?

guichetière
기셔띠애
Oui, [3]vous avez un train [4]qui part à huit heures,
위, 부 자베 앙 트항 끼 빠흐 아 위 떠흐, 아히베 아 리옹 아 디 져흐.
arrivée à Lyon à dix heures.

Minsoo
C'est parfait.
쎄 빠흐패.

guichetière
C'est un [5-1]aller simple ou un [5-2]aller-retour ?
쎄 땅 날레 쌩쁠르 우 앙 날레-흐뚜흐?

Minsoo
C'est un aller-retour.
쎄 땅 날레-흐뚜흐.

유익한 정보 En savoir plus

ticket와 billet의 차이점은?
모두 '표', '입장권'이라는 뜻으로, 표의 크기가 작으면 ticket, 크면 billet로 구분합니다.
- ticket de caisse 영수증
- ticket de bus 버스표
- ticket de métro 지하철표
- ticket de cinéma 영화표
- billet d'avion 비행기표
- billet de train 기차표
- billet de concert 콘서트표
- billet de théâtre 극장표

단어 Vocabulaire

- ☐ train n.m. 기차
- ☐ pour prép. ~을 위한
- ☐ arrivée n.f. 도착
- ☐ parfait a. 완벽한
- ☐ aller simple n.m. 편도
- ☐ aller-retour n.m. 왕복
- ☐ guichetière n.f. 매표소 직원(여자)
- * guichetier n.m. 매표소 직원(남자)

해석 Traduction

리옹행 기차 있나요?

민수   안녕하세요, 오늘 아침 리옹행 기차 있나요?

매표소 직원   네, 8시에 출발해서 10시에 리옹에 도착하는 기차가 있습니다.

민수   딱 좋아요.

매표소 직원   네, 편도인가요 왕복인가요?

민수   왕복입니다.

해설 Explications

1 Est-ce que ~ ?

'Est-ce que ~ ?'는 평서문을 의문문으로 바꿔 주는 의문표현입니다.

2 pour

전치사 pour는 주로 '~을 위한'이라는 뜻으로 쓰이지만 가고자 하는 '장소'를 표현할 때도 사용합니다.

- un train **pour** Paris
  파리행 기차(파리를 가기 위한 기차)

3 vous avez ~

'vous avez un train'은 '당신은 기차가 있다', 즉 '당신이 원하는 기차가 있다'라는 뜻입니다. 'il y a un train(기차가 있어요)'과 같이 비인칭주어로 표현하는 것보다 주어로 vous(당신)를 사용하는 것이 좀 더 친절한 표현입니다.

- **Vous avez** une place ici.
  (= Il y a une place ici.)
  여기 자리 있습니다.

4 qui

여기에서 qui는 주어(un train)를 반복하지 않고 앞의 문장과 연결해 주는 관계대명사입니다.

- Vous avez un train. Le train part à huit heures. 기차가 있습니다.
  이 기차는 8시에 출발합니다.
- → Vous avez un train **qui** part à huit heures.
  8시에 출발하는 기차가 있습니다.

5 aller simple

'aller simple'는 '편도'라는 뜻입니다. 이때 aller를 동사로 오해하기 쉽지만 simple가 뒤따른다면 명사 '편도'라는 것을 잊지 마세요.
aller-retour는 '왕복'이라는 뜻으로 이 단어도 aller 동사와 헷갈리지 않도록 주의하세요. 또한 'aller simple'와는 다르게 aller-retour는 aller와 retour 사이에 '-(연결부호)'가 있습니다.

Est-ce qu'il reste des places ?

민수는 리옹에 도착해서 마중 나온 선배와 반갑게 만났다.
두 사람은 하루 종일 이야기를 나누고 저녁에는 함께 프랑스 영화를 보러 가기로 했다.

Minsoo | Bonsoir, est-ce qu'[1] il reste des places [2-1] pour le film
민수 | 봉쌔흐, 에-스 낄 헤쓰뜨 데 쁠라스 뿌흐 르 필므 '레 브홍제', 씰 부 쁠래?

'Les Bronzés', s'il vous plaît ?

employée | Oui, c'est [2-2] pour combien de personnes ?
엉쁠롸예 | 위, 쎄 뿌흐 꽁비앙 드 뻬흐썬?

Minsoo | C'est pour deux personnes.
| 쎄 뿌흐 드 뻬흐썬.

employée | Tenez. Voici [3] vos tickets.
| 뜨네. 봐씨 보 띠께.

Minsoo | Merci.
| 메흐씨.

영화 관련 기초 단어 둘러보기

보통 한국에서 '시네마'라고 하면 '영화'를 뜻하지만, 프랑스어에서는 '영화관'을
un cinéma라고 합니다. 영화는 un film입니다. 영어권에서는 '영화를 지휘하는
(direct) 사람'이라는 뜻에서 '영화감독'을 director라고 하는 반면, 프랑스에서는
'영화를 구현하는(réaliser) 사람'이라는 뜻으로 un réalisateur라고 하지요. 덧붙여
영화 포스터를 보면 대부분 [Un film de+영화감독 이름]이 써있습니다.

단어 Vocabulaire

- □ reste v. 남다
  (rester 동사, 3인칭 단수)
- □ place n.f. 자리, 좌석
- □ film n.m. 영화
- □ combien ad. 몇, 얼마나
- □ personne n.f. 사람
- □ tenez v. 잡다
  (tenir 동사, 2인칭 복수)
- □ voici prép. 여기 ~있다
- □ ticket n.m. 표
- □ employée n.f. 직원, 종업원(여자)
- * employé n.m. 직원, 종업원(남자)

해석 Traduction

좌석이 남아 있나요?

민수   안녕하세요, 영화 '레 브홍제' 좌석이 남아 있나요?

직원   네, 몇 분이세요?

민수   두 명입니다.

직원   받으세요. 표 여기 있습니다.

민수   고맙습니다.

해설 Explications

1 il reste

'il reste'는 '남아 있다'라는 뜻의 표현입니다. 여기에서 il은 비인칭대명사로 뜻이 없습니다. '~이 남아 있다'는 [Il reste + 명사] 로 표현합니다.

- **Il reste** des biscuits ?
  과자 남아 있어?
- **Il reste** de l'eau ?
  물 남아 있어?
- **Il reste** une pomme ?
  사과 하나 남아 있어?

2 pour

- Est-ce qu'il reste des places **pour** le film ?
  이 영화를 보기 위한 좌석이 남아 있습니까? (직역)
- C'est **pour** combien de peronnes ?
  몇 명을 위한 것입니까? (직역)

여기에서 pour는 '~을 위한'이란 뜻입니다. 이처럼 표를 사거나 음식점에서 자리를 예약하는 등 인원을 확인할 때, 한국은 '몇 명이에요?'라고 묻는 반면, 프랑스는 '몇 명을 위한 것이에요?'라고 합니다. '몇 명을 위한 (pour combien de personnes)' '자리(places)'인지를 확인하기 때문에 전치사 pour를 씁니다.

3 vos tickets

상대방이 두 장의 티켓을 구매했기 때문에 소유형용사 복수형을 사용하여 'vos tickets(당신들의 티켓)'로 씁니다. 단수형은 'votre ticket'입니다.

Unité 1. **Est-ce que ~ ?**

'오늘 출발하는 기차 있어요?'와 같이 '네', '아니요'로 대답이 가능한 질문은 문장 앞에 'est-ce que'라는 의문표현을 씁니다. 'est-ce que'는 평서문을 의문문으로 바꿔 주는 역할을 하며, 'est-ce que' 없이 묻는 문장보다 더 정중한 표현입니다.

① 친근한 사이에 쓰는 의문문 : [**평서문 + ?**]

평서문을 그대로 사용하되 끝을 올려 말합니다.

② 격식을 갖춘 의문문 : [**Est-ce que + 평서문 + ?**]

구어체 의문문	일상대화체 의문문
Il y a un train ?	Est-ce qu'il y a un train ?
기차 있어(요)?	
Il reste des places ?	Est-ce qu'il reste des places ?
자리 남았어(요)?	
Tu dors ?	Est-ce que tu dors ?
너 자니?	
Il travaille ?	Est-ce qu'il travaille ?
그는 일해(요)?	
Elle téléphone ?	Est-ce qu'elle téléphone ?
그녀는 통화 중인가(요)?	
Nous pouvons partir ?	Est-ce que nous pouvons partir ?
우리 출발해도 돼(요)?	
Vous avez compris ?	Est-ce que vous avez compris ?
당신(들) 이해했어요?	

Unité 2. **pour** ~을 위한

어떤 행위의 목적 등을 표현하고 싶을 때는 전치사 pour를 씁니다. 한국어로 'A를 위해 B를 한다'는 표현은, 프랑스어로는 [B를 한다 + A를 위해]와 같은 순서로 말합니다. pour에 이어서 나오는 동사는 동사원형으로 써줍니다.

- Elle se prépare **pour** aller à l'université.
  그녀는 대학교에 가기 위해 준비를 한다.

- Il téléphone **pour** prendre un rendez-vous chez le médecin.
  그는 의사와 약속을 잡기 위해 전화를 한다.

- Il court **pour** ne pas être en retard.
  그는 늦지 않기 위해 뛴다.

- Nous étudions **pour** avoir une bonne note.
  우리들은 좋은 성적을 내기 위해 공부한다.

- Ils travaillent **pour** gagner de l'argent.
  그들은 돈을 벌기 위해 일을 한다.

- un train **pour** (aller à) Lyon
  리옹(에 가기 위한)행 기차

- des places **pour** (voir) le film 'Les Bronzés'
  영화 '레 브롱제'(를 보기 위한) 좌석(들)

관계대명사 qui, que

두 문장을 하나로 만들어 줄 때, 문장 안의 주어 또는 목적어를 반복하는 것을 피하기 위해 관계대명사 qui 또는 que를 사용합니다. 관계대명사라는 말 그대로 qui와 que가 문장의 관계를 나타내줍니다.
문장에서 주어를 대신할 때는 qui, 목적어를 대신할 때는 que를 씁니다.

① **qui** : 주어 역할 (관계대명사 qui 뒤에 동사)

- Il y a <u>un train</u>. **Ce train** part à huit heures.
  기차가 있습니다. 이 기차는 8시에 출발합니다.

→ Il y a <u>un train</u> **qui** part à huit heures.
  8시에 출발하는 기차가 있습니다.

  * 여기에서 qui는 주어 'un train'을 대신합니다.

- <u>Un homme</u> est à côté de moi. **Cet homme** est beau.
  내 옆에는 남자가 있다. 그 남자는 멋있다.

→ <u>L'homme</u> **qui** est à côté de moi est beau.
  내 옆에 있는 남자는 멋있다.

  * 여기에서 qui는 주어 'un homme'를 대신합니다. 'un homme'는 구체적으로 '내 옆에 있는 남자'를 지칭하는 것이기 때문에 정관사 le를 붙인 L'homme로 바꾸어 씁니다.

- <u>Marie</u> est une amie. **Elle** aime la musique.
  마리는 친구다. 그녀는 음악을 좋아한다.

→ <u>Marie</u> est une amie **qui** aime la musique.
  마리는 음악을 좋아하는 친구다.

  * 여기에서 qui는 주어 Marie를 대신합니다.

Attention ! **qui**

관계대명사 qui는 모음 앞에서도 축약하지 않습니다.

- Marc et Julie sont des étudiants **qu'**étudient en faculté de droit. (×)
→ Marc et Julie sont des étudiants **qui** étudient en faculté de droit. (○)
  마크와 쥘리는 법대에서 공부하는 학생들이다.

② **que** : 목적어 역할 (관계대명사 que 뒤에 주어)

- Je lis <u>un livre</u>. J'ai acheté **ce livre** hier.
  나는 책을 읽는다. 나는 어제 이 책을 샀다.

→ Je lis <u>un livre</u> **que** j'ai acheté hier.
  나는 어제 산 책을 읽는다.

  * 여기에서 que는 목적어 'un livre'를 대신합니다.

- Nous regardons <u>un film</u>. Nous trouvons **ce film** intéressant.
  우리들은 영화를 본다. 우리들은 이 영화가 흥미롭다고 생각한다.

→ Nous regardons <u>un film</u> **que** nous trouvons intéressant.
  우리들은 흥미롭다고 생각하는 영화를 본다.

  * 여기에서 que는 목적어 'un film'를 대신합니다.

- Il mange <u>un plat</u>. Elle a cuisiné **ce plat**.
  그는 음식을 먹는다. 이 요리는 그녀가 요리했다.

→ Il mange <u>un plat</u> **qu'**elle a cuisiné.
  그는 그녀가 요리한 음식을 먹는다.

  * 여기에서 que(모음 앞에서 e 생략)는 목적어 'un plat'를 대신합니다.

매표소에서

1. 역에서

gare n.f. 역   train n.m. 기차

TGV (train à grande vitesse의 약어) n.m. 초고속 열차

guichet n.m 매표소   billet n.m. 표, 입장권

billeterie automatique n.f. 표 자동판매기

panneau d'affichage n.m. 게시판

aller simple n.m. 편도   aller-retour n.m. 왕복

arrivée n.f. 도착   départ n.m. 출발

2. 영화관에서

cinéma n.m. 영화관   film n.m. 영화

[1]séance n.f. 상영 (시간)   ticket n.m. 표, 입장권

[2]salle (de cinéma) n.f. (상영)관

place n.f. 자리, 좌석

3. 표 구매하기

Je voudrais un ticket de métro/ de bus/ de cinéma.
지하철표/ 버스표/ 영화표 하나 주세요.

Je voudrais un billet d'avion/ de concert/ de TGV.
비행기표/ 콘서트 표/ TGV 표 하나 주세요.

Est-ce qu'il reste des places ?
자리가 남아 있나요?

Est-ce qu'il reste des places pour la séance de 20 heures ?
20시(저녁 8시) 상영 영화에 자리들이 남아 있나요?

[1] 본래 séance는 반복적으로 이뤄지는 활동 등에 걸리는 시간을 의미합니다. 영화와 관련되었을 때는 영화 한 편이 상영되는 시간 또는 상영 그 자체를 의미합니다.

[2] salle는 기본적으로 특정 용도의 방 또는 넓은 홀을 뜻합니다. 영화를 상영하는 상영관은 'salle de cinéma' 라고 하지만, 보통 간단하게 salle라고만 해도 '상영관'으로 이해할 수 있습니다.

1. 다음 의문문을 평서문으로 바꿔 보세요.

1. Est-ce qu'il reste des places ?

→ _____

2. Est-ce que tu dors ?

→ _____

3. Est-ce qu'elle téléphone ?

→ _____

4. Est-ce que vous avez compris ?

→ _____

2. 관계대명사 qui 또는 que를 사용해 하나의 문장으로 만들어 보세요.

1. Il y a un train. Ce train part à 10h.

→ _____

2. Marie est une amie. Elle aime la musique.

→ _____

3. Je lis un livre. J'ai acheté ce livre hier.

→ _____

4. Il mange un plat. Elle a cuisiné ce plat.

→ _____

3. 다음 질문에 답해 보세요.

1. A: C'est un aller simple ou un aller-retour ?

B: 왕복이요.

→ _____

2. A: C'est pour combien de personnes ?

B: 2명이요.

→ _____

프랑스의 세계적인 축제와 행사

세계적인 문화의 나라 프랑스에서는 연중 세계적인 축제와 예술 행사가 열립니다.
국가적으로 진행되는 대표적인 축제 중에는 '음악 축제 Fête de la musique'가 있는데요,
매년 해가 가장 오래 떠 있다고 하는 6월 21일은 전국적으로 각종 음악 공연을 곳곳에서
무료로 감상할 수 있는 날입니다. 이날이 되면 여기저기에서 다양한 장르의 음악이
흘러나오는데요, 자유롭게 거리에서 직접 연주나 공연도 할 수 있답니다. 1982년 처음
시작된 음악 축제는 이제는 유럽 전역으로 확산되어 세계적인 음악 축제가 되었습니다.

매년 7월에는 프랑스 남부의 아름다운 아비뇽에서 '아비뇽 연극제 Festival d'Avignon'가
약 3주에서 한 달에 걸쳐 개최됩니다. 도시 곳곳에서 수많은 국가에서 참가한 세계적인
극단과 예술인들의 화려하고도 멋진 공연들이 열리는데요, 연극의 진수를 맛볼 수 있는
기회이기도 합니다.

이밖에도 프랑스에서는 다양한 축제들이 매년 열립니다. 세계 3대 영화제 중 하나인
'칸 국제 영화제 Festival International du Film de Cannes', 프랑스 서남부 앙굴렘에서 열리는
세계 최대 만화제 '앙굴렘 국제 만화 페스티벌 Festival international de la bande dessinée
d'Angoulême'은 이제 프랑스만이 아니라 전 세계의 축제가 되었지요.

그뿐만 아니라 매년 2월 남부 니스에서 열리는 화려한 '니스 카니발 Carnaval de Nice',
11월마다 열리는 '부르고뉴 와인 축제 Fête des Grands Vins de Bourgogne'와 5월말~6월초의
테니스 메이저대회 '롤랑 가로스 Roland-Garros', 7월 세계 최대 사이클 대회 '투르 드
프랑스 le Tour de France' 등 수많은 문화 행사와 축제들을 프랑스에서 즐길 수 있답니다.

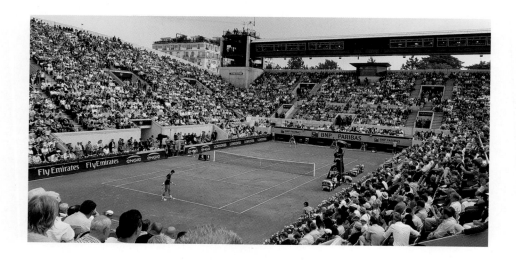

Je prends le bus.
나는 버스를 타.

학습 목표

11과에서는 지하철이나 버스 등 대중교통을 이용할 때
사용하는 기본 표현들을 익힐 수 있습니다.
장소를 대신하는 대명사 y, 전치사 chez,
그리고 의무를 나타내는 'il faut'와 '타다'라는 의미의
prendre 동사에 대해 공부해 봅시다.

Je prends le bus.

민수와 피에르는 학교 친구 레아의 집에서 저녁 식사를 하기로 했다.
각자 집에 들른 후 레아 집 앞에서 만나려는데 어떤 교통편으로 갈지 의견을 나누고 있다.

Pierre
삐에흐

Alors on se voit [1]chez Léa ce soir !

알러흐 옹 쓰 봐 쉐 레아 쓰 쏴흐!

Minsoo
민수

[2]Au fait, tu [3]y vas comment ?

오 팻, 뜌 이 바 꺼멍?

Pierre

Je [4]prends le métro. Et toi ?

쥬 프헝 르 메트호. 에 똬?

Minsoo

Moi, je prends le [5]bus.

똬, 쥬 프헝 르 뷰쓰.

Pierre

Ah d'accord.

아 다꺼흐.

À tout à l'heure !

아 뚜 따 려흐!

유익한 정보 En savoir plus

파리 시민의 발, 지하철

프랑스에서 지하철은 쉽게 이용할 수 있는 가장 대중적인 교통수단입니다.
역과 역 사이 거리가 500m 정도밖에 안되기 때문에 어디서든 이용하기 편리합니다.
역 간 소요 시간은 1분 30초 정도입니다. 서울에 비해 면적이 훨씬 좁은 파리에만
자그마치 총 16개 노선에 302개의 역이 있으니 파리 지하철은 역과 역 간의 밀접함이
특징이라고 할 수 있습니다.

단어 Vocabulaire

- □ voit v. 보다
  (voir 동사, 3인칭 단수)
- * on se voit 서로를 보다, 만나다
- □ chez prép. ~에 집에서
- □ y pro. 그곳에 (장소대명사)
- □ vas v. 가다
  (aller 동사, 2인칭 단수)
- □ prends v. 타다
  (prendre 동사, 1인칭 단수)
- □ métro n.m. 지하철
- □ d'accord int. 그래(요), 알았어(요),
  그렇군(요)
- □ à tout à l'heure 이따가 봐(요)

해석 Traduction

나는 버스를 타.

피에르	그럼 오늘 저녁에 레아 집에서 보자!
민수	참, 어떻게 갈 거야?
피에르	지하철을 타고 가. 너는?
민수	나는 버스를 타.
피에르	아 그렇구나. 이따 봐!

해설 Explications

1 chez

전치사 chez는 '~의 집에서'라는 뜻입니다.
- **chez** Fabien 파비앙의 집에서
- **chez** mes parents
  우리 부모님 댁에서

2 au fait

'au fait'은 문장 앞에 위치하면서, 주로 '참', '그런데 말이야' 등의 뜻으로 흔히 사용됩니다.

3 y

여기에서 대명사 y는 'chez Léa'를 대신합니다. 이와 같이 대명사 y는 주로 장소를 대신할 때 씁니다.

4 prends

'버스를 타다', '지하철을 타다', '비행기를 타다' 등과 같이 이동수단을 '이용하다'라는 표현은 prendre 동사를 씁니다.

5 bus

명사 bus 끝에 s는 복수를 나타내는 것이 아닙니다. 단수일 때도 'le bus (버스)', 복수일 때도 'les bus(버스들)'로 씁니다. bus는 항상 s까지 발음합니다.

À quelle station de métro faut-il descendre ?

이제 파리 생활이 어느 정도 익숙해진 민수. 하지만 며칠 전 지하철을 잘못 타서
고생한 경험 때문에 표를 사며 다시 한번 신중하게 확인해 본다.

Minsoo
민수

À quelle station de métro faut-il descendre
아 껠 쓰따씨옹 드 메트호 포-띨 데썽드흐 뿌 할레 알 라 뚜 헤펠?

[1]pour aller à la tour Eiffel ?

employée
엉쁠롸예

[2]Il faut descendre [3]à la station Bir-hakeim.
일 포 데썽드흐 알 라 쓰따씨옹 비-하께임.

Minsoo

Quelle est la [4]ligne de métro ?
껠 레 라 린뉴 드 메트호?

employée

C'est la ligne 6.
쎄 라 린뉴 씨쓰.

Minsoo

Je vous [5]remercie !
쥬 부 흐메흐씨!

유익한 정보 En savoir plus

프랑스의 교통카드

프랑스 사람들은 지하철, RER(수도권 고속 전철) 또는 버스를 탈 때 주로
'Carte Navigo(교통카드)'를 이용합니다. 일주일 이상 여행을 한다며, 낱장이나
10장 묶음으로 표를 사는 것보다, 'Passe Navigo Découverte'를 쓰는 것이 훨씬
편하고 비용도 절감됩니다. 지하철 서비스 창구에서도 살 수 있는데, 카드 구매
비용이 5유로이며 원하는 'forfait(요금제)'를 선택해서 충전하면 됩니다. 그러면
이동할 때마다 표를 살 필요 없이 무제한으로 대중교통이 이용이 가능합니다.

- □ station n.f. 역
- □ métro n.m. 지하철
- □ descendre v. 내리다 (동사원형)
- □ tour n.f. 타워, 탑
- □ ligne n.f. 노선, 선
- □ remercie v. 감사하다
  (remercier 동사, 1인칭 단수)

어느 역에서 내려야 하나요?

민수 에펠탑에 가려면 어느 역에서 내려야 하나요?

직원 비-하께임역에서 내려야 해요.

민수 몇 호선인가요?

직원 6호선이에요.

민수 감사합니다!

1 pour

pour는 '~을 위하여'라는 뜻의 전치사로, 주로 명사 앞에 오지만 동사원형과 함께 사용되기도 합니다.
[pour + 동사원형] ~을 하기 위해서

- Il a mis son chapeau **pour** sortir.
  그는 나가기 위해 모자를 썼다.

2 il faut ~

'Il faut descendre'에서 [il faut + 동사원형]은 '~해야 한다'는 뜻으로, 필연, 의무를 나타내는 표현입니다. '꼭 ~하세요'와 같이 조언할 때도 사용합니다.

3 station

'à la station Bir-hakeim'을 일상에서 말할 때는 흔히 station(역)을 생략하고 역 이름만 말합니다.

- Il faut descendre à Bir-hakeim.
  비-하께임(역)에서 내려야 합니다.
- Je suis à Pasteur.
  나는 파스퇴르(역)에 있어.

4 ligne

ligne는 '선'이라는 뜻이지만 대중교통의 '노선'이기도 합니다.

- ligne de métro 지하철 노선

5 remercier

remercier 동사는 '감사하다'라는 뜻입니다. 'Je vous remercie.'는 'Merci.'보다 정중한 표현입니다.

Unité 1. **y** 그곳에, 그것을

문장에서 사용되는 y는 낯설어 보이지만 대화에서 자주 사용되는 대명사 중 하나입니다. 자주 쓰이는 만큼 그 뜻도 명확히 알아야겠지요. 어떤 경우에 y가 사용되는지 알아봅시다.

① 그곳에 : [**주어 + y + 동사**] (이미 언급된 장소를 대신할 때)

    * à, en, chez, dans, sur, sous 등의 전치사와 함께 언급될 경우

- Je vais <u>à Paris</u>. 나는 파리에 간다.

→ J'**y** vais. 나는 **그곳에** 간다.

- Je vais <u>chez moi</u> à pied. 나는 집에 걸어서 간다.

→ J'**y** vais à pied. 나는 **그곳에** 걸어서 간다.

- Je vais <u>à l'aéroport</u> en voiture. 나는 공항에 차로 간다.

→ J'**y** vais en voiture. 나는 **그곳에** 차로 간다.

- Je travaille <u>dans une entreprise</u>. 나는 회사에서 일한다.

→ J'**y** travaille. 나는 **그곳에서** 일한다.

② 그것을 : [**à + (사물) 명사**] (명사절을 대신할 때)

- Je pense <u>à mes vacances</u>. 나는 (내가 갔던) 휴가를 추억한다.

→ J'**y** pense. 나는 **그것을** 생각한다.

- Je joue <u>aux échecs</u> tous les jours. 나는 체스를 매일 한다.

→ J'**y** joue tous les jours. 나는 **그것을** 매일 한다.

Attention ! y

    대명사 y 앞에 단어가 s나 z로 끝나면 반드시 연음해 줍니다.

- Vous y allez. 당신(들)이 그곳에 갑니다.
  부 지 알레(○) 부 이 알레(×)
- Allez-y maintenant. 지금 가세요.
  알레 지 망뜨넝(○) 알레 이 망뜨넝(×)

chez ~의 집에

장소를 나타낼 때는 전치사 chez를 씁니다.

① ~의 집에 간다/있다 : [**chez + 명사**]

- Je vais **chez** Fabien. 나는 파비앙 집에 간다.
- Je vais **chez** un(e) ami(e). 나는 친구 집에 간다.
- Il est **chez** moi. 그는 내 집에 있다.

② ~ 가게에 간다/있다 : [**chez + 정관사 + 직업명사**]

- Nous sommes **chez** le dentiste.
  우리들은 **치과의사의 집**에 있다.
  = 우리들은 **치과**에 있다.

- Nous sommes **chez** le boulanger.
  우리들은 **제빵사의 가게**에 있다.
  = 우리들은 **빵집**에 있다.

- Elle s'est fait couper les cheveux **chez** le coiffeur.
  그녀는 **미용사의 가게**에서 머리를 잘랐다.
  = 그녀는 **미용실**에서 머리를 잘랐다.

- J'ai acheté 2 kilos de bœuf **chez** le boucher.
  정육업자의 가게에서 소고기 2킬로(그램)를 샀다.
  = **정육점**에서 소고기 2킬로(그램)를 샀다.

  * kilo는 무게 단위를 나타내는 kilogramme의 약어입니다.

Unité 3. **il faut ~해야 한다**

무엇을 꼭 해야 할 때, 무엇이 꼭 필요할 때처럼 의무를 나타낼 때, 'il faut'라는
표현을 씁니다. faut는 falloir 동사의 3인칭 단수로, '~해야 한다' 또는
'~이 꼭 필요하다'를 뜻합니다. 비인칭동사이기 때문에 그 앞에 아무 뜻도 없는
비인칭주어 il이 사용됩니다. 'il faut' 뒤에는 동사원형 또는 명사가 따를 수
있습니다.

① ~해야 한다 : [**il faut** + 동사원형]

· **Il faut** <u>descendre</u>.　내려야 한다.

· **Il faut** <u>monter</u>.　올라가야 한다.

· **Il faut** <u>dormir</u>.　자야 한다.

· **Il faut** <u>manger</u>.　먹어야 한다.

· **Il faut** <u>travailler</u>.　일해야 한다.

· **Il faut** <u>se réveiller</u>.　일어나야 한다.

② ~이 꼭 필요하다 : [**il faut** + 명사]

· **Il faut** <u>un parapluie</u>.　우산이 꼭 필요하다.

· **Il faut** <u>un lit</u> pour dormir.　잠을 자려면 침대가 꼭 필요하다.

· **Il faut** <u>une raquette</u> pour jouer au tennis.
　테니스를 치려면 라켓이 꼭 필요하다.

· **Il faut** <u>un permis de conduire</u> pour conduire.
　운전하려면 운전면허가 꼭 필요하다.

　* permis de conduire n.m. 운전면허

Unité 4. **prendre**① 타다

prendre 동사는 여러 가지 뜻이 있습니다. 그중에서 교통수단과 함께 사용한
[prendre + 정관사 + 교통수단] 형태라면 '(교통수단)을 타다'라는 의미입니다.

- Je **prends** le métro. 나는 지하철을 탄다.
- Tu **prends** le taxi ? 택시 타니?
- Nous **prenons** l'avion demain.
  우리들은 내일 비행기를 탄다.
- Ils **prennent** le train pour aller dans le sud.
  그들은 남쪽 지방에 가기 위해 기차를 탄다.

Attention ! **ligne**

회화에서는 흔히 'ligne de métro(지하철 노선)', 'ligne de bus(버스 노선)' 등을 말할 때,
간단하게 노선 번호 또는 버스 번호로만 표현합니다.

- Je prends la ligne 6. 나는 6호선을 탄다. (지하철)
- Je prends le 95. 나는 95번을 탄다. (버스)

prendre 동사① 타다	
Je **prends** le bus. 나는 버스를 탄다.	Nous **prenons** le bus. 우리들은 버스를 탄다.
Tu **prends** le bus. 너는 버스를 탄다.	Vous **prenez** le bus. 당신(들)은 버스를 탄다.
Il/ Elle/ On **prend** le bus. 그/ 그녀/ 우리는 버스를 탄다.	Ils/ Elles **prennent** le bus. 그들/ 그녀들은 버스를 탄다.

교통수단

1. 교통수단

vélo n.m. 자전거   voiture n.f. 자동차

taxi n.m. 택시   bus n.m. 버스

métro n.m. 지하철

[1]tramway n.m. 트램

[2]R.E.R. n.m. 수도권 고속 전철

train n.m. 기차

[3]T.G.V. n.m. 초고속 열차

avion n.m. 비행기

2. 타는 곳

station n.f. 역

station de bus n.f. 버스 승강장

station de métro n.f. 지하철역

gare n.f. 기차역   plateforme n.f. 플랫폼

parking n.m. 주차장

aéroport n.m. 공항

3. 대중교통 관련 표현

ligne n.f. 노선

plan de métro n.m. 지하철 노선표

Je prends le métro/ le bus/ le R.E.R.
나는 지하철/ 버스/ R.E.R.을 탑니다.

[4]Je dois prendre une correspondance.
나는 환승을 해야 한다.

[5]Je dois faire escale à Paris.
나는 파리를 경유해야 한다.

[1] tramway는 Métro de Paris (파리 지하철), RER, 버스와 더불어 파리와 그 근교를 달리는 대도시권에 부설된 레일 전동차입니다. 파리 외에도 프랑스의 큰 도시들에서 트램은 유용한 교통수단입니다.

[2] RER는 réseau express régional의 약어입니다. 파리와 그 주변 지역을 연결하는 급행 철도 체계입니다.

[3] TGV는 train à grande vitesse의 약어입니다.

[4] correspondance n.f. 갈아타기, 환승

[5] faire escale 경유하다

정답 p.285

1. 빈칸에 알맞은 prendre 동사를 쓰세요.

    1. 버스 타니?   → Tu _____ le bus ?

    2. 우리들은 택시를 탑니다.   → Nous _____ le taxi.

    3. 나는 7호선을 탄다.   → Je _____ la ligne 7.

    4. 그는 일하러 갈 때 자전거를 탄다. → Il _____ son vélo pour aller au travail.

    5. 그녀들을 트램을 매일 탄다.   → Elles _____ le tramway tous les jours.

2. y 대명사로 알맞게 변화시켜 보세요.

    1. Je vais au restaurant. (나는 음식점에 간다.)

    → _____

    2. Il va en France. (그는 프랑스에 간다.)

    → _____

    3. Nous allons à l'université. (우리들은 대학교에 간다.)

    → _____

    4. Mes amis vont au café. (내 친구들은 카페에 간다.)

    → _____

3. 프랑스어로 작문해 보세요.

    1. 어떻게 갈 거야?

    → _____

    2. 지하철을 타고 가.

    → _____

    3. 몇 호선인가요?

    → _____

    4. 비-하께임역에서 내려야 해요.

    → _____

파리를 변화시키는 자전거, 벨리브

vélib 벨리브는 vélo 벨로(자전거)와 liberté 리베흐떼(자유)가 합쳐진 단어로, 2007년 7월부터 시작된 파리 시내 및 근교 자전거 대여 셀프서비스입니다. 벨리브는 직장인들의 출퇴근용으로 많이 이용되며, 프랑스에 찾아온 관광객들도 즐겨 찾고 있습니다. 간편한 이동수단으로 남녀노소 누구나 쉽게 이용할 수 있다는 게 가장 큰 장점이지요.

벨리브는 일반 자전거와 더불어 전기 자전거가 함께 배치되어 그중 하나를 택하여 이용할 수 있습니다. 일반 자전거는 초록색, 전기 자전거는 파란색이라 쉽게 구분할 수 있고 간편한 대여 시스템으로 주목받고 있습니다.
이 서비스는 아직 프랑스 전역에 보편화되어 있지 않고, 수도 파리와 함께 리옹 Lyon, 니스 Nice, 마르세이유 Marseille, 디종 Dijon, 아비뇽 Avignon, 스트라스부르 Strasbourg 등 주요 관광 도시 위주로 도입되어 있습니다.

파리에는 벨리브를 타고 즐길 수 있는 여러 코스가 있지만, 그중에서도 센강 Seine을 끼고 노트르담 Notre Dame 성당에서 콩코르드 Concorde 광장까지 강가를 따라 자전거로 달리는 6.5㎞의 코스가 가장 인기가 많다고 합니다. 벨리브와 함께 파리의 중심을 달리는 기분, 걸어서 보는 파리와는 또 다른 매력을 맛볼 수 있지 않을까요?

Que désirez-vous ?

무엇을 원하십니까?

학습 목표

12과에서는 카페에서 메뉴를 고르고 주문할 때 유용한
표현들을 익힐 수 있습니다.
상대방에게 부탁할 때 사용하는 조건법과 상황에 따라
다른 관사의 차이, '잡다'라는 의미의 prendre 동사 등을
공부해 봅시다.

Que désirez-vous ?

민수는 학교 가기 전 카페에 들러 커피 한잔하는 게 파리 생활의 낙이다.
오늘도 어김없이 커피와 함께 파리지엥 느낌으로 하루를 시작한다.

serveur　　**Que désirez-vous ?**
세흐버흐　　끄 데지헤–부?

Minsoo　　[1]**Je voudrais un café,** [2]**s'il vous plaît.**
민수　　쥬 부드해 앙 까페, 씰 부 쁠래.

serveur　　[3]**Avec ceci ?**
아벡 쓰씨?

Minsoo　　[4]**Ce sera tout.**
민수　　쓰 쓰하 뚜.

식사 후 팁을 남겨야 하나요?

프랑스의 대부분 음식점은 계산할 가격에 부가세와 서비스비(팁)가 이미 포함되어
있습니다. 의무는 아니지만 여전히 식사를 마친 후 또는 커피를 마시고 나서 팁을
남기는 관습이 있습니다. 예를 들어, 2유로 70상팀 짜리 커피를 마셨다면 3유로를
지불하고 나머지 거스름돈은 팁으로 남겨 두지요. 서비스가 만족스러웠다면
식사를 마친 후 계산서의 5∼10% 정도 현금을 남기고 가는 것이 일반적입니다.

단어 Vocabulaire

- □ désirez v. 원하다, 바라다
  (désirer 동사, 2인칭 복수)
- □ voudrais v. 원하다
  (vouloir 동사, 조건법, 1인칭 단수)
- □ café n.m. 커피
- □ avec prép. ~와
- □ ceci pro.dém. 이것
- □ ce pro.dém. 이것, 그것
- □ sera v. ~일 것이다
  (être 동사, 미래, 3인칭 단수)
- □ tout n.m./ad. 다, 모두
- □ serveur n.m. 종업원(남자)
- * serveuse n.f. 종업원(여자)

해석 Traduction

무엇을 원하십니까?

종업원 무엇을 원하십니까?

민수 커피 한 잔 주세요.

종업원 이것과 함께 무엇을 드릴까요?

민수 이게 다예요.

해설 Explications

1 je voudrais

'je voudrais ~'는 직역하면 '저는 ~을 원합니다'이지만, 회화에서는 '~해 주세요'로 해석할 수 있습니다. 자신이 원하는 바를 정중하게 표현할 때 흔히 쓰입니다. vouloir 동사를 현재형으로 할 경우 자신이 원하는 바를 너무 직접적으로 표현하기 때문에 조건법을 사용해 완화합니다.

2 s'il vous plaît

's'il vous plaît'라는 표현은 '부탁드립니다'라는 뜻으로 물건을 살 때, 주문할 때, 정중하게 부탁할 때 등 예의상 문장 끝에 쓰입니다. 우리말로 옮길 때는 대부분 생략됩니다.

3 Avec ceci ?

'Avec ceci ?'는 직역하면 '이것과 같이?'라는 뜻입니다. 즉 '이것과 또 무엇이 필요하십니까?'라는 의미인데, 종업원이 주문한 사람에게 더 필요한 것이 있는지 확인할 때 쓰는 간단한 표현입니다.

4 ce sera tout

'ce sera tout'를 직역하면 '그것이 전부일 것이에요'입니다. être 동사를 미래형으로 써서 현재형 'c'est tout (그게 전부입니다)'보다는 덜 직설적인 느낌의 표현입니다.

Leçon 12. 음료 주문 **171**

On s'installe à la terrasse ?

민수와 장이 오랜만에 길 건너편 카페를 찾았다. 실은 민수가 로라와의 사이에 대해
조언을 구하고자 자리 잡았다. 그래서인지 오늘따라 민수가 장을 극진히 모시고 있다.

Minsoo
민수
On s'installe [1]**à la terrasse ?**
옹 쌍쓰딸 알 라 떼하쓰?

Jean
정
Oui, [2]**pourquoi pas.**
위, 뿌흐꽈 빠.

Minsoo
Qu'est-ce que vous [3]**prenez ?**
께-스 끄 부 프흐네?

Jean
Je prends [4-1]**un ice tea. Et vous ?**
쥬 프헝 앙 나이스 띠. 에 부?

Minsoo
Moi, je prends [4-2]**une limonade.**
봐, 쥬 프헝 윤 리모나드.

유익한 정보 En savoir plus

프랑스 카페의 테라스 문화
파리 시내를 걷다 보면 카페의 연장으로 좁은 인도까지 테이블이 놓여 있는 것을 흔히
볼 수 있습니다. 파리 사람들은 날씨만 허락한다면 기꺼이 야외에서 커피를 마시거나 간단한
식사를 즐깁니다. 프랑스는 파리뿐만 아니라 어느 도시에서나 커피를 마시는 것이 단순히
음료를 마시는 행위 이상의 의미를 지니지요. 프랑스 사람들은 카페 테라스에서 따스한 햇볕
아래 아름다운 풍경을 누리거나 그저 사람들을 바라보면서 한잔의 '여유'를 마십니다.

단어 Vocabulaire

- □ **on** pro.per. 우리
- □ **s'installe** v. 자리 잡다
  (s'intaller 동사, 3인칭 단수)
- □ **terrasse** n.f. 테라스
- □ **pourquoi** ad./conj. 왜
- □ **prenez** v. 잡다
  (prendre 동사, 2인칭 복수)
- □ **ice tea** n.m. 아이스티
- □ **et** conj. 그리고
- □ **limonade** n.f. 레모네이드

해석 Traduction

테라스에 앉을까요?

민수	테라스에 앉을까요?
장	그래요, 그러지요.
민수	무엇으로 하시겠어요?
장	난 아이스티 시킬게요. 당신은요?
민수	저는, 레모네이드를 시킬게요.

해설 Explications

1 **à**

'à la terrasse'는 '테라스에서'라는 뜻입니다. '(어느 장소)에서'를 나타낼 때 명사 앞에 전치사 à를 씁니다.

2 **pourquoi pas**

'pourquoi pas'라는 표현을 직역하면 '왜 안 되겠어요'입니다. 여기에서 pas는 부정 표현 'ne ~ pas'에서 비롯된 것으로, 상대방의 제안에 대해 동의할 때 쓰는 표현입니다.

- Tu veux que je t'aide ?
  내가 좀 도와줄까?
- Oui, **pourquoi pas** !
  응, 왜 안 되겠니! (= 응, 돼!)

3 **prendre**

prendre 동사는 주로 '잡다'라는 의미로 쓰이지만, 카페나 음식점에서는 '주문하다'라는 의미로 commander 동사보다 많이 사용합니다.

- Je **prends** un café.
  커피 시킬게요.

4 **un & une**

'아이스티 한 잔(un verre d'ice tea)', 즉 '하나'라는 셀 수 있는 양을 뜻하기 때문에 남성형 부정관사 un을 씁니다. 마찬가지로 'une limonade'도 '레모네이드 한 잔'을 의미하기 때문에 여성형 부정관사 une을 씁니다.

Unité 1. 조건법

상대방에게 무엇인가를 공손하게 부탁할 때 주로 조건법을 사용합니다.
조건법은 말하는 이의 태도를 드러내는 동사 변형입니다. 소망이나 후회, 가능성
등을 나타내기도 합니다. 또한 미래나 현재에 있을 수도 있는 불확실한 사실을
표현하거나, 현실에서 실현 불가능한 사건을 언급할 때도 쓸 수 있습니다.
이런 경우 보통 특정한 조건적 상황이 전제됩니다.
조건법은 [단순미래 어간 + -ais, -ais, -ait, -ions, -iez, -aient] 형태입니다.

aimer 동사	
미래시제	조건법
j'aimer**ai** tu aimer**as** il aimer**a**	j'aimer**ais** tu aimer**ais** il aimer**ait**
nous aimer**ons** vous aimer**ez** ils aimer**ont**	nous aimer**ions** vous aimer**iez** ils aimer**aient**

① 소원

- **J'aimerais** me marier. 난 결혼하고 싶다.

② 불확실한 미래 (특히 뉴스에서 앞으로의 일을 예상할 때 자주 사용)

- Le journal a annoncé qu'il **serait** candidat à l'élection présidentielle.
  신문에서 그가 대선 후보자일 것이라고 보도했다.

③ 실현될 수 없는 상상의 사건

- Toi et moi nous **marcherions** sur la Lune.
  너와 나는 달 위를 걸을 것이다.

④ 예의를 갖춰 말할 때

- Je **voudrais** un café, s'il vous plaît.
  저는 커피 한 잔을 원합니다.
  * 'je voudrais ~'는 예의를 갖춰 원하는 것을 말할 때 흔히 쓰입니다.

Unité 2. 관사

우유나 커피, 혹은 용기, 인내 등 셀 수 없는 것을 나타내는 명사 앞에는 정관사,
부정관사 또는 부분관사 다 가능합니다. 하지만 어떤 관사를 사용하느냐에 따라
미묘한 차이가 있습니다.

① 커피 [le/ un/ du + café]

- **Le** café de Colombie est connu. 콜롬비아의 커피는 유명하다.

    * 'de Colombie'를 써서 구체적으로 특정한 커피

- Je voudrais **un** café. 커피 한 잔 주세요.

    * 커피 '한 잔', 즉 셀 수 있는 커피

- Je bois **du** café. 나는 커피를 마신다.

    * 특별히 셀 수 없는 양의 커피, 즉 막연한 의미의 커피

② 물 [la(l')/ une/ de l' + eau]

- **L'**eau est fraîche. 물이 시원하다.

    * 말하는 이가 지금 마시고 있는 이 물

- C'est **une** eau pure. 이것은 맑은 물이다.

    * pure, 즉 '맑다'는 특수성을 지닌 한 종류의 물

- Je bois **de l'**eau. 나는 물을 마신다.

    * 특별히 셀 수 없는 양의 물, 즉 막연한 의미의 물

③ 바람 [le/ un/ du + vent]

- **Le** vent souffle fort. 바람이 세게 분다.

    * 말하는 이가 지금 인식하고 있는 이 바람

- C'est **un** vent violent. 이것은 세찬 바람이다.

    * violent, 즉 '세차다'는 특수성을 지닌 한 종류의 바람

- On ne peut pas sortir à cause **du** vent.
  바람 때문에 우리는 밖에 나가지 못한다.

    * 막연한 의미의 바람

Unité 3. **prendre②** 잡다

'Qu'est-ce que vous prenez ? (당신은 무엇으로 하시겠어요?)'에서 prenez의 동사원형 prendre는 기본적으로 '잡다'라는 뜻입니다. 하지만 prendre 동사는 상황에 따라 여러 가지 뜻으로 사용하는데, 자주 쓰이는 의미로 '정하다', '택하다' 또는 '먹다', '마시다'가 있습니다.

① 잡다

- Je **prends** le livre. 나는 책을 잡는다.
- Je **prends** mon téléphone portable. 나는 내 휴대폰을 잡는다.
- Elle **prend** sa clé de voiture. 그녀는 그녀의 차 키를 잡는다.

② 정하다, 먹다, 마시다

- Je **prends** cette robe. 저는 이 원피스로 정할게요.
- Je **prends** un café. 저는 커피를 마실게요.
- Tu **prends** une salade ? (너) 샐러드 먹을래?

prendre 동사② 잡다, 정하다, 먹다, 마시다	
Je **prends** un jus d'orange. 나는 오렌지 주스를 마신다.	Nous **prenons** un jus d'orange. 우리들은 오렌지 주스를 마신다.
Tu **prends** un jus d'orange. 너는 오렌지 주스를 마신다.	Vous **prenez** un jus d'orange. 당신(들)은 오렌지 주스를 마신다.
Il/ Elle/ On **prend** un jus d'orange. 그/ 그녀/ 우리는 오렌지 주스를 마신다.	Ils/ Elles **prennent** un jus d'orange. 그들/ 그녀들은 오렌지 주스를 마신다.

Unité 4. **avec** ~와 함께

avec은 '~와 함께', '같이'라는 뜻의 전치사입니다. 강세형 인칭대명사, 명사 또는 지시대명사와 함께 사용됩니다.

- Je suis **avec** un(e) ami(e). 나는 친구와 함께 있다.
- Tu viens **avec** moi ? (너) 나랑 같이 갈래?
- Je suis d'accord **avec** toi. 나는 너와 같은 의견이야.
- Je voudrais du sucre **avec** le café.
  커피와 함께 설탕도 주세요.
- Il a discuté **avec** plusieurs personnes.
  그는 여러 사람들과 함께 이야기를 나눴다.
- **Avec** ceci ? 이것과 함께 (무엇을 드릴까요)?

카페에서

1. 카페 메뉴 - 커피

[1]expresso n.m. 에스프레소

[2]café allongé n.m. 카페 알롱제

[3]café au lait n.m. 카페오레

[4]noisette n.f. 놔제뜨

2. 카페 메뉴 - 음식

sandwich au jambon n.m. 햄 샌드위치

sandwich au fromage n.m. 치즈 샌드위치

[5]croque-monsieur n.m. 크로크 무슈

[6]croque-madame n.m. 크로크 마담

soupe à l'oignon n.f. 양파 수프

omelette n.f. 오믈렛

salade n.f. 샐러드

glace n.f. 아이스크림

[7]boule de glace n.f. 아이스크림
(스푼을 이용해 둥글게 담아낸 아이스크림)

frites n.f.pl. 감자튀김

3. 카페에서

[8]Je voudrais la carte des boissons,
s'il vous plaît. 음료 메뉴 좀 부탁합니다.

Je voudrais un autre sucre, s'il vous plaît.
각설탕 하나 더 부탁합니다.

Je voudrais un verre d'eau, s'il vous plaît.
물 한 잔 주세요.

[9]Excusez-moi. / S'il vous plaît.
실례합니다. (저기요.)

---

1 커피 7g과 물 40㎖ 정도로 만든 진한 커피

2 커피의 양은 에스프레소와 같지만 에스프레소보다 물의 양이 2배인 연한 커피. 카페인은 늘고 향은 부드러워집니다.

3 우유가 많이 들어간 커피. 우유 40%+뜨거운 물 40%에 희석된 에스프레소+우유 거품 20%

4 에스프레소에 우유를 조금 넣은 커피. 에스프레소의 진한 맛이 조금 부드러워집니다.

5 햄 샌드위치+구운 치즈

6 크로크 무슈+계란

7 à la vanille 바닐라 맛
à la fraise 딸기 맛
au chocolat 초콜릿 맛
au citron 레몬 맛

8 carte des boissons 음료 메뉴
carte des vins 와인 메뉴
carte des desserts
디저트 메뉴

9 종업원을 부를 때

정답 p.285

1. 빈칸에 알맞은 관사를 찾아 쓰세요.

> 〈보기〉　　le　　　la　　　un　　　une　　　du　　　de la(l')

1. 콜롬비아 커피는 유명하다.

→ ＿＿＿＿＿＿ café de Colombie est connu.

2. 나는 물을 마신다.

→ Je bois ＿＿＿＿＿＿ eau.

3. 바람 때문에 우리는 밖에 나가지 못한다.

→ On ne peut pas sortir à cause ＿＿＿＿＿＿ vent.

4. 우리는 달 위를 걸을 것이다.

→ Nous marcherions sur ＿＿＿＿＿＿ lune.

2. 빈칸에 알맞은 prendre 동사를 쓰세요.

1. Je ＿＿＿＿＿＿ un jus d'orange.

2. Tu ＿＿＿＿＿＿ un dessert ?

3. Vous ＿＿＿＿＿＿ cette chemise ?

4. Elles ＿＿＿＿＿＿ de l'eau.

3. 프랑스어로 작문해 보세요.

1. 무엇을 원하십니까?

→ ＿＿＿＿＿＿＿＿＿＿＿＿＿＿＿＿＿＿＿＿＿＿＿＿

2. 저는, 레모네이드를 시킬게요.

→ ＿＿＿＿＿＿＿＿＿＿＿＿＿＿＿＿＿＿＿＿＿＿＿＿

3. 나는 친구와 같이 있다.

→ ＿＿＿＿＿＿＿＿＿＿＿＿＿＿＿＿＿＿＿＿＿＿＿＿

4. 커피와 함께 설탕도 주세요.

→ ＿＿＿＿＿＿＿＿＿＿＿＿＿＿＿＿＿＿＿＿＿＿＿＿

커피 한잔할까?

프랑스 거리를 다니면 작은 커피잔을 앞에 두고 여유를 만끽하는 사람들을 흔히 볼 수 있습니다. 혼자서, 연인끼리 또는 친구들과 누리는 커피 한잔의 여유는 커피를 마시는 것과 함께, 짧은 휴식을 누리는 즐거움이 담겨 있습니다.

프랑스의 카페에서는 'Je voudrais un café, s'il vous plaît. (커피 한 잔 주세요.)'라고 하면 종업원이 더 묻지 않고 알아서 에스프레소를 가져다줍니다. 프랑스에서 커피는 곧 에스프레소라고 해도 과언이 아니기 때문입니다.

프랑스에서는 출근 전 카페에서 커피 원액의 진한 맛이 느껴지는 에스프레소 한잔을 음미하면서 친구와 담소를 나누거나 여유롭게 시간을 보내는 사람들을 쉽게 볼 수 있습니다. 아침뿐만 아니라 쉬는 시간 동료나 친구 사이에서 'On prend un café ? (커피 한잔할까?)'라는 표현을 흔하게 주고받곤 합니다.

프랑스 사람들의 커피 사랑은 점심 식사를 마치고 나서도 계속됩니다. 식사를 마친 후 앉은 자리에서 디저트 대신 커피를 마시거나 카페로 자리를 옮겨서 커피를 마십니다. 이렇게 디저트는 포기하더라도 커피만큼은 꼭 챙기는 소비 습성을 파악한 음식점들은 몇 년 전부터 '카페구흐멍 café gourmand (맛있는 커피)'이라는 디저트를 만들었습니다. 커피(주로 에스프레소)와 작은 케이크나 쿠키 등 디저트를 곁들인 것인데요, 커피와 함께 간단한 디저트를 즐기니 시간도 절약되고, 디저트를 따로 먹는 것보다 저렴해서 인기입니다. 오늘날 이 카페구흐멍은 프랑스 사람들이 가장 좋아하는 디저트 중 하나가 되었습니다. 식당마다 차이는 있지만 보통 10유로 정도 합니다.

Je vais prendre le plat du jour.

오늘의 요리로 할게요.

학습 목표

13과에서는 음식점에서 주문할 때의 표현들과 코스 요리를
시킬 때 자주 사용하는 표현들을 익힐 수 있습니다.
원하는 바를 말할 때 사용하는 대표적인 동사들과
명령법에 대해 공부해 봅시다.

Je vais prendre le plat du jour.

어제 못다 한 이야기를 나누기 위해 민수와 장은 음식점에서 만나 점심을 먹기로 했다.
테이블에 자리를 잡은 두 사람은 메뉴를 고른다.

serveuse
세흐브즈
Vous prenez quoi ?
부 프흐네 꽈?

Jean
정
Je ¹vais prendre ²le plat du jour.
쥬 배 프헝드흐 르 쁠라 듀 쥬흐.

Minsoo
민수
Moi aussi.
롸 오씨.

Jean
³Attendez, s'il vous plaît.
아떵데, 씰 부 쁠래.

serveuse
Oui ?
위?

Jean
Excusez-moi mais je vais prendre un steak frites
엑쓰뀨제–롸 매 쥬 배 프헝드흐 앙 쓰떽 프히뜨 알 라 쁠라스 듀 쁠라 듀 쥬흐.
⁴à la place du plat du jour.

serveuse
Quelle cuisson pour la viande ?
껠 뀌쏭 뿌흐 라 비엉드?

Jean
À point, s'il vous plaît.
아 뿌앙, 씰 부 쁠래.

유익한 정보 En savoir plus

프랑스 음식점에서는 물이 유료?

프랑스 음식점에는 정수기 물이 없습니다. 무료로 마실 수 있는 물은 보통
'une carafe d'eau'라고 하는데, 이는 바로 '수돗물'을 병에 담아 주는 것입니다.
프랑스 수돗물도 마실 수 있는 물이지만 석회 맛이 나기 때문에 싫어하는 사람도
있습니다. '생수'를 원한다면 'eau minérale', '탄산수'는 'eau gazeuse'를 주문하세요.
단, 추가 비용이 발생한다는 사실을 기억하시기 바랍니다.

- □ plat n.m. 요리; 본식
- □ jour n.m. 날
- * le plat du jour 오늘의 요리
- □ attendez v. 기다리다
  (attendre 동사, 2인칭 복수)
- □ steak n.m. 스테이크
- □ frites n.f.pl. 감자 튀김
- □ place n.f. 장소, 자리
- * à la place de ～대신에

오늘의 요리로 할게요.

종업원	무엇을 드시겠어요?
장	오늘의 요리로 할게요.
민수	저도요.
장	잠시만요.
종업원	네?
장	죄송한데, 오늘의 요리 대신에 감자튀김을 곁들인 스테이크로 할게요.
종업원	고기는 어떻게 구워 드릴까요?
장	미디엄으로 구워 주세요.

1 근접미래

'je vais prendre'는 근접미래형 문장입니다. 근접미래란, 조만간 벌어질 일이나 거의 확실시되는 일에 대해 말할 때 쓰는 시제로, 일상 회화에서 자주 사용됩니다. 근접미래시제는 [aller + 동사원형]의 형태입니다.

2 le plat du jour

'le plat du jour'는 '오늘의 요리', 즉 음식점에서 그날 사정에 따라 준비하는 대표 메뉴를 뜻합니다.

3 명령법

동사 앞에 주어가 없는 이유는 명령법으로 쓰였기 때문입니다. 명령법은 기본적으로 누군가에게 명령할 때 사용하지만, 이처럼 정중히 요구하는 표현으로도 사용합니다. 이런 경우 공손한 의미를 살리기 위해 명령법 문장의 끝에는 's'il vous plaît'를 꼭 덧붙여야 합니다.

4 à la place de

'à la place de'는 '～대신에'라는 뜻의 숙어입니다. 비슷한 표현으로 'au lieu de'가 있습니다.

Que souhaitez-vous comme entrée ?

민수는 오늘의 요리를 시켰지만 미식가인 장은 메뉴를 보고 신중하게 선택했다.
전식, 본식, 그리고 디저트...

serveuse
세흐브즈
Que souhaitez-vous [1] comme entrée ?
끄 쒜떼-부 껌 엉트헤?

Jean
정
Je vais prendre une salade.
쥬 배 프헝드흐 윤 살라드.

serveuse
[2] Et comme plat ?
에 껌 쁠라?

Jean
Je voudrais une entrecôte, s'il vous plaît.
쥬 부드해 윤 엉트흐꼿, 씰 부 쁠래.

serveuse
Et comme boisson ?
에 껌 봐쏭?

Jean
[3] Juste une carafe d'eau, [4] s'il vous plaît.
쥬쓰 뜐 까하프 도, 씰 부 쁠래.

식사를 마치고,

Jean
[5] L'addition, s'il vous plaît.
라디씨옹. 씰 부 쁠래.

식사를 마치고 계산은 어떻게 하나요?

식사를 주문하면 잠시 뒤에 영수증을 내주는 한국의 음식점과 달리 프랑스에서는
식사를 다 마친 후에야 계산서를 받을 수 있습니다. 식사 중간에 계산서를 내놓는
것은 실례라고 생각하기 때문에 손님이 계산을 요청할 때까지 계산서를 주지 않습니다.
식사를 다 마친 후 계산할 때도 주로 앉은 자리에서 'L'addition, s'il vous plaît.'라고
말하며 계산서를 요구하고, 그 자리에서 또는 카운터에서 결제합니다.

단어 Vocabulaire

- souhaitez v. 원하다
  (souhaiter 동사, 2인칭 복수)
- entrée n.f. 전식
- plat n.m. 요리; 본식
- entrecôte n.f. 등심
- comme conj. ~같이, ~처럼;
  ~으로, ~로서
- boisson n.f. 음료
- juste ad. 그냥
- carafe n.f. (유리로 된) 물병
- eau n.f. 물
- addition n.f. 계산서

해석 Traduction

전식으로 무엇을 드릴까요?

종업원 전식으로 무엇을 드릴까요?

장 샐러드로 할게요.

종업원 그리고 본식으로는요?

장 등심으로 주세요.

종업원 그리고 음료는요?

장 그냥 (수돗)물 한 병만 주세요.

장 계산서 주세요.

해설 Explications

1 comme

comme은 '~같이', '~처럼'으로 비유할 때도 쓰지만, '~으로', '~로서'의 뜻으로도 씁니다. 이렇게 종업원이 주문받으며 'Et comme entrée ?' 또는 'Et comme plat ?'라고 할 때는 '~으로'라는 뜻으로 쓰인 것입니다. 어떤 의미로 사용되었는지는 문맥에 따라 파악할 수 있습니다.

2 et

접속사 et로 시작하는 문장은 문어체로는 어색할 수 있지만, 회화에서는 자연스럽습니다. 특히 종업원이 계속해서 주문을 받아 적을 때 흔히 볼 수 있습니다.

3 je voudrais

앞에서 여러 차례 'je voudrais'를 사용해서 주문했다면 그다음부터는 이를 생략해도 됩니다. 문맥상 그 의미를 이해할 수 있기 때문입니다.

4 s'il vous plaît

앞에 'je voudrais'는 생략했더라도 예의를 갖추기 위해 끝에 's'il vous plaît'는 꼭 붙여줍니다.

5 L'addtion, s'il vous plaît.

직역하면 '계산서 부탁합니다'이지만, '계산하겠습니다'라는 의미로 외워 두면 좋습니다. 더 정중한 표현으로 'Je voudrais l'addition, s'il vous plaît.'라고 할 수 있지만, 주로 간단히 'L'addtion, s'il vous plaît.'라고 합니다.

Unité 1. **vouloir, souhaiter, désirer** 원하다

'원하다'라는 뜻의 동사는 여러 가지입니다. 상황에 따라 사용되는 동사도 다양하지요. 그중 음식점이나 카페에서 주문할 때는 vouloir, souhaiter, désirer 동사를 자주 사용합니다. 각 동사별로 어떤 차이가 있는지 살펴봅시다.

① **vouloir** 동사 : 가장 일반적

- Je **veux** sortir. 나는 나가기를 원한다.

vouloir 동사	
je **veux**	nous **voulons**
tu **veux**	vous **voulez**
il/ elle/ on **veut**	ils/ elles **veulent**

② **souhaiter** 동사 : vouloir보다 더 정중한 표현

- Je **souhaite** sortir. 저는 나가기를 원합니다.

souhaiter 동사	
je **souhaite**	nous **souhaitons**
tu **souhaites**	vous **souhaitez**
il/ elle/ on **souhaite**	ils/ elles **souhaitent**

③ **désirer** 동사 : 간절한 소망

- Je **désire** sortir. 저는 (꼭) 나가기를 원합니다.

카페나 음식점에서 주문받을 때 'Que désirez-vous ? (무엇을 원하세요?, 무엇을 드릴까요?)'라고 물어봅니다. 이는 'Que voulez-vous ?'보다 정중한 표현입니다.

désirer 동사	
je **désire**	nous **désirons**
tu **désires**	vous **désirez**
il/ elle/ on **désire**	ils/ elles **désirent**

* 같은 단어를 반복해 쓰는 것을 싫어하는 프랑스 사람들은 동의어를 많이 씁니다. 학교에서도 같은 의미의 문장을 동의어를 써서 다양하게 표현하는 방법을 가르칩니다.

souhaiter 동사는 상대방의 행복이나 안위를 바랄 때도 자주 사용합니다.
- Je vous **souhaite** un joyeux anniversaire. 생신 축하드립니다.
- Je te **souhaite** un joyeux Noël. 즐거운 성탄절 보내길 바란다.
- Je te **souhaite** de bonnes vacances. 즐거운 방학 보내.

Unité 2. à la place de 대신에

'초콜릿 맛 대신에 딸기 맛 주세요' 등 무언가를 다른 것으로 바꿔 달라고 할 때
'대신에'라는 뜻으로 'à la place de'를 쓸 수 있습니다. 우리말로 'A 대신에 B를
주세요'라고 한다면 프랑스어로는 [주세요 + B + 대신에 + A]와 같은 순서로
씁니다. 원하는 것(B)을 먼저 말한 후, 그것을 대신할 대상(A)을 말하는 것입니다.

주세요	B	대신에	A
Je voudrais	de l'eau gazeuse 탄산수	**à la place de**	la limonade. 레모네이드
레모네이드(A) 대신에 탄산수(B) 주세요.			
Je voudrais	un jus d'orange 오렌지 주스	**à la place d'**	un café. 커피
커피(A) 대신에 오렌지 주스(B) 주세요.			
Je voudrais	le goût fraise 딸기 맛	**à la place du**	goût chocolat. 초콜릿 맛
초콜릿 맛(A) 대신에 딸기 맛(B) 주세요.			
Je voudrais	une robe 원피스	**à la place d'**	une jupe. 치마
치마(A) 대신에 원피스(B) 주세요.			
Je voudrais	les petits 작은 것들	**à la place des**	grands. 큰 것들
큰 것들(A) 대신에 작은 것들(B) 주세요.			

Unité 3. 명령법

명령법은 누군가에게 명령을 내릴 때 쓰는 시제입니다.
상황에 따라서 명령, 요구, 부탁, 초대, 조언의 의미를 나타낼 수 있습니다.

① 주어 생략

명령법	
긍정형	부정형
Regarde ! 봐!	Ne regarde pas ! 보지 마!
Écoute ! 들어!	N'écoute pas ! 듣지 마!
Attends ! 기다려!	N'attends pas ! 기다리지 마!
Pars ! 가!	Ne pars pas ! 가지 마!

② 현재시제와 과거시제로만 변화 (단 과거시제를 쓰는 경우는 매우 드뭅니다.)

③ 2인칭 단수, 1인칭 복수 그리고 2인칭 복수로만 표현

2인칭 단수 (주어 tu)	1인칭 복수 (주어 nous)	2인칭 복수 (주어 vous)
*Regarde ! 봐!	Regardons ! 보자!	Regardez ! 보세요!
*Écoute ! 들어!	Écoutons ! 들어 보자!	Écoutez ! 들어 보세요!
Attends ! 기다려!	Attendons ! 기다리자!	Attendez ! 기다리세요!
Pars ! 가!	Partons ! 가자!	Partez ! 가세요!

Attention ! **-er**
　　명령법에서는 1군 동사(동사원형이 '-er'로 끝나는 규칙 동사)의 2인칭 단수 끝에
　　s가 붙지 않습니다.

④ 목적보어대명사(목적어 역할을 하는 대명사)가 사용될 경우

    a. 긍정문 (목적보어대명사가 동사 뒤에 위치)

- Regarde-**le** ! 그를 봐!
- Écoute-**moi** ! 내 말을 들어!
- Attends-**nous** ! 우리를 기다려!

    b. 부정문 (목적보어대명사가 동사 앞에 위치)

- Ne **le** regarde pas ! 그를 보지 마!
- Ne **l'**écoute pas ! 그/ 그녀의 말을 듣지 마!
- Ne **l'**attends pas ! 그/ 그녀를 기다리지 마!

Attention ! **moi/ toi**
평서문에서 동사 앞에 있던 목적보어대명사는 명령법에서 동사 뒤에 위치합니다.
이런 경우 me/ te는 강세형 인칭대명사 moi/ toi로 바뀝니다.

Unité 4. **comme ~같이/ ~로서**

접속사 comme은 일상 회화나 문장 곳곳에서 매우 자주 사용됩니다.
특히 그 쓰임이 하나에 한정되지 않고 다양한 의미로 사용됩니다.

① ~같이, ~처럼 : 비유

- Il est grand **comme** son frère. 그는 자기의 형처럼 키가 크다.
- Elle est mince **comme** sa sœur. 그녀는 그녀의 언니처럼 날씬하다.
- J'aime l'été **comme** toi. 나는 너처럼 여름을 좋아해.

② ~로서, ~으로 : 자격, ~의 일종

- Elle travaille **comme** serveuse au restaurant.
  그녀는 식당 종업원으로 일한다.
- **Comme** dessert, je voudrais une glace.
  디저트로는 아이스크림을 주세요.
- Et **comme** boisson ?
  그리고 음료는요? (= 음료로 무엇을 원하시나요?)

음식점에서

1. 음식점 코스 요리

[1]apéritif n.m. 아페리티프   entrée n.f. 전식

plat n.m. 본식   dessert n.m. 후식

formule midi n.f. 점심특선

carte des vins n.f. 와인 메뉴

> 1 식사 전 입맛을 돋우는 술

2. 맛 표현

C'est sucré. 달아요.   C'est salé. 짜요.

C'est piquant. 매워요.

C'est pimenté. 얼큰해요.

[2]C'est acide. 시큼해요.   C'est amer. 써요.

C'est fade. 싱거워요.   C'est gras. 느끼해요.

C'est bon. 맛있어요.

C'est très bon. 아주 맛있어요.

C'est délicieux. / C'est savoureux.
매우 맛있어요.

Ce n'est pas bon. 맛이 없어요.

C'est dégoûtant. 매우 맛이 없어요.

> 2 acide는 레몬처럼 아주 시거나 새콤한 맛을 가리킬 때 사용합니다.
> 상하거나 발효되어 시큼한 것은 aigre라고 합니다.

3. 음식점에서

C'est pour manger ? 식사하러 오셨습니까?

Et comme boisson ? 음료는요?

Un café, s'il vous plaît. 커피 한잔 주세요.

Vous êtes combien ? 몇 분이세요?

Une table pour deux ? 두 분이세요?

passer commande 주문하다

1. 다음 질문에 답해 보세요.

1. A: Vous prenez quoi ?

   B: 오늘의 요리로 할게요. → _____

2. A: Que souhaitez-vous comme entrée ?

   B: 샐러드로 할게요. → _____

3. A: Et comme plat ?

   B: 등심으로 주세요. → _____

4. A: Et comme boisson ?

   B: 그냥 물 한 병만 주세요. → _____

2. 빈칸에 알맞은 vouloir, souhaiter, désirer 동사를 쓰세요.

1. Je _____ sortir. (vouloir v.)

2. Il _____ devenir pilote. (souhaiter v.)

3. Vous _____ autre chose ? (désirer v.)

4. Elles _____ boire de l'eau gazeuse. (vouloir v.)

3. 빈칸에 알맞은 단어를 찾아 쓰세요.

〈보기〉　　comme　　　à la place　　　écoute　　　pour

1. 초콜릿 맛 대신에 딸기 맛 주세요.

→ Je voudrais le goût fraise _____ du goût chocolat.

2. 그는 자기의 형처럼 키가 크다.

→ Il est grand _____ son frère.

3. 고기는 어떻게 구워 드릴까요?

→ Quelle cuisson _____ la viande ?

4. 내 말을 들어!

→ _____-moi !

고기 요리는 어떻게 주문할까?

프랑스 음식점에서 고기 요리를 주문할 때 종업원은 손님에게 고기를 어느 정도 익힐지
묻습니다. 프랑스 사람들은 주로 적당히 알맞은 굽기의 'à point 아 뿌앙 (미디엄)'으로
시키지만, 모두가 그런 것은 아닙니다.

A: Quelle cuisson pour la viande ? 고기는 어떻게 구워 드릴까요?
B: À point, s'il vous plaît. 미디엄으로 구워 주세요.

원하는 고기 굽기의 단계를 알아 두고 주문할 때 써 보세요.

① **bleue** 블르 레어

겉만 살짝 익혀서 나오기 때문에 미지근하며 속은 생고기와 마찬가지인 상태입니다.

② **saignante** 쎄녕뜨 미디엄 레어

겉은 잘 익혀 뜨거운 상태로 나옵니다. bleue보다는 살짝 더 익혀서 나오지만 속은
여전히 생고기 그대로입니다. 500g 기준으로 10~15분 정도 구운 상태입니다.

③ **à point** 미디엄

겉은 잘 익었고, 속은 분홍빛을 띠는 부드러운 상태이며, 고기의 맛과 육즙이 그대로
느껴집니다. 500g 기준으로 15~20분 구운 고기입니다.

④ **bien cuite** 비엉 뀌뜨 웰던

겉은 완전히 익어 있고 속도 붉은색 없이 바싹 익혀 나옵니다. 우리나라에서는
고기를 주로 이렇게 완전히 익혀 먹지만, 프랑스 사람들은 고기의 육즙이 없어지면서
고기의 참맛을 느낄 수 없다고 생각하기 때문에 'bien cuite'로 익혀 먹는 것을
즐기지 않는 편입니다. 'bien cuite'는 500g 기준으로 20~25분 구운 고기입니다.

여기에서 '고기(la viande)'는 여성 명사이기
때문에 굽는 정도를 말할 때도 여성형으로
saignante 또는 bien cuite라고 합니다.

* saignant (×), bien cuit (×)

Combien coûtent les fraises ?

딸기가 얼마예요?

학습 목표

14과에서는 가게에서 물건의 가격을 묻거나 장 볼 때
주고받는 유용한 표현들을 익힐 수 있습니다.
값을 표현하는 coûter 동사, 수량을 물을 때 사용하는
combien, 대명사와 형용사 둘 다 사용되는 autre 등에
대해서 공부해 봅시다.

— Dialogue   **14-1. 딸기가 얼마예요?**

                        14-2. 비싸네요.

— Grammaire   **1. coûter** 값이 ~이다

                        2. combien 얼마

                        3. autre 다른

— Expressions   가게에서

Combien coûtent les fraises ?

햇볕 좋은 토요일 아침. 방금 일어난 민수는 배가 고프다. 하지만 아무리 찾아도 먹을 게 없다. 이참에 장도 볼 겸 신선한 채소와 과일을 사러 주말마다 열리는 시장에 간다.

marchande [1]Qu'est-ce que vous voulez ?
마흐셩드   께-스 끄 부 불레?

Minsoo Je voudrais [2-1]des fraises.
민수   쥬 부드해 데 프해즈.

[3]Combien coûtent [2-2]les fraises ?
꽁비앙 꿋 레 프해즈?

marchande Ces fraises coûtent [4]6 euros le kilo.
쎄 프해즈 꿋 씨 즈호 르 낄로.

Minsoo D'accord.
다꺼흐.

Donnez-moi 1 kilo de fraises, s'il vous plaît.
돈네-똬 앙 낄로 드 프해즈, 씰 부 쁠래.

marchande Il vous faut [5]autre chose ?
일 부 포 오트흐 쇼즈?

Minsoo Oui, je voudrais aussi un navet.
위, 쥬 부드해 오씨 앙 나베.

과일과 채소가 포함된 재미있는 표현

1. raconter des salades (샐러드에 대해 말하다) 허튼소리를 하다
   • Arrête de **raconter des salades** ! 뻥치지 마! (장난스러운 말투)
2. tomber dans les pommes (사과들 가운데 떨어지다) 기절하다
   • Il est **tombé dans les pommes**. 그는 기절했다.
3. appuyer sur le champignon (버섯을 누르다) (가속 페달을 밟아) 속도를 내다
   • **Appuie sur le champignon** ! 속도를 내 봐!

- fraise n.f. 딸기
- combien ad. 얼마
- coûte v. 값이 ~이다
  (coûter 동사, 3인칭 단수)
- kilo n.m. 킬로그램(kilogramme의 약어)
- d'accord int. 알겠어, 알겠습니다,
  좋습니다
- faut v. ~해야 하다
  (falloir 동사, 3인칭 단수)
- autre a. 다른
- chose n.f. 것
- navet n.m. 무
- marchande n.f. 상인(여자)
* marchand n.m. 상인(남자)

딸기가 얼마예요?

상인   무엇을 원하세요?

민수   딸기 좀 주세요.
        딸기가 얼마예요?

상인   1킬로에 6유로입니다.

민수   좋습니다.
        딸기 1킬로 주세요.

상인   다른 것 또 필요한 게 있으신지요?

민수   네, 무도 하나 주세요.

1 Qu'est-ce que vous voulez ?

'Qu'est-ce que vous voulez ?'는
상인이 손님에게 '무엇을 원하세요?'
라는 뜻으로 편하게 물어볼 수 있는
일반적인 표현입니다.
같은 뜻의 'Que voulez-vous ?'는
보다 정중한 표현입니다.

2 des ou les

이 문장에서 'des fraises'는 특정한
딸기가 아니라 불특정한 여러 개의
딸기를 가리키는 것이기에 부정관사
des를 씁니다. 하지만 그다음 문장
'Combien coûtent les fraises ?'
에서는 상인이 팔고 있는 특정한
딸기에 대해 묻는 것이기 때문에
정관사 les를 씁니다.

3 combien

의문부사 combien은 '얼마'라는
뜻으로 수량을 물을 때 사용됩니다.
가격을 물을 때는 coûter 동사를 써서
[combien + coûter 동사 +
정관사 / 지시형용사 + 사물 ?]로
표현합니다.

4 kilo

kilo는 무게의 단위 kilogramme의
약어입니다. 무게당 가격은 가격부터
말하고 단위를 붙여 줍니다.
• 1 euro le kilo   1킬로(그램)에 1유로

5 autre chose

'다른 것'이라는 뜻의 부정대명사 autre
chose는 앞에 관사가 붙지 않습니다.
• Je veux autre chose.
  나는 다른 것을 원한다.

C'est cher.

쇼핑하기 딱 좋은 날씨의 토요일 낮.
로라도 벼룩시장에서 구경 중이다.

Laura
로하
Combien coûte [1] cette bague ?
꽁비앙 꿋 쎗 바그?

commerçant
꼬메흐썽
Elle coûte 30 euros.
엘 꿋 트헝 뜨호.

Laura
30 euros ? C'est cher.
트헝 뜨호? 쎄 쉐흐.

Vous pouvez me [2] faire un prix ?
부 뿌베 므 패흐 앙 프히?

commerçant
Euh... [3] Je vous la fais à 25 euros.
으... 쥬 불 라 패 아 방뜨쌍 끄호.

Laura
Super. Je la prends.
쓔뻬흐. 쥴 라 프헝.

commerçant
Vous payez [4] en espèces ?
부 빼예 엉 네쓰빼스?

Laura
Oui, tenez.
위, 뜨네.

유익한 정보 En savoir plus

coûter가 포함된 재미있는 표현

1. coûter les yeux de la tête 머리의 눈 가격이다
   : '값어치가 굉장하다'는 의미로, 어떤 물건이 너무 비쌀 때
   • Ça **coûte les yeux de la tête** ! 이거 너무 비싸다!

2. coûte que coûte 어떤 값을(대가를) 치르더라도
   : '기필코 꼭 해내겠다'는 의지를 표현할 때
   • Je veux mincir **coûte que coûte**. 나는 기어코 살을 뺄 것이다.

단어 Vocabulaire

- bague n.f. 반지
- elle pro.dém. 그것
  (여성 명사를 대신할 때)
- cher a. 비싼
- prix n.m. 가격
- la pro. 그것을
  (목적보어대명사, 여성 단수)
- fais v. 하다
  (faire 동사, 1인칭 단수)
- super a. 멋진, 훌륭한
- payez v. 계산하다
  (payer 동사, 2인칭 복수)
- commerçant n.m. 상인(남자)
- * commerçante n.f. 상인(여자)

해석 Traduction

비싸네요.

로라   이 반지 얼마예요?

상인   30유로예요.

로라   30유로요? 비싸네요.
조금 더 싸게 해 주실 수 있어요?

상인   음... 25유로에 해 드릴게요.

로라   좋아요. 그걸 살게요.

상인   현금으로 내세요?

로라   네, 여기 있습니다.

해설 Explications

1 지시형용사

지시형용사는 뒤에 따라오는 명사(꾸며 주는 대상)에 따라서 성과 수가 변합니다. 여기에서는 bague가 여성 명사 단수이기 때문에 지시형용사에도 여성 단수형인 cette가 붙었습니다.

2 faire un prix

'faire un prix'는 '값을 깎아 주다'라는 뜻으로, 주로 골동품 시장이나 벼룩시장에서 값을 흥정할 때 씁니다.

3 목적보어대명사

'je vous **la** fais à ~'는 '제가 이것을 당신에게 (가격)에 해 드릴게요'라는 뜻입니다. la는 목적보어대명사로, 앞에서 언급된 'cette bague'를 대신합니다. bague가 여성 단수 명사이기 때문에 목적보어대명사도 여성 단수 la로 씁니다.

4 en espèces

'en espèces'는 '현금으로'라는 뜻이며, '카드로'는 'par carte'입니다. 그 뒤에 's'il vous plaît'를 붙여 간단하게 말할 수 있습니다.

- **En espèces**, s'il vous plaît.
  현금으로요.
- **Par carte**, s'il vous plaît.
  카드로요.

보다 완전한 문장으로 정중하게 대답할 수도 있습니다.

- Je voudrais payer **en espèces**, s'il vous plaît.
  현금으로 계산하겠습니다.
- Je voudrais payer **par carte**, s'il vous plaît.
  카드로 계산하겠습니다.

Unité 1. coûter 값이 ~이다

coûter 동사는 '값이 ~이다'라는 뜻으로, 가격을 묻고 답할 때 자주 사용합니다.
가게나 시장 등에서 물건의 가격을 물을 때면 흔히 'Combien ça coûte ?
((이거) 얼마예요?)'라고 묻습니다.
이렇듯 coûter 동사를 써서 가격을 물을 때는, 일반적으로 [combien +
coûter 동사 + 주어(명사) ?]의 형식으로 묻습니다.

- Combien **coûte** ce livre ?   이 책은 얼마예요?
- Ce livre **coûte** 10 euros.   이 책은 10유로예요.
- Combien **coûtent** ces bananes ?   이 바나나들은 얼마예요?
- Ces bananes **coûtent** 5 euros.   이 바나나들은 5유로예요.

주어	동사변화(현재)	주어	동사변화(현재)
je	**coûte**	nous	**coûtons**
tu	**coûtes**	vous	**coûtez**
il/ elle/ on	**coûte**	ils/ elles	**coûtent**

Attention ! 얼마예요?

'이거 얼마예요?'는 고정된 구어체로 'Combien ça coûte ?'라고 합니다.
여기에서 ça는 cela(이것)의 축약형입니다.

Unité 2. combien 얼마

'얼마예요?', '몇 분이세요?', '얼마만큼 드릴까요?' 등과 같이 가격, 크기, 무게 또는 개수를 물을 때 의문부사 combien을 씁니다.

① 가격, 개수 등을 물을 때 : [combien + 동사 + (관사 +) 주어 ?]

- **Combien** coûte un billet de train ? 기차표가 얼마죠?
- Ça coûte cinquante euros. 50유로입니다.
- **Combien** êtes-vous ? 몇 분이세요?
- Nous sommes trois. 저희는 셋이에요.
- **Combien** mesure-t-il ? 그는 키가 몇이에요?
- Il mesure un mètre soixante-quinze. 그는 키가 1미터 75센티예요.

  * 'Combien mesure-t-il ?'에서 t는 발음을 쉽게 해 주기 위한 일종의 도구로, 문법적인 의미는 없습니다.

② 특정 사물의 개수, 횟수 등을 물을 때 :
[combien de + 복수명사 + 동사 + 주어 ?]

- **Combien de** croissants voulez-vous ? 크루아상 몇 개 드릴까요?
- Je voudrais quatre croissants, s'il vous plaît. 크루아상 4개 주세요.
- **Combien d'**enfants avez-vous ? 아이가 몇 명이세요?
- J'ai deux enfants. 아이 둘이 있어요.
- **Combien de** livres as-tu achetés ? 책을 몇 권 샀어요?
- J'ai acheté sept livres. 7권을 샀어요.

Unité 3. **autre** 다른

'다른 날', '다른 사람', '다른 곳' 등을 말할 때는 형용사이자 대명사인 autre를 씁니다. autre는 주로 '다른'이라는 뜻으로 사용되며, 기존의 것과 같지 않음을 의미하거나, 경우에 따라 추가적인 수량을 나타냅니다.

① autre는 반드시 앞에 관사(le, un, des 등)나 지시형용사(ce, cette 등), 소유형용사(mon, votre 등) 또는 한정사(aucun, certain 등)가 옵니다.

a. 형용사로 쓰일 때 (명사를 꾸며 줄 때)

- J'irai **un autre** jour. 다른 날 갈 거예요. (미래형)

- Je voudrais essayer **une autre** robe.
  다른 원피스를 입어 보고 싶어요.

- C'est **une autre** personne. 다른 사람이에요.

- Il y a **d'autres** livres ici. 여기 다른 책들이 있어요.

b. 대명사로 쓰일 때

- Je vais en acheter **un/une autre**. 다른 것도 하나 살게요.

- Donnez-en moi **un/une autre**. 다른 것도 하나 주세요.

- Où sont **les autres** ? 다른 사람들은 어디에 있어요?

- Certains étudiants étudient, **d'autres** discutent.
  어떤 학생들은 공부하고, 다른 이들은 이야기를 나눈다.

Attention ! **un(e) autre, de l'autre 복수형**

① 'un(e) autre'의 복수형은 'd'autres (des + autres)'입니다. 특정한 사람이나 사물을 가리키는 것이 아니기 때문에 부정관사를 씁니다.

- J'ai **une autre** petite sœur. 나는 다른 여동생이 있다.
- J'ai **d'autres** petites sœurs. 나는 다른 여동생들이 있다.
  (여러 동생들 중에 일부 동생들을 가리키며, 누구인지는 모릅니다.)

② 'de l'autre'의 복수형은 'des autres (de + les + autres)'입니다. 'de l'autre'에서 'l''은 le 또는 la 정관사로, 복수형일 경우 정관사 les가 됩니다. 지명된 사람이나 사물을 가리키기 때문에 정관사를 씁니다.

- Je parle **de l'autre**. 나는 다른 사람에 대해 말한다.
- Je parle **des autres**. 나는 다른 사람들에 대해 말한다.
  (여기에서는 'des autres'가 누구인지 알고 있습니다.)

② '다른 것'이라고 말할 때 : 관사 없이 부정대명사 autre chose
(기존의 것과 같지 않은 것 또는 추가되는 또 하나의 것)

- Je voudrais essayer **autre chose** de plus léger.
  더 가벼운 다른 것을 입어 보고 싶어요. (같지 않은 것)

- J'ai **autre chose** à vous montrer.
  보여 드릴 다른 것이 있어요. (추가적인 것)

- Vous voulez **autre chose** ?
  다른 것을 드릴까요? (추가적인 것)

가게에서

1. 채소

carotte n.f. 당근   oignon n.m. 양파

champignon n.m. 버섯

[1]pomme de terre n.f. 감자

patate douce n.f. 고구마

tomate n.f. 토마토   poivron n.m. 피망

navet n.m. 무   aubergine n.f. 가지

courgette n.f. 호박   poireau n.m. 파

[1] patate n.f. 감자 (구어)

2. 과일

pomme n.f. 사과   pêche n.f. 복숭아

fraise n.f. 딸기   raisin n.m. 포도

clémentine n.f. 귤   pastèque n.f. 수박

pamplemousse n.m. 자몽

orange n.f. 오렌지   citron n.m. 레몬

melon n.m. 멜론   poire n.f. 배

3. 물건 살 때

C'est cher ! 비싸네요!

[2]C'est pas cher ! 싸네요!

C'est combien le kilo de pommes ?
사과 1킬로당 얼마예요?

[3]Je vous en mets combien ?
얼마나 드릴까요? / 몇 킬로그램 드릴까요?

Vous vendez à l'unité ? 낱개로 파나요?

Vous pouvez me faire un prix ?
(좀 더) 싸게 해 주실 수 있나요?

[2] 'Ce n'est pas cher !'의 줄임 표현으로 구어체에서는 ne를 생략합니다.

[3] 직역하면 '얼마나 넣어 드릴까요?'입니다. 물건의 양을 묻는 표현이지만 킬로그램을 물을 때도 사용합니다.

정답 p.286

1. 다음 대답에 알맞은 질문을 쓰세요.

　1. A: 딸기가 얼마예요?

　　→ _____

　　B: Ces fraises coûtent 6 euros le kilo.

　2. A: 다른 것 또 필요한 게 있으신지요?

　　→ _____

　　B: Je voudrais aussi un navet.

　3. A: 조금 더 싸게 해 주실 수 있어요?

　　→ _____

　　B: Je vous la fais à 25 euros.

2. 빈칸에 알맞은 combien 또는 combien de를 쓰세요.

　1. _____ coûte ce livre ?

　2. _____ livres as-tu achetés ?

　3. _____ êtes-vous ?

　4. _____ croissants voulez-vous ?

3. 다음 문장에서 밑줄 친 부분을 복수형으로 바꿔 보세요.

　1. J'ai une autre petite sœur.

　　→ _____

　2. Donnez-en moi un autre.

　　→ _____

　3. Je voudrais essayer une autre robe.

　　→ _____

　4. Je parle de l'autre.

　　→ _____

프랑스의 다양한 시장들

Le marché alimentaire 르 막쉐 알리멍떼흐 **식료품 장터**

주로 신선한 제철 과일과 채소를 팔며, 고기를 건조
숙성시킨 육가공품을 파는 가게부터 생선 가게, 치즈 가게,
빵 가게 그리고 지역 특산물 가게까지 볼 수 있습니다.
지역마다 편차가 있지만 토요일이나 일요일 아침 7시부터
오후 3시까지 열며, 인근 지역 주민과 독특한 특산물을 보러 오는 관광객들로 붐빕니다.

La brocante 라 브호껑뜨 **골동품 시장**

보통 100년 이내의 중고물품을 싼값에 파는 곳입니다.
이곳의 골동품 상인 brocanteur은 전문 직업인이기 때문에
구매한 상품에 대해 보증서와 영수증을 받을 수 있습니다.
골동품 상인은 100년 이하의 제품을 팔고, 고가구 상인
antiquaire은 주로 100년이 넘는 역사를 지닌 고가의 제품들을 판다는 차이가 있습니다.

Le vide-grenier 르 비드-그흐니에 **창고-비우기**

한 마을에서 열리는 행사로, 이를 기획한 단체에 참가 신청을 하고 자릿세만 내면
누구나 판매할 수 있습니다. 주기적으로 판매하는 행위는 국가에 신고하고 세금을 내기
때문에 이 행사 참가자들은 일년에 2번 이상 참여할 수 없습니다. 즐거운 분위기에서
보통 개인이 사용했던 헌 옷, 책, 장신구나 그릇, 장난감 등을 싼값에 팔기 때문에
뜻하지 않은 행운을 건질 수도 있습니다.

Un marché aux puces 엉 막쉐 오 쀠쓰 **벼룩시장**

야외에서 펼쳐지며 귀중품들을 파는 것이 특징입니다. 주로 1900년대의 가구와 물건들,
유리 제품, 은 제품, 50~70년대 인테리어 소품들을 볼 수 있습니다. 옛날 옷들이나
옷감, 아시아와 아프리카 예술 작품, 오래된 예술 작품 등을 팔기도 합니다.

La Grande Braderie de Lille 라 그헝드 브하드히 드 릴 **릴 중고시장**

지금까지 소개한 시장들을 합친 곳이 바로 릴 Lille에서 열리는 유럽 최대의 벼룩시장
'릴 중고시장 La grande Braderie de Lille'입니다. 매년 9월 첫째주 토요일 오후 2시부터
다음날 일요일 밤 11까지 펼쳐지는데, 그때마다 100만~200만 명의 방문객들로 붐비며
신나는 음악과 이벤트를 곁들여 축제 분위기가 됩니다.

Quelle est votre taille ?
사이즈가 어떻게 되시죠?

학습 목표

15과에서는 가게에서 나에게 맞는 크기의 옷이나 신발을
찾을 때 사용하는 표현들을 익힐 수 있습니다.
크기를 나타낼 때 사용하는 형용사 grand과 petit,
essayer 동사, 그리고 치수와 관련한 표현들에 대해
공부해 봅시다.

— **Dialogue**　　**15-1. 사이즈가 어떻게 되시죠?**

　　　　　　　　15-2. 이 사이즈 맞으세요?

— **Grammaire**　**1. grand 큰/ petit 작은**

　　　　　　　　2. un peu 조금/ trop 너무

　　　　　　　　3. essayer 시도하다

　　　　　　　　4. taille/ pointure 치수, 사이즈

— **Expressions** 옷 가게에서

Quelle est votre taille ?

민수는 친구들을 초대해 집들이 파티를 하기로 계획한다. 친구들과 함께 초대를 받은 로라.
민수와의 만남을 앞두고 들뜬 마음으로 옷 가게를 찾았다.

vendeuse Je peux [1]vous aider ?
벙드즈   쥬 쁘 부 재데?

Laura Oui, je ne [2]trouve pas les robes.
로하   위, 쥬 느 트후브 빠 레 허브.

vendeuse Suivez-moi.
          쒸베-똬.

          Quelle est votre taille ?
          껠 레 보트흐 따이으?

Laura [3]Je fais du 38.
          쥬 패 듀 트헝뜨윗.

유익한 정보 En savoir plus

프랑스의 옷 사이즈

① 여성복

	XS	S	M	L	XL
한국	44	55	66	77	88
프랑스	34	36	38	40	42

② 남성복

	S	M	L	XL	XXL
한국	90/95	95/100	100/105	105/110	110 이상
프랑스	37/38	39/40	41/42	43/44	45/46

단어 Vocabulaire

- peux v. 할 수 있다
  (pouvoir 동사, 1인칭 단수)
- aider v. 도와주다 (동사원형)
- trouve v. 찾다
  (trouver 동사, 1인칭 단수)
- robe n.f. 원피스
- suivez v. 뒤따라가다
  (suivre 동사, 2인칭 복수)
- taille n.f. 사이즈

해석 Traduction

사이즈가 어떻게 되시죠?

점원   도와드릴까요?

로라   네, 원피스를 못 찾겠어요.

점원   저를 따라오세요.
       사이즈가 어떻게 되시죠?

로라   38입니다.

해설 Explications

1 vous

직접목적보어대명사 vous는 동사 앞에
위치합니다.

- Je peux **t'**aider ?
  내가 너를 도와줘도 되겠니?
- Tu peux **m'**aider ?
  네가 나를 도와줄 수 있겠니?
- Vous pouvez **nous** aider ?
  당신이 우리를 도와줄 수 있나요?

2 trouver vs chercher

trouver 동사와 chercher 동사는
둘 다 '찾다'라는 의미지만, 분명한
차이가 있습니다. chercher는 찾는
행위, 즉 '찾고 있다'라는 의미인
반면 trouver는 찾아낸 결과, 즉
'찾아냈다'라는 뜻입니다.

3 je fais du ~

치수를 말할 때는 faire 동사를
사용합니다.
간단히 [**je fais du + 치수**]라는
표현으로 외워 두면 좋습니다.

Cette pointure vous va ?

로라는 옷 가게에서 산 원피스에 어울리는 신발을 사기 위해 신발 가게를 찾았다.

vendeur	Quelle est votre pointure ?
벙더흐	껠 레 보트흐 뿌앙뜌흐?

Laura	[1]Je fais du 38.
로하	쥬 패 듀 트헝뜨윗.

vendeur	Je vous apporte cela [2]tout de suite.
	쥬 부 자뻐흐뜨 쏠라 뚜 드 쒸뜨.

잠시 후,

vendeur	Cette pointure vous [3]va ?
	쎗 뿌앙뜌흐 부 바?

Laura	Non, c'est un peu grand.
	농, 쎄 땅 쁘 그힝.

vendeur	Vous voulez [4]essayer en 37 ?
	부 불레 에쌔예 엉 트헝뜨쎗?

Laura	Non, c'est trop petit.
	농, 쎄 트호 쁘띠.

유익한 정보 En savoir plus

프랑스의 신발 사이즈

① 여성화

한국	230	235	240	245	250	255
프랑스	35	36	37	38	39	40

② 남성화

한국	260	265	270	275	280	285
프랑스	41	41,5	42	42,5	43	43,5

- pointure n.f. (신발) 사이즈
- apporte v. 가져오다
  (apporter 동사, 1인칭 단수)
- tout de suite 바로, 당장
- un peu ad. 조금, 약간
- grand a. 큰
- essayer v. 신어 보다, 입어 보다
  (동사원형)
- en prép. ~으로(방향), ~에(위치)
- trop ad. 너무
- petit a. 작은

이 사이즈 맞으세요?

점원 사이즈가 어떻게 되세요?

로라 38을 신어요.

점원 바로 갖다드릴게요.

점원 이 사이즈 맞으세요?

로라 아니요, 조금 커요.

점원 37로 한번 신어 보시겠어요?

로라 아니요, 그건 너무 작아요.

1 je fais du ~

'je fais du ~'는 옷 치수를 말할 때와 마찬가지로 신발 치수를 말할 때도 동일하게 쓸 수 있는 표현입니다.

2 tout de suite

'tout de suite'는 '모두 연이어서', 즉 '곧바로', '당장'이라는 뜻입니다.

3 aller

여기에서 aller 동사는 '괜찮다'라는 의미로 사용되었습니다.

- Cela vous **va** ?
  그것이 당신에게 괜찮습니까?
  (= 당신에게 맞습니까?)

4 essayer

essayer 동사는 주로 '시도하다'라는 뜻으로 사용됩니다. 여기에서는 '(옷이나 신발을) 걸쳐 보다', '입어 보다'라는 의미로 썼습니다.

Unité 1. **grand 큰/ petit 작은**

옷이 크다, 작다, 혹은 바지가 짧다, 길다 등과 같이 크기나 길이, 두께를
묘사하는 표현들은 프랑스어로 뭐라고 할까요? 다음에서 살펴봅시다.

① 크기 : **grand(e) 큰/ petit(e) 작은**

- Ce pantalon est **grand**.   이 바지는 크다.
- Ce pantalon est **petit**. 이 바지는 작다.

② 길이 : **long(ue) 긴/ court(e) 짧은**

- Cette jupe est **longue**. 이 치마는 길다.
- Cette jupe est **courte**. 이 치마는 짧다.

③ 두께 : **épais(se) 두꺼운/ léger(ère)/ fin(e) 얇은**

- Ce manteau est **épais**. 이 외투는 두껍다.
- Ce manteau est **léger**. 이 외투는 얇다.

④ 너비 : **large 넓은, 헐렁한/ moulant(e) 착 달라붙는**

- Ce tee-shirt est **large**. 이 티셔츠는 헐렁하다.
- Ce tee-shirt est **moulant**. 이 티셔츠는 몸에 착 달라붙는다.

Unité 2. **un peu 조금/ trop 너무**

크기나 길이 또는 두께를 나타내는 형용사 앞에 'un peu(조금, 약간)' 또는 'trop(너무)'라는 부사를 덧붙여 크기나 길이가 '조금/너무' 크다 또는 '조금/너무' 작다 등과 같이 강조할 수 있습니다.

① **un peu** 조금, 약간
- Ce pantalon est **un peu** grand. 이 바지는 조금 커요.
- Cette jupe est **un peu** longue. 이 치마는 조금 길어요.
- Ce manteau est **un peu** épais. 이 외투는 조금 두꺼워요.
- Ce tee-shirt est **un peu** large. 이 티셔츠는 조금 헐렁해요.

② **trop** 너무
- Ce pantalon est **trop** grand. 이 바지는 너무 커요.
- Cette jupe est **trop** longue. 이 치마는 너무 길어요.
- Ce manteau est **trop** épais. 이 외투는 너무 두꺼워요.
- Ce tee-shirt est **trop** large. 이 티셔츠는 너무 헐렁해요.

Unité 3. **essayer** 시도하다

essayer 동사는 목적어가 꼭 필요할 때, 즉 타동사로 쓸 경우 무엇을 '시도하다', '시험하다'라는 뜻으로 사용됩니다. 옷이나 신발 등을 언급할 때는 '입어 보다' 또는 '신어 보다' 등 무언가를 시험적으로 '~해 보다'라는 뜻으로 사용되지요. 이와 달리 목적어가 필요 없는 자동사일 때는 [essayer de + 동사원형]의 형태로 쓰며, 이 경우 '~을 하려고 하다', '노력하다'라는 뜻입니다.

① 타동사 **essayer** : 시도하다, ~해 보다

· Vous **essayez** ce chapeau. 당신은 이 모자를 써 본다.

· Nous **essayons** ces chaussures. 우리들은 이 신발을 신어 본다.

② 자동사 **essayer de** + 동사원형 : ~을 하려고 하다, 노력하다

· J'**essaye de** marcher. 나는 걸어 보려고 한다.

· Nous **essayons de** comprendre. 우리들은 이해하려고 한다.

essayer 동사	
J'**essaie/essaye des** chaussures. 나는 신발을 신어 본다.	Nous **essayons des** chaussures. 우리들은 신발을 신어 본다.
Tu **essaies/essayes des** chaussures. 너는 신발을 신어 본다.	Vous **essayez des** chaussures. 당신(들)은 신발을 신어 본다.
Il/ Elle/ On **essaie/essaye des** chaussures. 그/ 그녀/ 우리는 신발을 신어 본다.	Ils/ Elles **essaient/essayent des** chaussures. 그들/ 그녀들은 신발을 신어 본다.

Attention ! **-ayer**

essayer, payer처럼 '-ayer'로 끝나는 동사들은 동사 변형 시 두 가지 형태로 쓸 수 있습니다. 위에서 보듯이 동사의 y를 그대로 쓰기도 하고, i로 쓸 수도 있습니다. 다만 1인칭 복수와 2인칭 복수에서는 변함없이 항상 y로 씁니다.

Unité 4. **taille/ pointure** 치수, 사이즈

taille와 pointure는 둘 다 '치수', '사이즈'를 뜻합니다. 하지만 실제 회화에서는 이 둘을 구분해서 말합니다.

taille는 옷 가게에서 흔히 들을 수 있는 단어로 옷 사이즈, 다시 말해 일반적으로 몸에 '걸쳐 입는' 셔츠, 원피스, 바지 등의 사이즈를 가리킵니다.

pointure는 신발 가게에서 자주 사용하는 단어로 신발 사이즈를 말합니다. 일반적으로 몸의 일부분에 '신는' 것이나 '끼거나 쓰는' 것들, 즉 신발, 장갑, 모자 등의 사이즈를 가리킵니다.

하지만 실제 회화에서는 pointure를 신발 사이즈에만 국한해서 사용하며, 장갑과 모자 등은 taille를 사용해서, 장갑은 'taille des gants', 모자는 'taille du chapeau'라고 하는 것이 자연스럽습니다.

이러한 차이 때문에 옷 치수와 신발 치수를 물어볼 때는 taille와 pointure를 구분하여 말해야 합니다.

- Quelle est votre **taille** ? (옷) 사이즈가 얼마인가요?
- Quelle est votre **pointure** ? (신발) 사이즈가 얼마인가요?

반면에 '제 치수는 ~입니다'라고 대답할 때는 옷이든 신발이든 상관없이 'je fais du ~'라고 합니다.

- **Je fais du** S. 저는 S 사이즈를 입습니다. (저는 S입니다.)
- **Je fais du** 36. 저는 36 사이즈를 신습니다. (저는 36입니다.)

옷 가게에서

1. 남성복

costume n.m. 정장, 양복

chemise n.f. 와이셔츠

cravate n.f. 넥타이

[1]slip/ caleçon n.m. 팬티, 팬츠

2. 여성복

blouse n.f. 블라우스

robe n.f. 원피스   jupe n.f. 치마

culotte n.f. 팬티

soutien-gorge n.m. 브래지어

3. 남녀 공용

manteau n.m. 외투, 코트   veste n.f. 재킷

blouson n.m. 잠바   pull n.m. 스웨터

tee-shirt n.m. 반팔 티   pantalon n.m. 바지

4. 액세서리

chapeau n.m. 모자   ceinture n.f. 벨트

écharpe n.f. 목도리   foulard n.m. 스카프

[2-1]gants n.m.pl. 장갑 (한 켤레)

[2-2]chaussures n.f.pl. 신발 (한 켤레)

bague n.f. 반지   collier n.m. 목걸이

bracelet n.m. 팔찌

boucle d'oreille n.f. 귀걸이

serre-tête n.m. 머리띠

broche n.f. 브로치

2 신발, 장갑 등 한 쌍으로
  사용하는 것들은 보통
  복수형으로 말합니다.
  gant n.m. 장갑 (한 짝)
  chaussure n.f. 신발 (한 짝)

1. 다음 질문에 답해 보세요.

  1. A: Je peux vous aider ?

  B: 네, 원피스를 못 찾겠어요.

  → _____

  2. A: Quelle est votre taille ?

  B: 38입니다.

  → _____

  3. A: Cette taille vous va ?

  B: 아니요, 조금 커요.

  → _____

2. 빈칸에 알맞은 것을 찾아 쓰세요.

〈보기〉   manteau   pantalon   chaussures   robe

  1. Cette _____ est belle.

  2. Ce _____ est trop long.

  3. Ce _____ est trop épais.

  4. Ces _____ me vont.

3. 프랑스어로 작문해 보세요.

  1. 조금 커요.

  → _____

  2. 너무 작아요.

  → _____

  3. 저는 S 사이즈를 입습니다. (저는 S입니다.)

  → _____

  4. 우리들은 이 신발을 신어 본다.

  → _____

1년 중 단 두 번의 세일

프랑스에서는 1년에 딱 두 번 있는 세일 기간 les soldes이 법으로 정해져 있습니다. 겨울에 한 번 그리고 여름에 한 번 있는데요, 평상시 가격 인하가 없는 프랑스 유명 브랜드들을 비롯해 다른 온갖 브랜드들이 세일을 하기 때문에 이 기간은 프랑스인들뿐만 아니라 세계 곳곳에서 관심을 갖고 기다립니다.

겨울 세일은 1월에, 여름 세일은 6월에 시작하며, 세일 기간은 6주간 펼쳐집니다. 첫째 주는 30~40%로 시작해, 일주일에서 10일 후부터는 40~50%, 그다음은 50~60%까지 가격이 내려갑니다. 끝날 때쯤에는 70~80%까지 가격이 인하됩니다. (브랜드마다 편차가 있습니다.) 이 기간에는 상점마다 일제히 세일에 들어갔음을 알리는 게시물을 붙여 놓고 할인 판매에 돌입합니다. 그러면 시내 곳곳의 브랜드 매장들은 넘쳐나는 손님들로 북적이게 되지요.

이렇게 가격이 인하되는 것을 démarque 데마흐끄라고 합니다.

première démarque 첫 번째 가격 인하
deuxième démarque 두 번째 가격 인하
troisième démarque 세 번째 가격 인하
dernière démarque 마지막 가격 인하

프랑스 유명 명품 브랜드도 세일하나요?

대부분의 명품 브랜드들이 세일을 합니다. 하지만 루이뷔통 Louis Vuitton이나 에르메스 Hermès와 같은 몇몇 고급 명품 브랜드는 세일하지 않기로 유명합니다. 적어도 다른 브랜드의 매장처럼 공식적으로 세일을 알리지 않고, 매장 쇼윈도에서도 세일 표시를 찾아볼 수 없는 것이 특징입니다.

Où sont les toilettes ?

화장실이 어디죠?

학습 목표

16과에서는 특정한 장소의 위치 또는 길을 찾을 때
묻고 답하는 표현들을 익힐 수 있습니다.
소망을 표현하는 'avoir envie de'와 일상에서 흔히
사용하는 'excusez-moi', 그리고 장소 전치사와
위치 표현에 대해 공부해 봅시다.

— Dialogue   **16-1. 화장실이 어디죠?**

                16-2. 여기에서 멀어요?

— Grammaire   **1. avoir envie de** ~하고 싶다

                2. excusez-moi 실례합니다

                3. 장소 전치사

                4. à droite 오른쪽에/ **à gauche** 왼쪽에

— Expressions   길과 위치

Où sont les toilettes ?

로라는 친구와 정신없이 쇼핑했다. 어느새 양팔에 짐이 한가득.
로라는 급하게 화장실이 가고 싶다.

Laura
로하
J'[1]ai envie d'aller aux toilettes.
줴 엉비 달레 오 뜨왈렛.

Julie
줄리
Moi aussi.
뫄 오씨.

Laura
로하
Excusez-moi, où sont les toilettes, s'il vous plaît ?
엑쓰뀨제-뫄, 우 쏭 레 뜨왈렛, 씰 부 쁠래?

vendeur
벙더흐
C'est [2]au fond du magasin.
쎄 또 퐁 듀 마가장.

Laura
로하
[3]C'est-à-dire là-bas [4]à côté de l'ascenseur ?
쎄-따-디흐 라-바 아 꼬떼 드 라썽쐬흐?

vendeur
벙더흐
Oui, [5]c'est ça !
위, 쎄 싸!

유익한 정보 **En savoir plus**

'eau de toilette'은 무엇일까요?

향수병에 'eau de toilette'이라고 쓰여 있는 것을 한 번쯤 보았을 것입니다. toilette을
보고 '화장실'을 떠올리기 쉬운데, 단수로 쓸 때는 '화장'이란 뜻으로, 'eau de toilette'은
'화장수'입니다. 물이 귀했던 시절, 옛 프랑스 여인들은 알코올과 향이 묻은 천을
세수의 용도로 사용했다고 합니다. 이 천을 toilette이라고 했는데, 이것을 화장용으로
사용하면서 점차 '화장'이라는 뜻으로 바뀌었습니다. 이런 변화 과정을 엿볼 수 있는
표현으로 '세수하다'라는 뜻의 'faire sa toilette'도 있습니다.

단어 Vocabulaire

- □ ai envie d' ~하고 싶다
  (avoir 동사, 1인칭 단수)
- □ aux ~에 (à + les)
- □ toilettes n.f.pl. 화장실
- * toilette n.f. 화장, 단장
- □ où ad. 어디
- □ au fond du 끝에, 안쪽 깊은 곳에, 안쪽에 (du=de+le)
- □ magasin n.m. 가게
- □ c'est-à-dire 즉, 다시 말해서
- □ là-bas ad. 저기
- □ à côté de ~옆에
- □ ascenseur n.m. 엘리베이터

해석 Traduction

화장실이 어디죠?

로라	화장실 가고 싶어.
줄리	나도.
로라	실례지만, 화장실이 어디죠?
점원	가게 안쪽에 있습니다.
로라	그러니까 저기 엘리베이터 옆에요?
점원	네, 맞아요!

해설 Explications

1 avoir envie de

'avoir envie de ~'는 '~하고 싶다'라는 뜻입니다. 특히 '먹고 싶다', '화장실 가고 싶다' 등과 같은 원초적인 욕구를 드러낼 때 주로 사용합니다.
vouloir 동사와 'avoir envie de ~' 둘 다 사용할 수 있지만, 일반적으로 'j'ai envie de ~'로 말합니다.

- J'ai envie de ce biscuit.
  나는 이 과자를 먹고 싶다.

2 au fond de

'au fond de'는 '안쪽에', '끝에', '깊은 곳에'라는 뜻입니다.

- au fond de mon cœur
  내 마음 속 깊은 곳에
- au fond du couloir
  복도 끝에

3 c'est-à-dire

c'est-à-dire는 '그러니까', '즉', '곧', '다시 말해서'라는 뜻으로, 주로 자세히 표현하거나 설명을 덧붙일 때 쓰는 접속사구입니다. 세 어휘가 연결되어 있는 한 단어이기 때문에 '-(연결부호)'를 꼭 붙여야 합니다.

4 à côté de

'à côté de'는 '~옆에'라는 뜻으로 위치를 나타내는 표현입니다.

- à côté de toi 너의 옆에
- à côté de la table 테이블 옆에

5 c'est ça

'c'est ça'는 '맞아요', '그렇습니다'라는 뜻으로 상대방의 말에 맞장구칠 때 자주 쓰는 표현입니다. 문어체로는 'c'est cela'입니다.

C'est loin d'ici ?

드디어 민수네 집에 방문하는 날. 하지만 로라는 이 동네가 처음이라 길이 낯설다.
민수가 보내 준 문자를 다시 확인하고 도움을 구한다.

Laura
로하
Excusez-moi, je [1]cherche la rue Vaugirard.
엑쓰뀨제-똬, 쥬 쉐흐슈 라 휴 보지하흐.

passant
빠썽
Il faut continuer [2]tout droit.
일 포 꽁띠뉴에 뚜 두화.

Laura
C'est loin [3]d'ici ?
쎄 루왕 디씨?

passant
Non, c'est la première rue [4]à droite.
농, 쎌 라 프흐미애흐 휴 아 드화뜨.

Laura
Je vous remercie.
쥬 부 흐메흐씨.

passant
De rien.
드 히앙.

Vous allez trouver facilement.
부 잘레 투흐베 파씰멍.

유익한 정보 En savoir plus

프랑스 주소 작성법

프랑스 주소는 일반적으로 번지수와 거리 이름, 우편번호, 도시 순으로 씁니다.
예를 들면 '10 rue de la Liberté, 75015, Paris'라고 쓸 수 있지요. 편지 봉투에는
수신인을 첫 줄에, 그 아래 번지수와 거리 이름, 그리고 마지막 줄에 우편번호와
도시명을 씁니다. 우편번호의 앞 두 자리는 행정구역상의 '도'를 나타내며 나머지
세 자리는 해당 도 내의 면사무소, 큰 도시라면, 강남구, 종로구와 같이 '구' 번호를
나타내는 우체국 코드입니다.

단어 Vocabulaire

- □ cherche v. 찾다
  (chercher 동사, 1인칭 단수)
- □ rue n.f. 길, 가로
- □ continuer v. 계속하다 (동사원형)
- □ tout droit 곧바로
- □ loin a. 멀리
- □ ici ad. 여기
- □ première a. 첫째의
  (premier의 여성형)
- □ à droite 오른쪽으로, 오른쪽에
- * à gauche 왼쪽으로, 왼쪽에
- □ facilement ad. 쉽게
- □ passant n.m. 행인(남자)
- * passante n.f. 행인(여자)

해석 Traduction

여기에서 멀어요?

로라 실례합니다. 보지라르가(街)를
     찾습니다.

행인 계속 곧바로 가면 됩니다.

로라 여기에서 멀어요?

행인 아니요, 오른쪽에서 첫 번째
     길입니다.

로라 감사합니다.

행인 별말씀을요.
     쉽게 찾으실 겁니다.

해설 Explications

1 chercher

chercher 동사는 사람 또는 물건을
찾을 때도 사용하지만 위치나 주소를
물을 때도 씁니다.
- Je **cherche** ma clé de voiture.
  내 차 키를 찾아요.
- Je **cherche** la boulangerie.
  빵집을 찾고 있어요.

2 tout droit

'tout droit'는 '곧바로'라는 뜻의
부사입니다. '완전히', '매우'라는 뜻의
tout와, '똑바로', '일직선으로'라는
뜻의 droit가 합쳐진 하나의 표현으로,
'계속해서 직진하라'는 뜻입니다.

3 d'ici

d'ici는 [de + ici]로, 모음 충돌을
피하기 위해 de의 e가 생략되었습니다.

4 à droite

'à droite'는 '오른쪽으로'라는 뜻의
부사입니다. 여기에서는 droit가 아니라
끝에 e가 붙은 여성 명사 droite이며,
'오른쪽'을 뜻합니다. 'tout droit'와의
차이를 꼭 기억하세요.

Unité 1. **avoir envie de** ~하고 싶다

본인 의지나 소망을 표현하는 vouloir 동사보다, 더 원초적인 욕망이나 갈망을
표현한 것이 'avoir envie de(~하고 싶다)'입니다.
다음의 예를 통해 차이를 살펴봅시다.

- **Je veux** sortir. 나는 나가기를 원해요. (의지)
  (밖으로 나가겠다는 의지를 나타내는 것으로, 곧 나갈 것이라는 뜻으로도 이해할 수 있습니다.)

- **J'ai envie de** sortir. 나는 나가고 싶어요. (갈망)
  (당장 이곳을 떠나고 싶다는 강한 욕망을 표현하는 것입니다.)

① [**avoir envie de** + 동사원형]

- **J'ai envie de** manger. 먹고 싶어요.
  (≠ Je veux manger. 나는 먹을래요.)

- **J'ai envie de** dormir. 자고 싶어요.

- **J'ai envie de** me reposer. 쉬고 싶어요.

- **J'ai envie de** danser. 춤추고 싶어요.

- **J'ai envie de** marcher. 걷고 싶어요.

- **J'ai envie d'**aller aux toilettes. 화장실 가고 싶어요.

② [**avoir envie de** + 명사]

- **J'ai envie d'**un bonbon. 사탕 먹고 싶어요.

- **J'ai envie d'**une glace. 아이스크림 먹고 싶어요.

- **J'ai envie de** fraises. 딸기를 먹고 싶어요.

- **J'ai envie d'**un coca. 콜라를 마시고 싶어요.

- **J'ai envie d'**une eau fraîche. 시원한 물을 마시고 싶어요.

Plus ! **avoir envie de** + 형용사
구어로 '~이 당겨'라는 표현도 [avoir envie de + 형용사] 구조입니다.
- **J'ai envie de** sucré. 달콤한 게 당겨.
- **J'ai envie de** salé. 짭짤한 게 당겨.

Unité 2. **excusez-moi** 실례합니다

excusez-moi의 excuser 동사는 '용서하다'라는 뜻으로, 직역하면 '저를
용서하세요'입니다. 누군가에게 용서를 구할 때 쓰는 표현으로, 주로 가벼운
실수나 잘못을 저질렀을 때 사용합니다.
다른 사람의 발을 밟았을 때나 친구와의 약속 장소에 늦게 도착했을 때도
'Excuse-moi. (미안해요.)'라고 사과하면 됩니다.
그리고 누군가에게 말을 걸 때도 유용합니다. 거리에서 누군가에게 길을 묻거나
할 때 'Excusez-moi. (실례합니다.)'하고 대화를 이어 가면 됩니다.

① 비격식체

- **Excuse-moi.** 미안해요., 실례해요.

② 격식체

- **Excusez-moi.** 죄송합니다., 실례합니다.

Attention ! **Je suis désolé(e).**
'Excusez-moi.' 보다 더 강한 사과의 의미를 나타냅니다.
유감을 나타내는 표현으로 누군가에게 말을 걸 때와 같은 상황에는 쓰지 않습니다.
- Je suis désolé(e). 미안합니다., 죄송합니다.
- Je m'excuse. (×) 나는 나를 실례한다. (= 나는 나를 용서한다.)

Unité 3. 장소 전치사

공간적 위치를 나타낼 때는 장소 전치사를 씁니다. 위치를 나타내는 표현으로
sur(위에), sous(아래에), dans(안에), derrière(뒤에) 등이 있습니다.
전치사 외에도 au fond(안쪽에), loin de(~에서 멀리), près de(~에서 가까이)
등과 같이 명사나 형용사와 결합한 표현들도 있습니다. 이런 표현에 포함된
명사는 성이나 수가 변하지 않습니다.

- **Où est le chat ?** 고양이는 어디에 있나?

Le chat est **sur** l'armoire.
고양이는 장롱 **위에** 있다.

Le chat est **sous** l'armoire.
고양이는 장롱 **아래에** 있다.

Le chat est **dans** l'armoire.
고양이는 장롱 **안에** 있다.

Le chat est **devant** l'armoire.
고양이는 장롱 **앞에** 있다.

Le chat est **derrière** l'armoire.
고양이는 장롱 **뒤에** 있다.

Le chat est **à côté de** l'armoire.
고양이는 장롱 **옆에** 있다.

Le chat est **entre** l'armoire et la chaise.
고양이는 장롱과 의자 **사이에** 있다.

Le chat est **loin de** l'armoire.
고양이는 장롱에서 **멀리에** 있다.

Unité 4. **à droite** 오른쪽에/ **à gauche** 왼쪽에

방향을 언급하거나, 길을 안내할 때 'à droite(오른쪽에)'와 'à gauche(왼쪽에)'는 가장 많이 사용되는 표현입니다.

① 오른쪽에(으로)/ 왼쪽에(으로) : [**à + droite/ gauche**]

                           (droite/ gauche 앞에 관사 없음)

- Au feu, tournez **à droite**.
  신호등에서 우회전하세요.

- Il faut lire la langue arabe de droite **à gauche**.
  아랍어는 오른쪽에서 왼쪽으로 읽어야 한다.

② 오른쪽/ 왼쪽 : [**명사 + droit(e)/ gauche**] (꾸며 주는 명사에 따라 변함)

- Tu as mal au <u>pied</u> **droit** ? 오른쪽 발이 아프니?
  * droite이 꾸며 주는 pied(발)가 남성 명사 단수이기 때문에 droit를 씁니다.

- Montrez-moi votre <u>main</u> **droite**. 오른쪽 손을 보여 주세요.
  * droite이 꾸며 주는 main(손)이 여성 명사 단수이기 때문에 droite을 씁니다.

- Placez vos <u>mains</u> **droites** sur la table.
  (여러분의) 오른쪽 손을 책상 위에 올리세요.
  * droite이 꾸며 주는 mains(손)이 여성 명사 복수이기 때문에 droites를 씁니다.

- J'ai mal au <u>pied</u> **gauche**. 왼쪽 발이 아파요.
  * gauche(왼쪽, 좌측)의 철자는 남성일 때도 'e'가 붙어서 gauche로 쓰입니다.

- Donne-moi ta <u>main</u> **gauche**. 왼쪽 손을 줘 봐.
  * gauche가 꾸며 주는 main(손)이 여성 명사 단수이기 때문에 gauche를 씁니다.

- Placez-vos <u>mains</u> **gauches** sur la table.
  (여러분의) 왼쪽 손을 책상 위에 올리세요.
  * gauche가 꾸며 주는 mains(손)이 여성 명사 복수이기 때문에 gauches를 씁니다.

Plus ! **정치적인 의미의 droite/ gauche**

정치적인 의미의 '우파' 또는 '좌파'라는 표현도 droite와 gauche를 사용합니다.
- Il a voté à droite. 그는 우파에 투표했다.
- Politiquement, elle est de gauche. 정치적으로 그녀는 좌파이다.

길과 위치

1. 길과 교통

chaussée n.f. 차도   route n.f. 도로

autoroute n.f. 고속도로 carrefour n.m. 사거리

rond-point n.m. 원형 교차로

[1]impasse n.f. 막다른 골목

[2-1]rue n.f. 길   [2-2]avenue n.f. 큰 가로

[2-3]boulevard n.m. 대로

panneau n.m. 표지판   radar n.m. 과속감시카메라

feu n.m. 신호등   trottoir n.m. 인도

passage clouté n.m. 횡단보도

2. 위치와 이동

à droite 오른쪽에(오른쪽으로)

à gauche 왼쪽에(왼쪽으로)

tout droit 곧바로   jusqu'à ~까지

près de ~에 가까이 loin de ~에서 멀리

aller tout droit 곧바로 가다

aller jusqu'à ~까지 가다

prendre à droite(à gauche)
오른쪽으로(왼쪽으로) 가다(접어들다)

tourner à droite(à gauche)
오른쪽으로(왼쪽으로) 돌다

faire 100 mètres 100미터를 가다

[3-1]Vous prenez à droite.
오른쪽으로 가세요. (현재시제)

[3-2]Prenez à droite ! 오른쪽으로요! (명령법)

[3-3]Vous allez prendre à droite.
오른쪽으로 가면 돼요. (근접미래)

1 파리 시내에는 좁고 막다른 골목들이 많습니다.

2 주소를 쓸 때
rue, avenue, boulevard를 반드시 구분해야 합니다.

길의 너비에 따라 :
rue 좁은 거리
avenue 넓은 거리, 가로수 길
boulevard 대로

약어 :
avenue – av.
boulevard – bd., boul.

3 길을 가리킬 때는 현재시제, 명령법 또는 근접미래로 표현합니다.

1. 빈칸을 알맞게 채워 보세요.

1. 화장실 가고 싶어.

→ J'ai envie _____ aux toilettes.

2. 화장실이 어디죠?

→ Où _____ les toilettes, s'il vous plaît ?

3. 여기에서 멀어요?

→ C'est loin _____ ?

4. 계속 곧바로 가시면 됩니다.

→ Il faut continuer _____ _____.

2. 그림을 보고 알맞은 것을 찾아 쓰세요.

| 〈보기〉 | dans | à côté de | derrière | sous | sur |

1. _____ 2. _____ 3. _____ 4. _____ 5. _____

3. 프랑스어로 작문해 보세요.

1. 자고 싶어요.

→ _____

2. 짭짤한 게 당겨요.

→ _____

3. 고양이가 장롱 옆이 있어요.

→ _____

4. 오른쪽에서 첫 번째 길입니다.

→ _____

프랑스의 '길'은 모두 같은 길이 아니다?

프랑스 거리의 표지판을 보면 거리 이름 앞에 rue 휴, avenue 아브뉴, boulevard 불르바흐 등이 쓰여 있는 것을 볼 수 있습니다. 이를 통해 길의 특징을 구분할 수 있으며, 거리 이름이 표시된 표지판은 주로 건물에 붙어 있거나 기둥에 달려 있습니다.

RUE

먼저 도시에서 가장 흔하게 볼 수 있는 길은 rue, 즉 '가로(街路)'입니다. 이 길을 중심으로 양옆에 집들이 들어서 있으며, 거리의 너비가 비교적 좁은 것이 특징입니다. 파리에서 가장 긴 rue는 6구에서 15구까지 이어지는 'rue de Vaugirard 휴 드 보지하흐'로, 무려 4.3km가량 이어집니다.

AVENUE

avenue는 '큰 가로'로 rue보다 넓고 가로수가 있는 것이 특징이지만 가로수가 없는 경우도 있습니다. 특정 목적지까지 이르는 길로, 어휘 자체가 'arriver 아히베 (도착하다)' 동사의 옛말인 avenir 아브니흐에서 비롯됐습니다. 파리에서 가장 유명한 avenue는 'avenue des Champs-Élysées 아브뉴 데 샹젤리제'입니다. 콩코드 광장에서 개선문이 있는 샤를 드골 광장까지 이어지며, 프랑스 사람들이 '세계에서 가장 아름다운 거리 la plus belle avenue du monde'라고 부를 만큼 자부심이 있지요.

BOULEVARD

boulevard는 도시의 넓은 길, 즉 '대로'를 가리킵니다. avenue보다 넓지만 avenue와 마찬가지로 가로수가 심어져 있으며, 최소한 4차선 도로를 두고 있어 한눈에 봐도 폭이 넓은 길입니다. 오늘날 파리 서쪽(3, 4, 9, 10구와 11구)에 'les Grands Boulevards 레 그형 불르바흐'라고 불리는 boulevard는 성벽이 있던 자리에 생긴 도로로, 지금도 이곳을 넘으면 거리 이름 앞에 '도시 밖'이란 뜻의 faubourg 포부흐가 붙습니다. 예를 들어 'rue du Temple 휴 뒤 떵쁠르'가 boulevard를 넘어가면 'Faubourg-du-Temple 포부흐-뒤-떵쁠르'가 됩니다.

C'est un cadeau pour toi.
너를 위한 선물이야.

학습 목표

17과에서는 사람이나 사물의 모습을 묘사할 때
사용하는 기초적인 표현들을 익힐 수 있습니다.
'~이 있다'는 뜻의 'il y a'와 색 형용사에 대해
공부해 봅시다.

— Dialogue   **17-1. 너를 위한 선물이야.**
           17-2. 그는 갈색 머리야.
— Grammaire   **1. il y a** ~이 있다
           2. 색 형용사
— Expressions 외모

C'est un cadeau pour toi.

민수네 집에 도착한 친구들. 피에르도 늦지 않게 도착했다.
정성스레 고른 집들이 선물을 민수에게 전한다.

Pierre
삐에흐

Tiens, ¹c'est un cadeau pour toi.
띠앙, 쎄 땅 까도 뿌흐 똬.

Minsoo
민수

Oh, merci !
오, 메흐씨!

²Je peux l'ouvrir maintenant ?
쥬 쁘 루브히흐 망뜨넝?

Pierre

Oui, bien sûr.
위, 비앙 쓔흐.

포장을 뜯고,

Minsoo

Des bougeoirs !
데 부좌흐!

Ils sont très ³beaux, merci !
일 쏭 트해 보, 메흐씨!

Pierre

⁴Il y a deux bougeoirs.
일 리 야 드 부좌흐.

⁵Un doré et un argenté.
앙 도헤 에 앙 나흐정떼.

유익한 정보 En savoir plus

프랑스에서 이웃집에 처음 방문할 때 무엇을 선물하나요?

프랑스 사람들은 집들이를 중요시합니다. 일반적으로 이사를 자주 하지 않기 때문이기도
한데요, 초대받은 사람도 특별하고 의미 있는 선물로 축하해 주고 싶어 합니다.
우리나라에서는 처음 찾아가는 집에 화장지 같은 생필품을 선물하는 것이 무난하지만
프랑스에서의 집들이 선물은 인테리어 소품 혹은 예쁜 화분 등 작은 정성을 보일 수
있는 물건을 선물하는 것이 보편적입니다.

- □ cadeau n.m. 선물
- □ peux v. 하다
  (pouvoir 동사, 1인칭 단수)
- □ ouvrir v. 열다 (동사원형)
- □ maintenant ad. 지금
- □ bougeoir n.m. 캔들 홀더(휴대용 촛대)
- □ beau a. 멋진, 아름다운
- □ doré a. 금색의
- □ argenté a. 은색의

너를 위한 선물이야.

피에르	자, 너를 위한 선물이야.
민수	와, 고마워! 지금 열어 봐도 돼?
피에르	응, 그럼.
민수	캔들 홀더! 아주 멋지다, 고마워!
피에르	캔들 홀더가 두 개 있어. 하나는 금색 그리고 하나는 은색.

1 C'est pour toi.

직역하면 '너를 위한 선물이야.'입니다. 한국에서는 '네 선물이야'라는 것이 자연스럽지만, 프랑스에서는 'C'est un cadeau pour toi.'라고 합니다. 간단히 'C'est pour toi.'라고도 합니다.

2 Je peux l'ouvrir maintenant ?

프랑스에서는 선물을 받은 데 대한 예의의 표현으로 'Je peux l'ouvrir maintenant ?'이라고 묻고, 바로 열어 보는 것이 일반적입니다.

3 beaux

beau는 '멋진', '잘생긴', '아름다운'이란 뜻의 형용사입니다. 멋진 남자를 표현할 때도 쓰지만 아름다운 풍경을 묘사하거나 남성형 사물이 '멋스럽다'는 의미로 사용되기도 합니다.

여성 또는 여성형 사물이라면 belle가 되지요. 여기서는 남성 복수인 bougeoirs을 가리키기 때문에 beau에 x가 붙은 복수형 beaux로 씁니다.

4 il y a

'il y a'는 '～이 있다'라는 뜻의 표현입니다. [il y a + 관사 + 명사] 구조로 쓰입니다.

5 doré & argenté

doré(금색의)와 argenté(은색의)는 꾸며 주는 명사의 성에 따라 변합니다.
- Une clé **dorée** 금색 열쇠
- Des assiettes **argentées** 은색 접시들

Il a les cheveux bruns.

어느덧 로라도 민수의 진솔하고 엉뚱한 매력에 점점 빠져들었다. 열심히 프랑스어 공부하는 모습도 사랑스럽다. 친구들이 남자 친구에 대해서 물으면 민수가 떠오른다.

Julie 줄리	Ton petit copain, [1]il est comment physiquement ? 똥 쁘띠 꼬빵, 일 레 꺼멍 피지끄멍?
Laura 로하	Il a les [2]cheveux bruns et les yeux noirs. 일 라 레 슈브 브항 엘 레 지요 놔흐.
Julie	Il est grand ? 일 레 그헝?
Laura	Oui, il [3]mesure 1 m 80. 위, 일 므쥬흐 앙 메트흐 꺄트방.
Julie	Quel est son défaut ? 껠 레 쏭 데포?
Laura	Il est boudeur. 일 레 부뎌흐.

유익한 정보 En savoir plus

프랑스에서 외모를 묘사할 때

다양한 인종이 살아가는 프랑스에서는 누군가의 외모를 이야기할 때 주로 머리 색과 눈의 색을 언급합니다. 한국에서는 잘 쓰지 않지만 프랑스에서는 흔한 표현입니다.

• Il est blond aux yeux bleus. 그는 금발에 파란 눈이야.
• Il est roux aux yeux noisette. 그는 적갈색 머리에 담갈색 눈을 가졌어.
• Elle est brune aux yeux marron. 그녀는 갈색 머리에 밤색 눈을 가졌어.
* noisette와 marron은 성, 수에 상관없이 불변입니다.

단어 Vocabulaire

- petit copain n.m. 남자 친구
- physiquement a. 신체적으로, 외관상으로
- brun a. 갈색의
- yeux n.m.pl. 눈
- * oeil n.m. 눈 (단수)
- noir a. 검은
- grand a. 큰
- mesure v. 재다, 키가 ~이다
  (mesurer 동사, 3인칭 단수)
- défaut n.m. 단점
- * qualité n.f. 장점
- boudeur n.m. 잘 삐지는 사람
  a. 잘 토라지는

해설 Traduction

그는 갈색 머리야.

줄리   네 남자 친구, 어떻게 생겼어?

로라   그는 갈색 머리이고 검은 눈을 가졌어.

줄리   키는 커?

로라   응, 180이야.

줄리   그의 단점은 뭐야?

로라   잘 삐져.

해설 Explications

1 Il est comment physiquement ?

'Il est comment physiquement ?'을 직역하면 '그는 신체적으로(외모가) 어때?'입니다. 성격이 궁금해서 '그는 어때?'라고 묻고 싶으면 부사 physiquement (외관상으로)을 빼고, 'Il est comment ?'이라고 하면 됩니다.

2 색 형용사

보통 형용사들과 달리 색을 나타내는 형용사는 명사 뒤에 위치합니다.

3 mesure

키를 나타낼 때는 '측정하다', '재다'라는 뜻의 mesurer 동사를 씁니다. 대부분 센티미터 단위로 키를 나타내는 한국과 달리 프랑스에서는 미터와 센티미터 단위를 함께 씁니다.
키가 170㎝라면 '1미터 70센티미터'라고 말하지요. 하지만 회화에서는 대부분 센티미터 단위를 생략합니다.

- Je mesure 1 m 70.
  내 키는 170이다.
- Tu mesures plus d'1 m 70.
  너는 170이 넘는다.

Unité 1. **il y a** ~이 있다

'il y a'는 '~이 있다'는 뜻으로, 사람이나 사물이 존재함을 나타냅니다.
묘사할 때 자주 사용하는 표현이지요.

- **Il y a** des enfants. 아이들이 있다.
- **Il y a** un chat. 고양이가 있다.
- **Il y a** une pomme. 사과가 있다.

'il y a'는 불변의 표현이므로 뒤에 복수명사가 와도 변하지 않습니다.

- Il y a une pomme. 사과(한 개)가 있습니다.
- Il y a des pommes. 사과(여러 개)가 있습니다.

'il y a'는 다음과 같이 문장으로 만들어집니다.

① [**il y a** + 명사]

- Il y a des fleurs. 꽃들이 있다.

② [**il y a** + 지시대명사]

- Il y a celui-ci. 이것이 있다.

③ [**il y a** + 부정대명사]

- Il y a l'autre. 다른 것도 있다.

④ [**il y a** + 소유대명사]

- Il y a le mien. 내 것이 있다.

⑤ [**il y a** + à + 동사원형]

- Il y a à manger. 먹을 것이 있다.

Attention ! **il y a** vs **c'est**

'il y a'는 제시어 'c'est'와 비슷하지만, 그 뜻은 약간의 차이가 있습니다.
다음 문장들을 비교해 보세요.

* **Il y a** un chat. 고양이가 있습니다.
≠ **C'est** un chat. 고양이입니다.

* **Il y a** une pomme. 사과가 있습니다.
≠ **C'est** une pomme. 사과입니다.

* **Il y a** des enfants. 아이들이 있습니다.
≠ **Ce sont** des enfants. 아이들입니다.

Unité 2. 색 형용사

- couleur de l'arc en ciel 무지개 색

  - **rouge** 빨강

  - **orange** 주황

  - **jaune** 노랑

  - **vert** 초록

  - **bleu** 파랑

  - **indigo** 남색

  - **violet** 보라

① 색상을 나타내는 형용사는 꾸며 주는 명사에 따라 변합니다.

- Il a les <u>yeux</u> **bleus**. 그의 눈은 파란색이다.

  * bleu가 꾸며 주는 yeux(눈)가 남성 명사 복수이기 때문에 bleus를 씁니다.

- Elle a les <u>cheveux</u> **noirs**. 그녀의 머리는 검은색이다.

  * noir가 꾸며 주는 cheveux(머리카락)가 남성 명사 복수이기 때문에 noirs를 씁니다.

- La <u>robe</u> est **bleue**. 그 원피스는 파란색이다.

  * bleu가 꾸며 주는 robe(원피스)가 여성 명사 단수이기 때문에 bleue를 씁니다.

② 예외로 불변할 때

a. 명사에서 유래한 경우

- Il y a des sacs **marron**. 밤색 가방들이 있다.

  * marron(밤색의)은 marron(n.m. (먹는) 밤)에서 유래

- Elle a les yeux **noisette**. 그녀는 담갈색의 눈을 가졌다.

  * noisette(담갈색의)는 noisette(n.f. 헤이즐넛)에서 유래

- J'ai acheté des chaussures **orange**.
  나는 오렌지색의 신발을 샀다.

  * orange(오렌지색의)는 orange(n.f. 오렌지)에서 유래

이외에 자주 쓰이는 명사형 형용사는 다음과 같습니다.

- cerise 버찌색의, crème 크림색의, abricot 살구색의,
  kaki 카키색의, olive 올리브색의, 황록색의

b. 두 개의 형용사가 동반하여 하나의 색을 나타낼 때는 두 형용사 모두 불변

(두 번째 형용사는 색이 아니라 명도(진하거나 밝음)를 나타내기도 합니다.)

- une chemise **verte** 초록색 와이셔츠

→ une chemise **vert** <u>clair</u> 연한 초록색 와이셔츠

- une jupe **bleue** 파란색 치마

→ une jupe **bleu** <u>foncé</u> 짙은 파란색 치마

Plus ! **금속 색**

① or n.m. 금 → doré 금색의

- médaille d'or 금메달

≠ médaille dorée 금색 메달

≠ médaille en or 금으로 만든 메달

② argent n.m. 은 → argenté 은색의

- médaille d'argent 은메달

≠ médaille argentée 은색 메달

≠ médaille en argent 은으로 만든 메달

③ cuivre n.m. 구리, 동 → cuivré 구리빛의, 적동색의

- médaille de bronze 동메달

≠ médaille cuivrée 구리빛 메달

≠ médaille en bronze 동으로 만든 메달

외모

1. 외모

grand(e) a. 큰

petit(e) a. 작은

maigre a. 마른

mince a. 날씬한

rond(e) a. 통통한

gros(se) a. 뚱뚱한

[1]beau (bel) / belle a. 아름다운, 잘생긴

joli(e) a. 예쁜

mignon(ne) a. 귀여운

moche a. 못생긴

2. 머리 색과 모양

[2-1]brun(e) a. 갈색의

[2-2]blond(e) a. 금발의

[2-3]châtain(e) a. 밤색의

[2-4]roux / rousse a. 적갈색의

cheveux noirs 검은색의 머리

cheveux gris 회색의 머리

cheveux blancs 백발

cheveux bouclés 곱슬머리

cheveux ondulés 구불거리는 머리

cheveux raides 생머리

cheveux courts 짧은 머리

cheveux longs 긴 머리

1 모음이나 무음 h로 시작하는 남성 명사 앞에서는 bel로 씁니다.
un bel arbre 멋진 나무
un bel homme 멋진 남자

2 갈색, 금발, 밤색, 적갈색 머리는 눈으로 보기에 비슷해도 이와 같이 다른 단어로 표현됩니다. 특히 누군가를 묘사할 때 머리 색은 가장 흔히 언급되는 부분으로 다양한 표현을 사용합니다.

정답 p.287

1. 빈칸을 알맞게 채워 보세요.

1. 너를 위한 선물이야.

→ C'est un cadeau _____ toi.

2. 지금 열어 봐도 돼?

→ Je peux le(l') _____ maintenant ?

3. 그는 키가 180이야.

→ Il _____ 1 m 80.

4. 그의 단점은 뭐야?

→ Quel est son _____ ?

2. 무지개 색을 써 보세요.

■ 빨 – rouge

1. ■ 주 – _____

2. ■ 노 – _____

■ 초 – vert

3. ■ 파 – _____

4. ■ 남 – _____

■ 보 – violet

3. 프랑스어로 작문해 보세요.

1. 그녀의 머리는 검은색이다.

→ _____

2. 그는 금발에 파란 눈이다.

→ _____

3. 나는 오렌지색의 신발을 샀다.

→ _____

4. 그 원피스는 파란색이다.

→ _____

프랑스 커플들은 서로를 어떻게 부를까?

세계 여느 나라 커플과 마찬가지로 프랑스 커플들도 서로를 부르는 특별한 호칭이 있습니다. 로맨스의 나라로 불리는 프랑스답게 다양하고 사랑스러운 애칭들이 많은데요. 애칭을 통해 상대방에 대한 애정을 적극적으로 보여 줄 수 있고, 그(또는 그녀)가 확실히 '내 짝'임을 표현할 수 있어서 중요하게 생각합니다. 애칭을 쓰는 이유 중에는 전에 사귀었던 남자 친구 또는 여자 친구의 이름과 헷갈리지 않기 위함이라는 (믿거나 말거나) 웃지 못할 이유도 있다고 하네요.

가장 흔히 쓰이는 애칭 중에는 역시 '자기'라는 뜻의 'mon chéri(남)/ma chérie(여)'가 있습니다. 그다음으로는 'mon amour(내 사랑)', 'mon cœur(나의 심장)', 'bébé(애기야)', 'ma puce(나의 벼룩)', doudou(남), loulou(여)가 있는데요, bébé, ma puce, loulou는 주로 남자가 여자에게 쓰며, bébé는 젊은 커플들 사이에 흔히 하는 애칭입니다.

이 밖에도 귀여운 동물 이름을 활용한 애칭들도 많이 사용되고 있는데요, 'mon chaton(나의 새끼 고양이)', 'mon lapin(나의 토끼)', 'mon poussin(나의 병아리)', 'ma biche(나의 암사슴)' 등이 있습니다. 하지만 우리나라에서 흔히 사용하는 '우리 강아지'라는 애칭은 프랑스에서는 연인 사이에 절대 쓰지 않으니 주의하시기 바랍니다.

이렇게 성인들 사이에서 귀엽고, 앙증맞은 애칭들이 자연스럽게 사용되는 것은 대부분 아기 때부터 부모에게서 이런 애칭을 들었기 때문입니다. 위에 언급된 애칭들은 커플 사이뿐만 아니라 자녀를 대상으로도 흔히 쓰는데, 자신의 아이를 부를 때 'mon chéri /ma chérie(내 새끼)'라는 사랑스러운 애칭을 씁니다. 이와 함께 아이에게 'mon chou (나의 양배추)'라고도 많이 쓰는데, 의미보다 귀여운 발음 때문에 사용한다고 합니다.

J'ai mal à la gorge.
목이 아파요.

학습 목표

18과에서는 몸의 아픈 곳을 설명하는 표현과
병원에서 쓸 수 있는 표현들을 익힐 수 있습니다.
'아프다'라는 뜻의 'avoir mal'과 수동태,
그리고 두 가지 동작이 동시에 이루어질 때 사용하는
제롱디프(gérondif)에 대해 공부해 봅시다.

J'ai mal à la gorge.

민수는 프랑스에서 처음 친구들을 초대하는 집들이를 성공적으로 치렀지만, 집들이가 끝나자 긴장이 풀려서인지 피곤이 몰려오고 목이 아프다. 민수는 가까운 약국을 찾았다.

Minsoo
민수
[1]J'ai mal à la gorge.
재 말 알 라 거흐즈.

pharmacien
파흐마씨앙
Vous toussez ?
부 뚜쎄?

Minsoo
Oui, c'est une [2]toux sèche.
위, 쎄 뜐 뚜 쌔슈.

pharmacien
Alors, je vais vous donner des [3]pastilles pour
알러흐, 쥬 배 부 돈네 데 빠스띠유 뿌흐 라 거흐쥬.
la gorge.

Minsoo
Je peux aussi avoir des médicaments ?
쥬 쁘 오씨 아봐흐 데 메디까멍?

pharmacien
Désolé, les médicaments
데졸레, 레 메디까멍 쏭 프헤쓰크히 빠흐 르 메드쌍.
[4]sont prescrits par le médecin.

유익한 정보 En savoir plus

자주 쓰는 진료실 표현

• Êtes-vous sous traitement ? 약을 복용하고 계세요?
- Je suis sous traitement. 약을 복용하고 있습니다.

• Êtes-vous allergique à un médicament ?
  특정 약에 알레르기 반응을 일으키십니까?
- Je suis allergique à ce médicament. 이 약에 알르레기가 있어요.

• Êtes-vous enceinte ? 임신 중이세요? - Je suis enceinte. 임신했어요.

- ai mal v. 아프다
  (avoir mal 동사, 1인칭 단수)
- gorge n.f. 목
- toussez v. 기침을 하다
  (tousser 동사, 2인칭 복수)
- toux n.f. 기침
- sèche a. 마른
- donner v. 주다 (동사원형)
- pastille (contre le mal de gorge)
  n.f. 목 사탕
- médicament n.m. 약
- sont prescrits v. 처방받다
  (prescrire 동사, 수동태, 3인칭 복수)
- pharmacien n.m. 약사(남자)
- * pharmacienne n.f. 약사(여자)

목이 아파요.

민수   목이 아파요.

약사   기침하시나요?

민수   네, 마른기침이에요.

약사   그럼, 목 사탕을 드릴게요.

민수   약도 받을 수 있을까요?

약사   죄송해요, 약은 의사에게
        처방받습니다.

1 j'ai mal

'j'ai mal'은 '나는 아파요'라는 뜻입니다.
mal은 부사로 쓰면 '나쁘게', 명사일 때는
'악', '죄악'이란 뜻입니다. avoir 동사와
쓰일 때는 '아픔'을 의미합니다.
'신체 부위가 아프다'라고 할 때는
[avoir mal + à + 신체 부위]로 씁니다.

- **J'ai mal à** la jambe.
  나는 다리가 아파요.
- **J'ai mal aux** yeux. (aux = à + les)
  나는 (양쪽) 눈이 아파요.
- **J'ai mal au** ventre. (au = à + le)
  나는 배가 아파요.

2 toux sèche

'toux sèche'는 '마른기침'이고,
'가래가 낀 기침'은 'toux grasse'입니다.

3 pastille

pastille는 목감기에 먹는 동그랗게
생긴 사탕으로, 처방전 없이도 약국에서
살 수 있는 목 통증 완화제입니다.

4 sont prescrits

여기에서 'sont prescrits'는
prescrire(처방하다) 동사를 수동태로
바꾸어 'être prescrit(처방받다)'로 쓴
것입니다. 이 문장의 사물 주어
'les médicaments'은 스스로 어떤
행동을 취하는 것이 아니라, 외부에
의해 특정 행위를 당하는 것이기
때문에 수동태로 씁니다.

Je me suis foulé la cheville.

민수는 이번에는 계단에서 넘어졌다. 로라와 만나기로 한 약속을 취소하고 싶진 않아
다리를 절며 약속 장소에 나갔다. 로라는 민수를 보고 무슨 일인지 묻는다.

Minsoo
민수
Je me suis foulé la cheville.
쥬 므 쒸 풀레 라 슈비이으.

Laura
로하
[1]Comment c'est arrivé ?
꺼멍 쎄 따히베?

Minsoo
Je suis tombé [2]en descendant les escaliers.
쥬 쒸 똥베 엉 데썽덩 레 제쓰깔리에.

[3]J'ai raté la dernière marche.
줴 하떼 라 데흐니애흐 마흐슈.

Laura
Oui, c'est enflé.
위. 쎄 떵플레.

Tu es tombé quand ?
뜌 에 똥베 껑?

Minsoo
C'est arrivé [4]hier soir.
쎄 따히베 이에흐 쏴흐.

Laura
Allons chez le médecin.
알롱 쉐 르 메드쌍.

유익한 정보 En savoir plus

프랑스의 병원은 돈 없어도 갈 수 있다!

프랑스의 종합병원 응급실은 진료비가 후불입니다. 신분증(여행객은 여권)만 확인되면
누구나 진료를 받은 후 돈을 내지 않고 나갑니다. 가입된 보험으로 처리된 진료비
청구서는 한 달 후쯤 주소지로 도착합니다. 만약 프랑스 여행 중 진료받을 일이
생기면 가까운 약국에서 주변 종합병원을 알아보는 것이 좋습니다. 개인병원은 사전
예약이 필요하므로 바로 진료받을 수 있는 종합병원의 응급실을 찾아가는 게 낫지요.
그리고 프랑스 구급대 전화번호는 15번임을 기억해 두세요.

- me suis foulé v. 삐다
  (se fouler 동사, 복합과거, 1인칭 단수)
- cheville n.f. 발목
- suis tombé v. 넘어지다
  (tomber 동사, 복합과거, 1인칭 단수)
- en descendant 내려가면서
  (descendre 동사, 제롱디프)
- escalier n.m. 계단
- ai raté v. 놓치다
  (rater 동사, 복합과거, 1인칭 단수)
- dernière a. 마지막
- marche n.f. 걸음
- est enflé v. 붓다
  (enfler 동사, 복합과거, 3인칭 단수)

발목을 삐었어.

민수 발목을 삐었어.

로라 어떻게 된 일이야?

민수 계단을 내려가면서 넘어졌어.
      마지막 계단을 헛디뎠거든.

로라 응, 부었네.
      언제 넘어졌어?

민수 어제 저녁에 일어난 일이야.

로라 병원에 가자.

1 Comment c'est arrivé ?

'Comment c'est arrivé ?'를 직역하면 '어떻게 일어난 일이죠?'라는 뜻입니다. 지난 일에 대한 질문이기 때문에 복합과거형으로 쓰였습니다. arriver 동사는 흔히 '도착하다'라는 뜻으로 쓰지만 '(일이) 발생하다', '일어나다'라는 뜻도 있습니다.

2 제롱디프(gérondif)

'en descendant'과 같이 [en + 현재분사형 동사]로 쓰는 것을 제롱디프(gérondif)라고 하며, 동시성을 표현합니다. 계단을 내려가는 것과 넘어진 것이 동시에 일어났음을 나타냅니다.

3 j'ai raté la dernière marche

'j'ai raté la dernière marche'를 직역하면 '마지막 걸음을 놓쳤다'라는 뜻입니다. 즉 내려가면서 마지막 한 걸음을 놓쳐 헛디뎠다라는 뜻이 됩니다.

4 hier soir

'hier soir'는 '어제 저녁'이라는 뜻으로, 이처럼 시간을 나타낼 때는 [부사 + 명사] 순서로 씁니다.
- aujourd'hui matin 오늘 아침
- demain après-midi 내일 오후

Unité 1. **avoir mal** 아프다

'avoir mal'은 직역하면 '아픔이 있다', 즉 '아프다'는 뜻입니다. 구체적인 특정 신체 부위가 아프다고 할 때는 [avoir 동사 + mal + à + 정관사 + 신체 부위]로 표현합니다.

① [**avoir mal + à la + 신체 부위** (여성 명사)]

- **J'ai mal** <u>à la</u> main. 손이 아파요.

② [**avoir mal + au + 신체 부위** (남성 명사)]

- **J'ai mal** <u>au</u> genou. 무릎이 아파요.
- **J'ai mal** <u>au</u> bras. (한쪽) 팔이 아파요. * 팔은 한 팔, 양팔 모두 bras를 씁니다.

③ [**avoir mal + aux + 신체 부위** (복수형)]

- **J'ai mal** <u>aux</u> bras. 양팔이 아파요.

à la + 여성형 명사	**au** + 남성형 명사
J'ai mal **à la tête**. 머리가 아파요.	J'ai mal **au bras**. 팔이 아파요.
J'ai mal **à la cheville**. 발목이 아파요.	J'ai mal **au poignet**. 손목이 아파요.
J'ai mal **à la jambe**. 다리가 아파요.	J'ai mal **au pied**. 발이 아파요.
J'ai mal **à la poitrine**. 가슴이 아파요.	J'ai mal **au doigt**. 손가락이 아파요.

Attention ! **à l'**

au 또는 'à la'는 모음으로 시작하는 명사 앞에서 'à l''로 씁니다.

- J'ai mal **à l'**<u>œil</u>. (한쪽) 눈이 아파요.
- J'ai mal **à l'**<u>orteil</u>. 발가락이 아파요.
- J'ai mal **à l'**<u>index</u>. 검지 손가락이 아파요.

Plus ! **유감을 나타낼 때**

- Ça me fait mal au cœur. 가슴이 아파요.

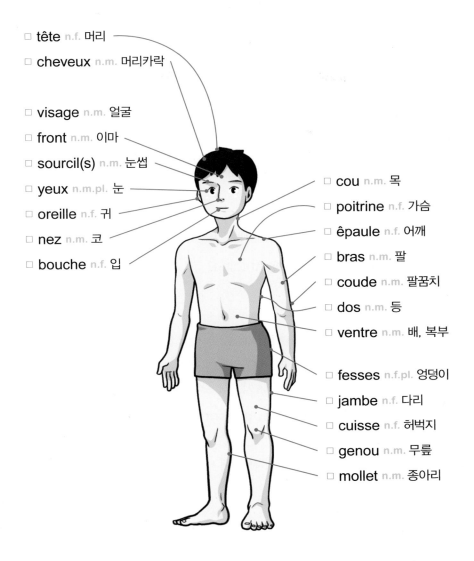

- □ tête n.f. 머리
- □ cheveux n.m. 머리카락

- □ visage n.m. 얼굴
- □ front n.m. 이마
- □ sourcil(s) n.m. 눈썹
- □ yeux n.m.pl. 눈
- □ oreille n.f. 귀
- □ nez n.m. 코
- □ bouche n.f. 입

- □ cou n.m. 목
- □ poitrine n.f. 가슴
- □ êpaule n.f. 어깨
- □ bras n.m. 팔
- □ coude n.m. 팔꿈치
- □ dos n.m. 등
- □ ventre n.m. 배, 복부

- □ fesses n.f.pl. 엉덩이
- □ jambe n.f. 다리
- □ cuisse n.f. 허벅지
- □ genou n.m. 무릎
- □ mollet n.m. 종아리

- □ main n.f. 손
- □ doigt n.m. 손가락
- □ ongle n.m. 손톱; 발톱
- □ poignet n.m. 손목

- □ pied n.m. 발
- □ orteil n.m. 발가락
- □ cheville n.f. 발목

Unité 2. 수동태

수동태는 주어가 스스로 어떤 행위를 취하는 것(능동)이 아니라 외부에 의해 그 행위를 겪는 것(수동)을 나타냅니다. 그렇기 때문에 주로 사물이 주어가 됩니다.

- Le monsieur gare la voiture. 아저씨가 차를 주차한다. (능동)
- La voiture est garé par le monsieur. 차가 아저씨에 의해 주차된다. (수동)

수동태 문장의 특징들을 살펴봅시다.

① [être 동사 + 과거분사] (이때 과거분사는 주어에 따라 변함)

- Lucie **est invitée** par Antoine.
  뤼시는 앙투안에게 초대받았다.

  * 주어가 여자이기 때문에 과거분사 끝에 e가 붙습니다.

- Ces chansons **sont chantées** par les enfants.
  이 노래들은 아이들에 의해 불렸다.

  * 주어가 여성 복수이므로 과거분사 끝에 es가 붙습니다.

- Les médicaments **sont prescrits** par le médecin.
  약은 의사로부터 처방되었다.

  * 주어가 남성 복수이므로 과거분사 끝에 s가 붙습니다.

② par ~에 의하여 : 동작주 보어
(동작주 보어는 동사가 가리키는 '동작'을 꾸며 주는 역할로, 실제 행위의 주체를 가리킴)

- La souris est mangée **par** le chat. 쥐는 고양이에게 먹힌다.

  * 실제 '먹는' 동작을 하는 것은 고양이

③ 수동태와 능동태는 같은 상황을 각각 다른 시점에서 봅니다.

- **Le chat** mange la souris. 고양이는 쥐를 먹는다. (능동)

  * 주목하는 것은 문장 서두에 있는 고양이

- **La souris** est mangée par le chat. 쥐는 고양이에게 먹힌다. (수동)

  * 주목하는 것은 쥐. 수동태로 써서 의도적으로 주어 자리에 위치

  두 문장이 말하는 내용은 같습니다. 그러나 주어 자리에 무엇이 오느냐에 따라
  주목하는 부분이 다릅니다. 문맥상 먹는 고양이보다 잡아 먹히는 쥐에 초점을 맞추려면,
  쥐를 주어 자리에 위치해 수동태 문장으로 바꾸면 됩니다. 즉 수동태는 능동태와 달리
  주어의 행위보다 행위의 결과에 집중시킬 때 씁니다.

Unité 3. 제롱디프(gérondif)

'제롱디프'는 두 가지 동작이 동시에 이루어질 때 사용하며, 대화 속에서 흔히 씁니다. 동사의 현재분사 앞에 전치사 en이 붙으면 '~을 하면서'라는 뜻이 됩니다.

- Je marche **en** téléphon**ant**.
  나는 전화하면서 걷는다.

- J'étudie **en** écout**ant** de la musique.
  나는 음악을 들으면서 공부를 한다.

- Elles mangent **en** discut**ant**.
  그녀들은 대화를 나누면서 먹는다.

Plus ! **동사를 현재분사로 바꾸는 방법**

① nous와 함께 쓰는 동사 어간을 씁니다.

- Nous **march**ons. 우리는 걷는다.
- Nous **part**ons. 우리는 간다.
- Nous **finiss**ons. 우리는 끝낸다.

② 어미 -ons을 -ant으로 바꿉니다.

- marcher v. 걷다
  → march**ant** 걸으면서

- partir v. 출발하다
  → part**ant** 출발하면서

- finir v. 끝내다
  → finiss**ant** 끝내면서

증상

1. 병명과 약

mal n.m. 아픔   maladie n.f. 병

douleur n.f. 고통   blessure n.f. 부상

fracture n.f. 골절   brûlure n.f. 화상

asthme n.m. 천식   fièvre n.f. 열

diarrhé n.f. 설사

allergie n.f. 알레르기   éternuement n.m. 재채기

insomnie n.f. 불면증   diabète n.m. 당뇨병

tension artérielle n.f. 혈압

ordonnance n.f. 처방전

comprimé n.m. 알약   [1]sirop n.m. 물약

médicament contre le rhume /
médicament anti-rhume n.m. 감기약

médicament contre la douleur /
médicament antidouleur n.m. 진통제

médicament contre la fièvre n.m. 해열제

médicament pour la digestion n.m. 소화제

2. 증상 말하기

J'ai un rhume. 감기 걸렸어요.

J'ai le nez qui coule. 콧물이 나요.

J'ai de la fièvre. 열이 나요.

[2]J'ai un mal de ventre. 배가 아파요.

J'ai la diarrhé. 설사를 해요.

J'ai mal aux dents. 이가 아파요.

Je suis diabétique. 저는 당뇨가 있습니다.

[1] '약'이라는 의미 외에, 요리에 사용하는 '시럽'을 뜻하기도 합니다.

[2] 'un mal de ventre'은 '복통'을 뜻합니다. 이 문장은 'J'ai mal au ventre.'로 바꿔 쓸 수 있습니다.

1. 빈칸을 알맞게 채워 보세요.

1. 목이 아파요.

→ J'ai _____ à la gorge.

2. 약은 의사에게 처방받습니다.

→ Les médicaments sont _____ par le médecin.

3. 발목을 삐었어.

→ Je me suis _____ la cheville.

4. 계단을 내려가면서 넘어졌어.

→ Je suis tombé en _____ les escaliers.

2. 다음 문장을 수동태로 바꿔 보세요.

1. Antoine a invité Lucie.

→ Lucie _____

2. Le monsieur gare la voiture.

→ La voiture _____

3. Les enfants chantent ces chansons.

→ _____

3. 다음 문장을 제롱디프를 사용해 바꿔 보세요.

1. Je marche et je téléphone.

→ _____

2. Elles mangent et elles discutent.

→ _____

3. J'étudie et j'écoute de la musique.

→ _____

프랑스 병원의 특징

프랑스에서는 아프면 '병원에 간다'라고
하기보다는 '의사에게 (진료받으러)
간다(je vais chez le médecin)'라고
합니다. 대개 평상시에도 고정된 담당
의사를 통해서 관리받는 셈이죠.
그래서 같은 의사가 20년 넘게
환자들을 대대로 관리해 주는 것을

흔히 볼 수 있습니다. 부모가 되면 자식도 함께 같은 의사에게 관리를 받는 것이지요.
프랑스 진료의 특징은 아픈 곳에 대한 처방만을 해 주는 것이 아니라 시간에 구애받지
않고 가정사부터 식생활, 식습관 등을 상세하게 물어보며 질병의 원인과 또 예방법에
대해 자세히 알려 준다는 점입니다. 그래서 진료 시간이 20분 이상 걸리는 경우도 많기
때문에 한없이 기다릴 수도 있으니, 반드시 예약을 하고 가야 합니다.

진료를 받을 때 만나게 되는 의사는 크게 두 분류로 나뉩니다.

① **일반 의사** médecin généraliste

보통 개인별 담당 의사로서, 거의 모든 증상을 두루 살펴보며 지속적으로 한 개인의
건강을 관리해 줍니다. 프랑스는 학교와 회사에 주치의(개인 담당 의사) 이름을
구체적으로 명시할 만큼 이 제도가 활성화되어 있습니다. 이 주치의가 전문의사의
진료가 필요하다고 판단할 경우 추천해 주지요. 이때 해당 분야 전문가에게 전달해
줄 '소견서'를 써 줍니다. 일반 의사의 진료비는 25~50유로 정도인데, 그 자리에서
총진료비를 지급하고, 이후 사회보장의료보험을 통해 일부를 돌려받게 됩니다.
외국인 학생은 학생사회의료보험을 통해 진료비를 70%까지 돌려받을 수 있습니다.

② **전문 의사** spécialiste

치과의사, 이비인후과 의사, 산부인과 의사 등 특정 분야의 전문가로, 해당 분야와
관련된 환자를 진료합니다. 보통 일반 의사 진료 후 환자 상태에 따라 보다 깊이
있는 진료가 필요하다고 판단하면 전문 의사를 찾아가게 됩니다.

어디서 어떻게 의사를 찾을 수 있을까요?

Doctolib(www.doctolib.fr)은 프랑스 일반 의사 또는 전문 의사와 직접 예약할 수 있는
온라인 예약 사이트입니다. 진료가 필요한 해당 분야와 지역을 입력하면 진료가 가능한
의사의 연락처, 예약 가능한 시간대 그리고 가격을 확인하고 예약할 수 있습니다.

Excusez-moi,
je suis en retard.

죄송합니다, 제가 늦었어요.

학습 목표

19과에서는 상대방에게 용서를 구하거나 미안한 마음을
전할 때 사용하는 표현들을 익힐 수 있습니다.
'자칫 ~할 뻔하다'는 뜻의 faillir 동사, 용서를 구하는 표현,
그리고 소유대명사와 부사에 대해 공부해 봅시다.

— Dialogue   **19-1. 죄송합니다, 제가 늦었어요.**

19-2. 다음부터는 조심하세요.

— Grammaire   **1. faillir + 동사원형 : 자칫 ~할 뻔하다**

2. pardonnez-moi 용서해 주세요

3. 소유대명사

4. 부사

— Expressions   사건과 사고

Excusez-moi, je suis en retard.

민수는 요즘 다시 바빠졌다. 프랑스를 좀더 가까이 경험하고 싶기도 하고 용돈도 벌겸 아르바이트 자리를 찾았다. 마침내 첫 면접이 잡힌 날. 민수는 그만 늦었다.

Minsoo
민수

Excusez-moi, je suis en retard.
엑쓰뀨제-똬, 쥬 쒸 정 흐따흐.

responsable
헤스뽕싸블르

[1]Ce n'est pas grave.
쓰 네 빠 그하브.

Minsoo

Le métro s'est arrêté pendant 10 minutes à cause
르 메트호 쎄 따헤떼 뻥덩 디 미뉴뜨 아 꼬즈 당 프호블램 떼끄니끄.
d'un [2]problème technique.

responsable

[3]Ne vous en faites pas.
느 부 정 패뜨 빠.
Je [4-1]viens [5]aussi [4-2]d'arriver.
쥬 비앙 오씨 다히베.

Minsoo

Ah c'est vrai.
아 쎄 브해.

유익한 정보 En savoir plus

프랑스에서는 늦게 도착하는 것이 예의라고요?

물론 중요한 약속 또는 학교 수업 시간 등에는 조금 일찍 도착하거나 최소한 정시까지 도착하는 것이 당연하지요. 하지만 초대를 받았을 때는 다릅니다. 'le quart d'heure de politesse(15분의 예의)'라고 표현할 만큼 15분에서 최대 30분까지 늦게 도착하는 것이 예의입니다. 이는 초대하는 사람에게 마무리 준비를 할 수 있도록 배려해 주는 시간이라고 합니다.

- suis en retard v. 늦다
  (être 동사, 1인칭 단수)
- grave a. 심각한
- s'est arrêté v. 멈추다
  (s'arrêter 동사, 복합과거, 3인칭 단수)
- pendant préf. ~동안
- cause n.f. 이유, 원인
- * à cause de ~때문에
- problème n.m. 문제
- technique a. 기술적인
- vrai a. 참된, 진실한; 사실의
- responsable n. 담당자

죄송합니다, 제가 늦었어요.

민수   죄송합니다, 제가 늦었어요.

담당자   괜찮습니다.

민수   지하철이 고장 나서 10분 동안 멈춰 있었어요.

담당자   걱정하지 마세요.
저도 방금 도착했어요.

민수   아 정말요.

1 ce n'est pas grave

'ce n'est pas grave'를 직역하면 '이것은 심각한 것이 아니다', 즉 '괜찮다'라는 뜻입니다. 상대방이 미안함을 표할 때 자주 쓰는 표현으로, 외워 두는 것이 좋습니다.

2 problème technique

'problème technique'는 '기술적인 문제'라는 뜻으로 '고장(panne) 나다' 라는 것을 간접적으로 표현한 것입니다. 흔히 지하철 등의 운행이 멈췄을 때 나오는 방송에서 'en raison d'un problème technique(기술적인 문제로 인하여)' 지하철이 멈췄다라고 말합니다.

3 ne vous en faites pas

'ne vous en faites pas'는 'ne vous inquiétez pas (걱정하지 마세요)'의 정중한 표현입니다.

4 viens de

여기에서 'viens de'는 '방금 ~하다'라는 뜻입니다. [venir de + 동사원형]은 근접과거로 조금 전에 일어난 사건이나 행동을 언급할 때 사용합니다.

5 aussi

aussi를 비롯한 부사는 동사 뒤에 위치하여 [venir + 부사 + de] 순서로 쓰입니다.

- Je **viens** juste **d'arriver.**
  나는 금방 도착했다.
- Nous **venons** seulement **d'arriver.**
  우리는 막 도착했다.

Soyez prudent la prochaine fois.

민수는 면접을 무사히 끝내고, 피에르와 약속한 카페에 자리를 잡았다. 하지만 약속 시간이
되어도 피에르는 오지 않고, 도로 저편에 피에르의 차가 멈춰 있는 게 보인다.

Pierre
삐에흐
Non mais [1]ça ne va pas !
농 매 싸 느 바 빠!

homme
옴므
[2]Pardonnez-moi, c'est ma faute.
빠흐돈네-모, 쎄 마 포뜨.

Pierre
Votre voiture est intacte mais [3]la mienne a
보트흐 봐뜌흐 에 땅딱뜨 매 라 미엔느 아 데 제그하띠뉴흐.

des égratignures.

homme
Je suis vraiment désolé.
쥬 쒸 브해멍 데졸레.

Pierre
Vous avez failli créer un grand accident !
부 자베 파이 크헤에 항 그헝 딱시덩!

[4]Soyez prudent la prochaine fois.
쏴예 퓨덩 라 프호셴 퐈.

유익한 정보 En savoir plus

불쾌감 표현하기

• Fais attention un peu ! 조심 좀 해!
• Aïe ! 아야!
• Ça m'énerve ! 짜증 나!
• Oh non ! 아 진짜!
• Merde ! 젠장!

* merde는 본래 짐승의 '똥'을 가리키는 단어입니다. 불쾌한 감정을 표하는 경우 외에도,
무대 위에 올라가기 전 또는 시험 보기 전 행운을 빌 때도 'Merde !'라고 합니다.

단어 Vocabulaire

- pardonnez v. 용서하다
  (pardonner 동사, 2인칭 복수)
- faute n.f. 잘못
- voiture n.f. 자동차
- intacte a. 망가지지 않은
- égratignure n.f. 흠, 할퀸 상처
- failli v. ~할 뻔하다
  (faillir 동사, 과거분사)
- créer v. 만들어내다 (동사원형)
- accident n.m. 사고
- prudent a. 신중한
- prochaine fois 다음번
- monsieur n.m. 남자; ~씨

해석 Traduction

다음부터는 조심하세요.

피에르	아니 제정신입니까!
남자	죄송합니다, 제 잘못입니다.
피에르	당신 차는 멀쩡하지만 내 것은 흠이 났어요.
남자	정말 죄송합니다.
피에르	큰 사고가 날 뻔했잖아요! 다음부터는 조심하세요.

해설 Explications

1 ça ne va pas !

'ça ne va pas'를 직역하면 '안 괜찮아요'입니다. 하지만 상황에 따라 분노의 표현으로 '제정신입니까!'로 이해할 수 있습니다.

2 pardonnez-moi

'pardonnez-moi'는 '용서해 주세요'라는 뜻으로 'excusez-moi (실례합니다)'와 차이가 있습니다. 'pardonnez-moi'는 상대방에게 잘못을 저질렀을 때, 그에 대해 용서받기를 원하는 상황에서 씁니다.

3 la mienne

'la mienne'는 '나의 것'이라는 뜻의 소유대명사입니다. 여기에서 'la mienne'는 앞서 언급한 'votre voiture'에 상응하는 'ma voiture'를 대신합니다. 이렇듯 소유대명사를 사용하면 앞서 언급한 대상을 반복해서 쓰는 것을 피할 수 있습니다.

4 soyez

soyez는 être 동사의 명령법, 2인칭 복수입니다. 상대에게 앞으로 조심해서 운전하라고 충고하는 것이기 때문에 명령법을 썼습니다.

Unité 1. **faillir** + 동사원형 : 자칫 ~할 뻔하다

faillir 동사의 첫번째 의미는 '어기다', '결핍되다'라는 뜻입니다. 하지만 faillir 동사 뒤에 동사원형이 따르면 '자칫 ~할 뻔하다'라는 뜻이 됩니다. 이런 경우에는 항상 복합과거로 써야 합니다. 이는 과거의 있을 뻔했던 사건에 대해 언급하는 것이기 때문입니다.

faillir + 동사원형	
J'ai **failli** pleurer. 나 울 뻔했다.	Nous **avons failli** râter le bus. 우리들은 버스를 놓칠 뻔했다.
Tu **as failli** tomber. 너 넘어질 뻔했다.	Vous **avez failli** être en retard. 당신(들)은 늦을 뻔했다.
Il/ Elle/ On **a failli** glisser. 그/ 그녀/ 우리는 미끄러질 뻔했다.	Ils/ Elles **ont failli** se perdre. 그들/ 그녀들은 길을 잃을 뻔했다.

Unité 2. **pardonnez-moi** 용서해 주세요

'pardonnez-moi(저를 용서해 주세요)'라는 표현은 자신이 저지른 잘못에 대해
상대방에게 용서를 구할 때 쓰는 표현입니다. 여기에서 쓴 pardonner 동사는
'용서하다'라는 뜻으로, 'pardonnez-moi'와 같이 명령법으로 쓰면 정중히
사과하는 표현이 됩니다.

그 밖에도 사과할 때 쓰는 다양한 표현들이 있습니다.

- **Je suis confus(e).** 송구스럽습니다.
- **Je suis désolé(e).** 죄송합니다.
- **Je vous prie de m'excuser.**
  부디 저를 용서해 주시기 바랍니다. (가장 간곡한 표현)
- **Je suis navré(e).**
  참으로 미안합니다. (거절할 수밖에 없는 상황일 때의 슬픔과 미안함 표현)

반대로 상대방을 용서할 때 쓰는 표현입니다.

- **Je te pardonne.** 나는 너를 용서해. (용서할게.)
- **Je vous pardonne.** 저는 당신을 용서합니다. (용서해 드릴게요.)

Unité 3. 소유대명사

소유대명사는 같은 명사를 반복해서 말하는 것을 피하기 위해 소유형용사가 꾸며 주는 명사를 대신하는 역할을 합니다. 소유대명사는 앞에 정관사가 붙으며, 대신하는 명사의 성과 수에 따라 변합니다.

관계	소유대명사의 형태			
	남성형	여성형	남성형	여성형
	단수		복수	
나의 것	le mien	la mienne	les miens	les miennes
너의 것	le tien	la tienne	les tiens	les tiennes
그의/ 그녀의 것	le sien	la sienne	les siens	les siennes
우리의 것	le nôtre	la nôtre	les nôtres	les nôtres
당신(들)의/ 너희(들)의 것	le vôtre	la vôtre	les vôtres	les vôtres
그들의/ 그녀들의 것	le leur	la leur	les leurs	les leurs

- C'est ma voiture. **La tienne** est là-bas.
  이건 내 자동차야. 너의 것은 저기에 있어.
  * la tienne는 ta voiture(여성 단수)를 대신합니다.

- C'est mon vélo. **Le tien** est là-bas.
  이건 내 자전거야. 너의 것은 저기에 있어.
  * le tien은 ton vélo(남성 단수)를 대신합니다.

- C'est notre maison. **La vôtre** est là-bas.
  이건 우리 집이에요. 당신의 집은 저기에 있어요.
  * la vôtre은 votre maison(여성 단수)을 대신합니다.

- Ce sont nos chaussures. **Les vôtres** sont là-bas.
  이건 우리 신발이에요. 당신 신발은 저기에 있어요.
  * les vôtres는 vos chaussures(여성 복수)를 대신합니다.

소유형용사 vs 소유대명사

철자법을 주의하세요! 악센트 표시 없는 notre, votre, nos, vos는 소유형용사이며,
le (la) nôtre, le (la) vôtre처럼 o 위에 곡절 부호(accent circonflexe)가 있으면
소유대명사입니다.

- C'est **votre** voiture ? 당신의 자동차입니까?
- Oui, c'est la **nôtre**. La **vôtre** est là-bas.
  네, 우리 것이에요. 당신 것은 저기 있네요.

Unité 4. 부사

부사는 단어 또는 문장을 꾸며 줍니다.

- Elle <u>mange</u> **beaucoup**. 그녀는 많이 먹는다.
- Nous <u>partons en voyage</u> **bientôt**. 우리는 곧 여행을 떠난다.

① 단순시제일 때 : [**주어 + 동사 + 부사**] (동사 뒤에 위치)

- Il <u>dort</u> **bien**. 그는 잘 잔다.
- Sophie <u>conduit</u> **lentement**. 소피는 느리게 운전한다.
- Nous <u>habitons</u> **là-bas**. 우리는 저기에 산다.

② (어느 한 시점을 나타내는) 시간 부사로 쓰일 때 (문장 앞 또는 문장 끝에 위치)

: avant-hier(그저께), hier(어제), aujourd'hui(오늘), demain(내일),
après-demain(내일모레), un jour(어느 날), maintenant(이제, 지금),
en ce moment(지금, 요즘), tout de suite(즉시, 당장), plus tard(나중에),
bientôt(곧), ensuite(곧이어), tôt(곧, 일찍이), tard(늦게)

- Il a dormi **tôt**. 그는 일찍 잤다.
- **Hier**, elle a parlé de sa famille. 어제, 그녀는 가족에 대해서 말했다.
- **Actuellement**, nous habitons là-bas. 현재, 우리는 저기에 산다.

사건과 사고

1. 좋지 않은 기분

colère n.f. 화, 분노

énervement n.m. 신경질

exaspération n.f. 격노

tristesse n.f. 슬픔

fatigue n.f. 피로

culpabilité n.f. 죄책감

inquiètude n.f. 걱정

[1]regret n.m. 아쉬움, 유감

agacement n.m. 짜증

excuses n.f.pl. 사죄

pardon n.m. 용서

1 '아쉽다', '유감스럽다'는 흔히 'c'est dommage'라고 합니다.

2. 사건과 사고

accident n.m. 사고

constat n.m. 사고 조서

assurance n.f. 보험

permis de conduire n.m. 면허증

pièce d'identité n.f. 신분증

perte n.f. 분실

vol n.m. 도난

vol à la tire n.m. 소매치기

pickpocket n.m. 소매치기(하는 사람)

[2]être prudent v. 신중하다

faire attention v. 조심하다

freiner v. 제동을 걸다

accélérer v. 속력을 내다

2 Sois prudent !
조심해!, 신중해!
Soyez prudent !
조심하세요!

1. 빈칸을 알맞게 채워 보세요.

    1. 죄송합니다, 제가 늦었어요.

    → Excusez-moi, je suis en _____.

    2. 괜찮습니다.

    → Ce n'est pas _____.

    3. 저도 방금 도착했어요.

    → Je _____ aussi d'arriver.

2. 소유대명사를 사용해 문장을 만들어 보세요.

    1. 이건 내 자전거야. 네 것은 저기에 있어.

    → C'est mon vélo. _____ _____ est là-bas.

    2. 이건 우리집이야. 그의 집은 저기에 있어.

    → C'est ma maison. _____ _____ est là-bas.

    3. 이건 우리 자동차예요. 당신들의 것은 저기에 있어요.

    → C'est notre voiture. _____ _____ est là-bas.

    4. 이건 우리 신발이에요. 당신 신발은 저기에 있어요.

    → Ce sont nos chaussures. _____ _____ sont là-bas.

3. 프랑스어로 작문해 보세요.

    1. 너 넘어질 뻔했다.

    → _____

    2. 정말 죄송합니다.

    → _____

    3. 저는 당신을 용서합니다. (용서해 드릴게요.)

    → _____

    4. 다음부터는 조심하세요.

    → _____

사고가 나면 어떻게 처리해야 하나?

세계 여행지 1위를 자랑하고 있는 프랑스. 들뜬 마음으로 준비한 여행이 무엇보다
안전해야 편안한 마음으로 즐길 수 있을 텐데요. 최고의 관광지라는 명성과 달리
안타깝게도 매년 크고 작은 사건들이 끊이지 않고 있습니다.

가장 흔히 발생하는 사고 중 하나는 소매치기입니다.

파리의 에펠 Eiffel 탑이나 몽마르트르 Montmartre 언덕 같은 명소나 지하철에서는 잠시만
방심해도 주머니에 있던 지갑이나 소지품이 없어질 확률이 높습니다. 나도 모르는 사이
물건이 사라지거나, 집요하게 도움을 청하거나 도움을 준다는 빌미로 접근하여 소지품을
훔치기도 합니다. 소매치기를 방지하려면 우선 소지품을 늘 신체 가까이에 지녀야 합니다.
비싸 보이는 것은 되도록 들고 다니지 않는 게 좋습니다. 또 불의의 상황을 대비해서
휴대폰 사진이나 파일들은 개인 컴퓨터에 자동 백업시키거나, 중요한 정보들은 따로
메모해 두는 것이 좋습니다.

야간에는 강도로 인한 피해가 자주 발생한다고 합니다.

언론에서 위험하다고 주로 언급하는 구역(파리 중심지인 1, 8구를 비롯해 10, 18, 19구 북부
지역 등)을 피해야 하며, 특히 해가 떨어지면 한적한 밤거리를 돌아다니지 마세요.

자동차 사고가 났을 경우

일반 차량(렌트 차량 포함) 간 사고라면 보험사에 연락해 처리하면 됩니다. 뺑소니 혹은
사상자가 발생했다면 경찰에 연락합니다. 주차할 때는 자동차 안에 가방 등 중요한
물품은 두고 내리지 마세요. 프랑스의 대부분 차들은 선팅이 되어 있지 않아 차 내부가
들여다보이는 탓에 유리창을 깨고 차 안에 있는 물건을 훔치는 경우가 많다고 합니다.

그 밖에도 사건 사고를 당하게 되면
우선 가까운 경찰서를 찾아가서 신고하고,
필요하면 주불 한국대사관을 통해 안내와
지원을 받을 수 있습니다. 무엇보다도
사고를 당하지 않도록 철저하게 대비해서
안전한 여행을 즐기는 것이 가장 좋겠지요.

주불 대사관 긴급 연락처

• 06)8028-5396 (24시간)

프랑스 주요 긴급전화(무료, 번호만 누르면 됨)

• 경찰: 17 • 구급차: 15 • 화재: 18

Je suis très heureuse pour toi !

네가 잘되었다니 정말 기뻐!

학습 목표

20과에서는 자신의 솔직한 감정을 고백하는 표현들을
익힐 수 있습니다.
지난 일을 언급할 때 가장 흔히 사용하는 복합과거와
위치에 따라 의미가 달라지는 형용사 dernier(dernière)
등에 대해 공부해 봅시다.

— **Dialogue** **20-1. 네가 잘되었다니 정말 기뻐!**

  20-2. 나랑 사귈래?

— **Grammaire** **1. 복합과거**

  2. dernier(dernière) 지난/ 마지막의

  3. Tu veux sortir avec moi ?

  나와 사귈래?

— **Expressions** 감정

Je suis très heureuse pour toi !

로라와 민수가 오랜만에 만났다.
민수는 로라에게 좋은 소식을 전한다.

Laura
로하
Je ¹suis contente de te revoir ²en pleine forme !
쥬 쒸 꽁떵뜨 드 뜨 흐봐흐 엉 쁠렌 퍼흐므!

Minsoo
민수
Merci. J'ai une bonne nouvelle.
메흐씨. 줴 윤 번 누벨.

Laura
C'est quoi ?
쎄 꽈?

Minsoo
J'ai été embauché !
줴 에떼 엉보쉐!

Laura
C'est vrai ! Félicitations !
쎄 브해! 펠리시따씨옹!

Je suis très ³heureuse pour toi !
쥬 쒸 트해 죠효즈 뿌흐 똬!

Minsoo
Merci, ⁴c'est gentil de ta part.
메흐씨, 쎄 정띠 드 따 빠흐.

유익한 정보 En savoir plus

친구가 좋은 소식을 전해 줄 때 축하하는 표현

• Bravo ! 대단해! (잘했다!)   • C'est trop bien ! 너무 좋다!
• Je suis fier(fière) de toi ! 네가 자랑스러워! (네가 대견해!)
• Génial ! / Super ! 굉장해! (대박!) • Pour de vrai ? / Sérieux ? 진짜?
• C'est* pas vrai ! Félicitations ! 말도 안돼! 축하해!

* 말할 때는 부정의 ne가 주로 생략됩니다. 프랑스에서는 '한턱 쏴!'라는 말이
  특별히 친한 사이가 아니면 실례가 될 수 있습니다. 대신 좋은 일이 생긴 사람이
  'C'est moi qui invite !(내가 한 턱 쏠게!)'라는 말은 자연스럽게 씁니다.

단어 Vocabulaire

- contente a. 반가운, 만족스러운
- revoir v. 다시 만나다 (동사원형)
- pleine a. 충만한
- forme n.f. 컨디션, 상태
- bonne a. 좋은
- nouvelle n.f. 소식
- embauché p.p. 고용된
  (embaucher 동사, 과거분사)
- heureuse a. 행복한
- gentil a. 착한, 친절한
- de ta part 너에게로부터

해석 Traduction

네가 잘되었다니 정말 기뻐!

로라 다시 활기가 넘쳐 보여서 기뻐!

민수 고마워. 좋은 소식이 있어.

로라 뭔데?

민수 나 취직했어!

로라 정말! 축하해!
　　　네가 잘되었다니 정말 기뻐!

민수 고마워, 그렇게 말해 줘서.

해설 Explications

1 être content(e) + de

'être content(e)'는 '기뻐하다', '기쁘다' 라는 뜻으로 전치사 de가 동반됩니다.

- Je **suis content(e)** de visiter ce pays.
  나는 이 나라를 방문해서 기쁘다.
- Tu **es content(e)** de revenir ?
  돌아와서 기쁘니?

2 en pleine forme

'en pleine forme'는 직역하면 '충만한 상태로'라는 뜻으로, 다시 말해 '좋은 컨디션'이란 뜻입니다.
'être en pleine forme'라고 하면 '컨디션이 아주 좋다', '원기 왕성하다' 라는 뜻입니다.

3 heureuse

heureux는 '행복한', '기쁜'이라는 뜻의 형용사로, 그 대상의 성과 수에 따라 변합니다. 여기서는 말하고 있는 주어가 여자이기 때문에 여성형 heureuse로 썼습니다.

4 c'est gentil de ta part

'c'est gentil de ta part'를 직역하면 '너로부터 친절한 것이다'로 '너 참 친절하다'라는 의미입니다. 상대방의 친절함이나 배려에 대한 고마움을 표시할 때 흔히 쓰는 표현입니다.

Tu veux sortir avec moi ?

Minsoo
민수

Je te remercie sincèrement de m'avoir aidé
쥬 뜨 흐메흐씨 쌩쌔흐멍 드 마봐흐 애데 라 퐈 데흐니애흐.
la fois dernière.

Laura
로하

Non, c'est rien.
농. 쎄 히앙.

Minsoo

J'ai [1]quelque chose à te dire.
재 껠끄 쇼즈 아 뜨 디흐.

Laura

Oui, [2]je t'écoute.
위, 쥬 떼꾸뜨.

Minsoo

[3]Je suis amoureux de toi.
쥬 쒸 자무효 드 똬.

Laura

Quoi ? Tu m'aimes ?
꽈? 뜌 맴?

Minsoo

Oui, je t'aime. [4]Tu veux sortir avec moi ?
위, 쥬 땜. 뜌 브 써흐띠흐 아벡 뫄?

Laura

Euh... D'accord, on sort ensemble !
으... 다꺼흐, 옹 써흐 엉썽블르!

민수와 로라는 연인이 되어,
낭만의 도시 파리에서 행복한 나날들을 보내고 있습니다.

- □ **sincèrement** ad. 진심으로, 솔직히
- □ **la fois dernière** 지난번
- □ **quelque chose** 어떤 것, 무엇인가
- □ **écoute** v. 듣다
  (écouter 동사, 1인칭 단수)
- □ **amoureux** a. 사랑에 빠진, 사랑하는
- □ **quoi** pro.inter. 뭐라고
- □ **sortir** v. 나가다
- □ **ensemble** ad. 함께, 같이

나랑 사귈래?

민수 지난번에 도와줘서 진심으로 고마워.

로라 아니야, 별거 아니야.

민수 너에게 할 말이 있어.

로라 응, 말해 봐.

민수 널 사랑해.

로라 뭐라고? 나를 사랑한다고?

민수 응, 사랑해. 나랑 사귈래?

로라 어... 좋아, 우리 사귀자!

1 **quelque chose à te dire**

'quelque chose à te dire'라고 하면 '너에게 말할 어떤 것', 다시 말해 '너에게 할 말'이라는 뜻입니다. 이렇게 [**quelque chose à + 동사원형**]은 '~할 어떤 것'이라는 표현으로 씁니다.

- Tu as **quelque chose à manger ?** 너 먹을 거 있어?
- Nous avons **quelque chose à acheter.** 우린 살 게 있어요.

2 **je t'écoute**

'je t'écoute'를 직역하면 '나는 너를 듣고 있어', 즉 '네가 하는 이야기를 듣고 있어'라는 뜻입니다. 상대방에게 '말해 보라'라고 할 때 한국어 '말해 봐'처럼 명령조로 하지 않고 '듣고 있어', '들어 볼게' 등으로 표현합니다.

3 **je suis amoureux**

'je suis amoureux'는 '나는 사랑에 빠졌다'라는 뜻입니다. 주어(말하는 사람)에 따라 형용사가 바뀝니다.

- Il **est amoureux** de moi. 그는 나한테 사랑에 빠졌어.
- Elle **est amoureuse** de toi. 그녀는 너한테 사랑에 빠졌어.

4 **Tu veux sortir avec moi ?**

'Tu veux sortir avec moi ?'는 '나와 사귈래?'라는 뜻입니다. [**sortir avec + 사람**]은 '~와 사귀다'라는 표현입니다. 'sortir ensemble'는 '서로 사귀다'입니다.

- Je **sors avec** lui. 나는 그와 사귄다.
- Il **sort avec** elle. 그는 그녀와 사귄다.
- Minsoo et Laura **sortent ensemble**. 민수와 로라는 사귄다.

Unité 1. 복합과거

일반적으로 과거에 일어난 일을 말할 때 복합과거를 사용합니다. 복합과거는
[avoir/ être 조동사 + 과거분사]의 형태로 이루어지며, 동사에 따라 사용되는
조동사가 달라집니다. 복합과거에 대해 구체적으로 알아봅시다.

1. 복합과거의 사용

① 방금 전에 일어난 일 또는 결과를 나타낼 때

- **Tu as déjeuné ?** 점심 식사 했어?
- **J'ai rangé ma chambre.** 나는 내 방을 정리했다.
- **Elle est venue me voir.** 그녀는 나를 보러 왔다.

② 과거 어느 한 시점에 일어난 일을 나타낼 때

- **Je suis né(e) le 25 mars.** 나는 3월 25일에 태어났다.
- **Il est arrivé à 20 heures.** 그는 밤 8시에 도착했다.

2. 복합과거를 표현하기 위한 조동사 사용법

① être 조동사와 함께 쓰이는 동사 : [**être 조동사 + 과거분사**]

    a. 모든 대명동사 : se lever, se laver와 같이 se로 시작하는 동사

- **Je me suis levé(e)** tôt ce matin.
  나는 오늘 아침 일찍 일어났다. (se lever 대명동사)
- Nous **nous sommes promenés** dans le parc.
  우리는 공원에서 산책했다. (se promener 대명동사)

    b. 장소 변화, 공간 이동을 나타내는 자동사 (뒤에 목적어가 따르지 않는 동사) :
aller(가다), venir(오다), arriver(도착하다), partir(출발하다, 떠나다),
sortir(나가다), descendre(내려가다), monter(올라가다), passer(지나가다,
들르다), entrer(들어가다), tomber(넘어지다), rentrer(되돌아오다[가다], 집에
돌아오다[가다]), retourner(돌아오다[가다])

- **Je suis allé(e)** au restaurant. 나는 식당에 갔다.
- **Ils sont arrivés** vers 20 heures. 그들은 저녁 8시쯤에 도착했다.

c. 상태를 나타내는 동사 :

devenir(~이 되다), rester(머무르다), naître(태어나다), mourir(죽다) 등

- **Il est devenu** chanteur. 그는 가수가 되었다.

- Ce bébé **est né** ce matin. 이 아기는 오늘 아침에 태어났다.

② avoir 조동사와 함께 쓰이는 동사 : [**avoir 조동사 + 과거분사**]

과거를 표현할 때, 위에 언급한 être 조동사와 쓰이는 동사 외의 모든 동사는 avoir
조동사를 씁니다. 즉 목적어를 필요로 하는 타동사의 경우 avoir 조동사를 씁니다.

- **J'ai** regardé la télévision. 나는 텔레비전을 봤다.

- Vous **avez** passé une bonne journée ? 좋은 하루 보내셨나요?

예외로, sortir(나가다), rentrer(되돌아오다[가다]), entrer(들어오다), passer(지나가다,
들르다), descendre(내려가다), monter(올라가다) 동사들은 모두 avoir 또는 être
조동사와 사용이 가능합니다.

- **Il est** sorti à 7 heures. 그는 7시에 나갔다. (목적어가 없으므로 être 조동사)

- **Il a** sorti le chien. 그는 개를 산책시켰다. (목적어가 있으므로 avoir 조동사)

3. 복합과거의 과거분사 형태

조동사 avoir와 être는 주어에 따라 변화하며, 과거분사는 동사의 구분
(1군 동사(-er), 2군(-ir), 3군(불규칙))에 따라 어미가 변합니다.

① 1군 동사의 과거분사 : **-é**

- **Je marche**. 나는 걷는다. (현재)

→ J'ai **marché**. 나는 걸었다. (과거)

② 2군 동사의 과거분사 : **-i**

- **Il sort**. 그는 나간다. (현재)

→ Il est **sorti**. 그는 나갔다. (과거)

③ 가장 흔히 쓰이는 3군 동사의 과거분사

（3군 동사의 과거분사는 각 동사마다 형태가 다르기 때문에 모두 외워야 합니다.）

- prendre → **pris**   · voir → **vu**   · dire → **dit**
- pouvoir → **pu**   · faire → **fait**

- J'ai **pris** le bus. 나는 버스를 탔다.
- J'ai **vu** un chien. 나는 개 한 마리를 보았다.
- J'ai **dit** 'Salut !' à Louis. 나는 루이에게 '안녕!'이라고 말했다.
- J'ai **pu** courir. 나는 달릴 수 있었다.
- J'ai **fait** mes devoirs. 나는 (나의) 숙제를 했다.

Attention ! [조동사 **être** + 과거분사]

이때 과거분사는 주어의 성과 수에 따라 변합니다.

- Elle est **arrivée**. 그녀가 도착했다.

  (주어가 여성 단수이므로 과거분사 끝에 e가 붙습니다.)

- Elles sont **arrivées**. 그녀들이 도착했다.

  (주어가 여성 복수이므로 과거분사 끝에 es가 붙습니다.)

- Nous sommes **arrivé(e)s**. 우리들이 도착했다.

  (주어가 복수이므로 과거분사 끝에 s가 붙습니다.
  주어가 모두 여자라면 arrivées로 씁니다.)

Unité 2. **dernier(dernière)** 지난/ 마지막의

형용사 dernier(dernière)는 지난번, 지난주, 지난달 등의 표현에서 '지난'이란 뜻으로 사용합니다. 명사의 뒤 또는 앞에 위치할 때 각각 의미가 다릅니다.

① 지난 : 명사 뒤에 위치

- l'année dernière 지난해   · le mois dernier 지난달
- la semaine dernière 지난주   · le week-end dernier 지난 주말
- la fois dernière 지난번   · l'automne dernier 지난 가을

② 마지막의, 최후의/ 최신(최근)의 : 명사 앞에 위치

- dernier étage 마지막 층
- dernier chapitre 마지막 장
- dernier modèle 최신 제품
- ces derniers jours 최근에
- dernier jour 마지막 날/ 최후의 날
- dernière fois 마지막 회, 마지막

③ 명사로도 쓰임 (le dernier/ la dernière 마지막(의) 사람, 최후의 사람)

- C'est **le dernier** de la classe. 반에서 마지막이야. (반에서 꼴등이야.)
- C'est **la dernière** arrivée. 마지막으로 도착한 사람(여자)이야.

Unité 3. **Tu veux sortir avec moi ? 나와 사귈래?**

'~와 사귀다', '교제하다'라고 할 때는 [sortir avec + 사람]으로 표현합니다.

- Je veux **sortir avec** toi. 나는 너와 사귀고 싶어.
- Tu veux **sortir avec** moi ? (너) 나와 사귈래?
- Il veut **sortir avec** elle. 그는 그녀와 사귀고 싶어해요.
- Elle veut **sortir avec** lui. 그녀는 그와 사귀고 싶어해요.
- Ils **sortent** ensemble. 그들은 (서로) 사귄다.

sortir 동사와 aller 동사는 의미가 비슷해 보이지만, avec와 함께 쓰면 의미가 크게 달라지지요. [aller + 장소 + avec + 사람]은 '(사람)과 함께 (장소)로 간다'라는 뜻이 됩니다. 이와 달리 [sortir avec + 사람]으로 쓰면 '(사람)과 사귀다'라는 뜻이 됩니다. 그렇기 때문에 '(누군가)와 외출하다'라는 의미로 말할 때는 sortir가 아니라 aller 동사를 써야 합니다.

- Je veux **aller avec** toi au cinéma. (○)
  나는 너와 영화관에 가고 싶어.
- Je veux **sortir avec** toi au cinéma. (×)
  나는 너와 영화관에서 사귀고 싶어.

감정

1. 감탄

C'est beau ! 멋지다!

C'est super ! 너무 좋다!

C'est génial ! 뛰어나다!

C'est formidable ! 엄청나다!

C'est joli ! 예쁘다!

1-1 C'est chouette ! 좋다!

1-2 C'est sympa ! 좋다!

2. 긍정적인 감정

content(e) a. 기쁜

heureux / heureuse a. 행복한

ravi(e) a. 몹시 기쁜

joyeux / joyeuse a. 즐거운

ému(e) a. 감격한

amoureux / amoureuse a. 사랑에 빠진

3. 부정적인 감정

triste a. 슬픈

inquiet / inquiète a. 근심스러운

angoissé(e) a. 불안한

découragé(e) a. 낙심한

déçu(e) a. 실망한

énervé(e) a. 신경질 난, 짜증 난

fâché(e) a. 불만스러운, 화난

1 chouette a. 멋진, 근사한
sympa a. 기분 좋은,
마음에 드는
chouette와 sympa는
'멋진', '좋은' 등의 의미를
가진 구어로, 일상 회화에서
기쁘거나 신날 때 자주
사용하는 표현입니다.

1. 빈칸을 알맞게 채워 보세요.

    1. 다시 보니 기뻐!

    → Je suis _____ de te revoir !

    2. 고마워, 그렇게 말해 줘서.

    → Merci, c'est _____ de ta part.

    3. 너에게 할 말이 있어.

    → J'ai _____ _____ à te dire.

    4. (너) 나와 사귈래?

    → Tu veux _____ avec moi ?

2. 다음 문장을 복합과거형으로 바꿔 보세요.

    1. Je marche.

    → _____

    2. Il arrive à 20 heures.

    → _____

    3. Nous nous promenons dans le parc.

    → _____

    4. Je range ma chambre.

    → _____

3. 프랑스어로 작문해 보세요.

    1. 나는 달릴 수 있었다.

    → _____

    2. 그들은 (서로) 사귄다.

    → _____

    3. 지난번에 도와줘서 진심으로 고마워.

    → _____

프랑스 결혼식 이모저모

1년여의 기나긴 준비 과정

'여유' 하면 프랑스죠. 결혼식도 예외는 아니랍니다. 결혼식 테마와 피로연 장소, 각종 장식 준비, 식사 메뉴, 초청장 제작 등을 결정하느라 일반적으로 1년 정도의 충분한 준비과정을 두고 진행됩니다. 대부분의 준비를 신랑 신부가 직접 하기 때문에 식장 곳곳에서 신랑과 신부만의 특별한 취향을 느낄 수 있습니다.

프랑스 결혼식의 필수 요소, 혼인신고

프랑스에서는 혼인신고가 결혼식의 필수 요소이며, 의무적인 행사입니다. '민법상 결혼식'이라고 하는데요, 시장 앞에서 결혼식을 올려야 법적으로 인정된다고 합니다. 이 결혼식은 신랑 또는 신부의 거주지가 있는 지역의 시청에서 진행됩니다. 보통 당일 오전에 많이 하는데요, 신랑이 먼저 도착해서 신부를 맞이하며, 신랑이 어머니의 팔짱을 끼고 시장을 향해 걸어 들어오고, 이어서 신부가 아버지의 팔짱을 끼고 등장합니다. 신부는 신랑 왼쪽 위치에서 시장 앞에 서고, 그들의 증인들이 양옆에, 바로 뒤에는 신랑 신부의 부모님들과 가까운 가족들이 앉지요. 시장이 민법전의 조항들을 낭독하는 것으로 진행되며 보통 20분 정도 소요됩니다.
반지 교환은 시청에서의 결혼식 이후 별도의 '종교적 결혼식'이 없을 때만 합니다.

성대하게 진행되는 본 예식과 피로연

신랑 신부의 종교에 따라서 민법상 결혼식에 이어 '종교적 결혼식'이 진행됩니다. 이 결혼식이 우리가 흔히 아는 예식입니다. 성당 등에서 예식을 치른 후 이어서 피로연이 열리는데, 많은 경우 피로연 장소가 다른 곳에 있어 모두 다 이동해야 합니다.

'민법상 결혼식'에 이어서 본 예식, 그리고 피로연까지 하루에 세 곳을 이동하며 식을 진행하기도 하지요. 피로연에서는 신랑 신부가 가족들과 준비한 장식들에 둘러싸여 주변 지인들과 서로 즐겁게 칵테일을 마시는 것을 시작으로, 성대한 저녁 식사가 진행됩니다. 식사에 이어 디스코 파티까지 결혼식장의 불은 밤새 꺼지지 않는다고 합니다.

1. 1군 규칙 동사 -er

동사원형 Infinitif	직설법 Indicatif				조건법 Conditionnel	명령법 Impératif
	현재 Présent	복합과거 Passé composé	반과거 Imparfait	단순미래 Futur simple	현재 Présent	현재 Présent
appeler 부르다, 전화하다	j'appelle tu appelles il appelle nous appelons vous appelez ils appellent	j'ai appelé tu as appelé il a appelé nous avons appelé vous avez appelé ils ont appelé	j'appelais tu appelais il appelait nous appelions vous appeliez ils appelaient	j'appellerai tu appelleras il appellera nous appellerons vous appellerez ils appelleront	j'appellerais tu appellerais il appellerait nous appellerions vous appelleriez ils appelleraient	appelle appelons appelez
aimer 좋아하다, 사랑하다	j'aime tu aimes il aime nous aimons vous aimez ils aiment	j'ai aimé tu as aimé il a aimé nous avons aimé vous avez aimé ils ont aimé	j'aimais tu aimais il aimait nous aimions vous aimiez ils aimaient	j'aimerai tu aimeras il aimera nous aimerons vous aimerez ils aimeront	j'aimerais tu aimerais il aimerait nous aimerions vous aimeriez ils aimeraient	aime aimons aimez
arriver 도착하다	j'arrive tu arrives il arrive nous arrivons vous arrivez ils arrivent	je suis arrivé tu es arrivé il est arrivé nous sommes arrivés vous êtes arrivés ils sont arrivés	j'arrivais tu arrivais il arrivait nous arrivions vous arriviez ils arrivaient	j'arriverai tu arriveras il arrivera nous arriverons vous arriverez ils arriveront	j'arriverais tu arriverais il arriverait nous arriverions vous arriveriez ils arriveraient	arrive arrivons arrivez
acheter 사다	j'achète tu achètes il achète nous achetons vous achetez ils achètent	j'ai acheté tu as acheté il a acheté nous avons acheté vous avez acheté ils ont acheté	j'achetais tu achetais il achetait nous achetions vous achetiez ils achetaient	j'achèterai tu achèteras il achètera nous achèterons vous achèterez ils achèteront	j'achèterais tu achèterais il achèterait nous achèterions vous achèteriez ils achèteraient	achète achetons achetez
chanter 노래하다	je chante tu chantes il chante nous chantons vous chantez ils chantent	j'ai chanté tu as chanté il a chanté nous avons chanté vous avez chanté ils ont chanté	je chantais tu chantais il chantait nous chantions vous chantiez ils chantaient	je chanterai tu chanteras il chantera nous chanterons vous chanterez ils chanteront	je chanterais tu chanterais il chanterait nous chanterions vous chanteriez ils chanteraient	chante chantons chantez
commencer 시작하다	je commence tu commences il commence nous commençons vous commencez ils commencent	j'ai commencé tu as commencé il a commencé nous avons commencé vous avez commencé ils ont commencé	je commençais tu commençais il commençait nous commencions vous commenciez ils commençaient	je commencerai tu commenceras il commencera nous commencerons vous commencerez ils commenceront	je commencerais tu commencerais il commencerait nous commencerions vous commenceriez ils commenceraient	commence commençons commencez

동사원형 Infinitif	직설법 Indicatif				조건법 Conditionnel	명령법 Impératif
	현재 Présent	복합과거 Passé composé	반과거 Imparfait	단순미래 Futur simple	현재 Présent	현재 Présent
demander 묻다, 요구하다	je demande tu demandes il demande nous demandons vous demandez ils demandent	j'ai demandé tu as demandé il a demandé nous avons demandé vous avez demandé ils ont demandé	je demandais tu demandais il demandait nous demandions vous demandiez ils demandaient	je demanderai tu demanderas il demandera nous demanderons vous demanderez ils demanderont	je demanderais tu demanderais il demanderait nous demanderions vous demanderiez ils demanderaient	demande demandons demandez
manger 먹다	je mange tu manges il mange nous mangeons vous mangez ils mangent	j'ai mangé tu as mangé il a mangé nous avons mangé vous avez mangé ils ont mangé	je mangeais tu mangeais il mangeait nous mangions vous mangiez ils mangeaient	je mangerai tu mangeras il mangera nous mangerons vous mangerez ils mangeront	je mangerais tu mangerais il mangerait nous mangerions vous mangeriez ils mangeraient	mange mangeons mangez
rentrer 들어가다	je rentre tu rentres il rentre nous rentrons vous rentrez ils rentrent	je suis rentré tu es rentré il est rentré nous sommes rentrés vous êtes rentrés ils sont rentrés	je rentrais tu rentrais il rentrait nous rentrions vous rentriez ils rentraient	je rentrerai tu rentreras il rentrera nous rentrerons vous rentrerez ils rentreront	je rentrerais tu rentrerais il rentrerait nous rentrerions vous rentreriez ils rentreraient	rentre rentrons rentrez
briller 빛나다, 빛을 발하다	je brille tu brilles il brille nous brillons vous brillez ils brillent	j'ai brillé tu as brillé il a brillé nous avons brillé vous avez brillé ils ont brillé	je brillais tu brillais il brillait nous brillions vous brilliez ils brillaient	je brillerai tu brilleras il brillera nous brillerons vous brillerez ils brilleront	je brillerais tu brillerais il brillerait nous brillerions vous brilleriez ils brilleraient	brille brillons brillez
rester (같은 장소에) 있다, 남다	je reste tu restes il reste nous restons vous restez ils restent	je suis resté tu es resté il est resté nous sommes restés vous êtes restés ils sont restés	je restais tu restais il restait nous restions vous restiez ils restaient	je resterai tu resteras il restera nous resterons vous resterez ils resteront	je resterais tu resterais il resterait nous resterions vous resteriez ils resteraient	reste restons restez
habiter 살다, 거주하다	j'habite tu habites il habite nous habitons vous habitez ils habitent	j'ai habité tu as habité il a habité nous avons habité vous avez habité ils ont habité	j'habitais tu habitais il habitait nous habitions vous habitiez ils habitaient	j'habiterai tu habiteras il habitera nous habiterons vous habiterez ils habiteront	j'habiterais tu habiterais il habiterait nous habiterions vous habiteriez ils habiteraient	habite habitons habitez

2. 2군 규칙 동사 -ir

동사원형 Infinitif	직설법 Indicatif				조건법 Conditionnel	명령법 Impératif
	현재 Présent	복합과거 Passé composé	반과거 Imparfait	단순미래 Futur simple	현재 Présent	현재 Présent
finir 끝나다, 끝내다	je finis tu finis il finit nous finissons vous finissez ils finissent	j'ai fini tu as fini il a fini nous avons fini vous avez fini ils ont fini	je finissais tu finissais il finissait nous finissions vous finissiez ils finissaient	je finirai tu finiras il finira nous finirons vous finirez ils finiront	je finirais tu finirais il finirait nous finirions vous finiriez ils finiraient	finis finissons finissez
choisir 고르다, 선택하다	je choisis tu choisis il choisit nous choisissons vous choisissez ils choisissent	j'ai choisi tu as choisi il a choisi nous avons choisi vous avez choisi ils ont choisi	je choisissais tu choisissais il choisissait nous choisissions vous choisissiez ils choisissaient	je choisirai tu choisiras il choisira nous choisirons vous choisirez ils choisiront	je choisirais tu choisirais il choisirait nous choisirions vous choisiriez ils choisiraient	choisis choisissons choisissez
grandir 자라다, 성장하다	je grandis tu grandis il grandit nous grandissons vous grandissez ils grandissent	j'ai grandi tu as grandi il a grandi nous avons grandi vous avez grandi ils ont grandi	je grandissais tu grandissais il grandissait nous grandissions vous grandissiez ils grandissaient	je grandirai tu grandiras il grandira nous grandirons vous grandirez ils grandiront	je grandirais tu grandirais il grandirait nous grandirions vous grandiriez ils grandiraient	grandis grandissons grandissez
guérir 고치다, 치료하다	je guéris tu guéris il guérit nous guérissons vous guérissez ils guérissent	j'ai guéri tu as guéri il a guéri nous avons guéri vous avez guéri ils ont guéri	je guérissais tu guérissais il guérissait nous guérissions vous guérissiez ils guérissaient	je guérirai tu guériras il guérira nous guérirons vous guérirez ils guériront	je guérirais tu guérirais il guérirait nous guéririons vous guéririez ils guériraient	guéris guérissons guérissez
réfléchir 곰곰이 생각하다	je réfléchis tu réfléchis il réfléchit nous réfléchissons vous réfléchissez ils réfléchissent	j'ai réfléchi tu as réfléchi il a réfléchi nous avons réfléchi vous avez réfléchi ils ont réfléchi	je réfléchissais tu réfléchissais il réfléchissait nous réfléchissions vous réfléchissiez ils réfléchissaient	je réfléchirai tu réfléchiras il réfléchira nous réfléchirons vous réfléchirez ils réfléchiront	je réfléchirais tu réfléchirais il réfléchirait nous réfléchirions vous réfléchiriez ils réfléchiraient	réfléchis réfléchissons réfléchissez
réussir 성공하다	je réussis tu réussis il réussit nous réussissons vous réussissez ils réussissent	j'ai réussi tu as réussi il a réussi nous avons réussi vous avez réussi ils ont réussi	je réussissais tu réussissais il réussissait nous réussissions vous réussissiez ils réussissaient	je réussirai tu réussiras il réussira nous réussirons vous réussirez ils réussiront	je réussirais tu réussirais il réussirait nous réussirions vous réussiriez ils réussiraient	réussis réussissons réussissez

동사원형 Infinitif	직설법 Indicatif				조건법 Conditionnel	명령법 Impératif
	현재 Présent	복합과거 Passé composé	반과거 Imparfait	단순미래 Futur simple	현재 Présent	현재 Présent
accomplir 실행하다, 끝마치다	j'accomplis tu accomplis il accomplit nous accomplissons vous accomplissez ils accomplissent	j'ai accompli tu as accompli il a accompli nous avons accompli vous avez accompli ils ont accompli	j'accomplissais tu accomplissais il accomplissait nous accomplissions vous accomplissiez ils accomplissaient	j'accomplirai tu accompliras il accomplira nous accomplirons vous accomplirez ils accompliront	j'accomplirais tu accomplirais il accomplirait nous accomplirions vous accompliriez ils accompliraient	accomplis accomplissons accomplissez
applaudir 박수하다	j'applaudis tu applaudis il applaudit nous applaudissons vous applaudissez ils applaudissent	j'ai applaudi tu as applaudi il a applaudi nous avons applaudi vous avez applaudi ils ont applaudi	j'applaudissais tu applaudissais il applaudissait nous applaudissions vous applaudissiez ils applaudissaient	j'applaudirai tu applaudiras il applaudira nous applaudirons vous applaudirez ils applaudiront	j'applaudirais tu applaudirais il applaudirait nous applaudirions vous applaudiriez ils applaudiraient	applaudis applaudissons applaudissez
garantir 보증하다, 보장하다	je garantis tu garantis il garantit nous garantissons vous garantissez ils garantissent	j'ai garanti tu as garanti il a garanti nous avons garanti vous avez garanti ils ont garanti	je garantissais tu garantissais il garantissait nous garantissions vous garantissiez ils garantissaient	je garantirai tu garantiras il garantira nous garantirons vous garantirez ils garantiront	je garantirais tu garantirais il garantirait nous garantirions vous garantiriez ils garantiraient	garantis garantissons garantissez
ralentir 속도를 늦추다	je ralentis tu ralentis il ralentit nous ralentissons vous ralentissez ils ralentissent	j'ai ralenti tu as ralenti il a ralenti nous avons ralenti vous avez ralenti ils ont ralenti	je ralentissais tu ralentissais il ralentissait nous ralentissions vous ralentissiez ils ralentissaient	je ralentirai tu ralentiras il ralentira nous ralentirons vous ralentirez ils ralentiront	je ralentirais tu ralentirais il ralentirait nous ralentirions vous ralentiriez ils ralentiraient	ralentis ralentissons ralentissez
remplir 채우다	je remplis tu remplis il remplit nous remplissons vous remplissez ils remplissent	j'ai rempli tu as rempli il a rempli nous avons rempli vous avez rempli ils ont rempli	je remplissais tu remplissais il remplissait nous remplissions vous remplissiez ils remplissaient	je remplirai tu rempliras il remplira nous remplirons vous remplirez ils rempliront	je remplirais tu remplirais il remplirait nous remplirions vous rempliriez ils rempliraient	remplis remplissons remplissez

3. 3군 불규칙 동사 : 1군 -er 또는 2군 -ir (-ss) 동사를 제외한 나머지 동사

동사원형 Infinitif	직설법 Indicatif				조건법 Conditionnel	명령법 Impératif
	현재 Présent	복합과거 Passé composé	반과거 Imparfait	단순미래 Futur simple	현재 Présent	현재 Présent
être ～이다	je suis tu es il est nous sommes vous êtes ils sont	j'ai été tu as été il a été nous avons été vous avez été ils ont été	j'étais tu étais il était nous étions vous étiez ils étaient	je serai tu seras il sera nous serons vous serez ils seront	je serais tu serais il serait nous serions vous seriez ils seraient	sois soyons soyez
avoir 가지다	j'ai tu as il a nous avons vous avez ils ont	j'ai eu tu as eu il a eu nous avons eu vous avez eu ils ont eu	j'avais tu avais il avait nous avions vous aviez ils avaient	j'aurai tu auras il aura nous aurons vous aurez ils auront	j'aurais tu aurais il aurait nous aurions vous auriez ils auraient	aie ayons ayez
aller 가다 (-er으로 끝나는 동사 중 유일한 3군 동사)	je vais tu vas il va nous allons vous allez ils vont	je suis allé tu es allé il est allé nous sommes allés vous êtes allés ils sont allés	j'allais tu allais il allait nous allions vous alliez ils allaient	j'irai tu iras il ira nous irons vous irez ils iront	j'irais tu irais il irait nous irions vous iriez ils iraient	va allons allez
apprendre 배우다	j'apprends tu apprends il apprend nous apprenons vous apprenez ils apprennent	j'ai appris tu as appris il a appris nous avons appris vous avez appris ils ont appris	j'apprenais tu apprenais il apprenait nous apprenions vous appreniez ils apprenaient	j'apprendrai tu apprendras il apprendra nous apprendrons vous apprendrez ils apprendront	j'apprendrais tu apprendrais il apprendrait nous apprendrions vous apprendriez ils apprendraient	apprends apprenons apprenez
vendre 팔다	je vends tu vends il vend nous vendons vous vendez ils vendent	j'ai vendu tu as vendu il a vendu nous avons vendu vous avez vendu ils ont vendu	je vendais tu vendais il vendait nous vendions vous vendiez ils vendaient	je vendrai tu vendras il vendra nous vendrons vous vendrez ils vendront	je vendrais tu vendrais il vendrait nous vendrions vous vendriez ils vendraient	vends vendons vendez
boire 마시다	je bois tu bois il boit nous buvons vous buvez ils boivent	j'ai bu tu as bu il a bu nous avons bu vous avez bu ils ont bu	je buvais tu buvais il buvait nous buvions vous buviez ils buvaient	je boirai tu boiras il boira nous boirons vous boirez ils boiront	je boirais tu boirais il boirait nous boirions vous boiriez ils boiraient	bois buvons buvez

동사원형 Infinitif	직설법 Indicatif				조건법 Conditionnel	명령법 Impératif
	현재 Présent	복합과거 Passé composé	반과거 Imparfait	단순미래 Futur simple	현재 Présent	현재 Présent
entendre 듣다, 들리다	j'entends tu entends il entend nous entendons vous entendez ils entendent	j'ai entendu tu as entendu il a entendu nous avons entendu vous avez entendu ils ont entendu	j'entendais tu entendais il entendait nous entendions vous entendiez ils entendaient	j'entendrai tu entendras il entendra nous entendrons vous entendrez ils entendront	j'entendrais tu entendrais il entendrait nous entendrions vous entendriez ils entendraient	entends entendons entendez
prendre 잡다, 타다	je prends tu prends il prend nous prenons vous prenez ils prennent	j'ai pris tu as pris il a pris nous avons pris vous avez pris ils ont pris	je prenais tu prenais il prenait nous prenions vous preniez ils prenaient	je prendrai tu prendras il prendra nous prendrons vous prendrez ils prendront	je prendrais tu prendrais il prendrait nous prendrions vous prendriez ils prendraient	prends prenons prenez
mettre 놓다, 넣다, 입다	je mets tu mets il met nous mettons vous mettez ils mettent	j'ai mis tu as mis il a mis nous avons mis vous avez mis ils ont mis	je mettais tu mettais il mettait nous mettions vous mettiez ils mettaient	je mettrai tu mettras il mettra nous mettrons vous mettrez ils mettront	je mettrais tu mettrais il mettrait nous mettrions vous mettriez ils mettraient	mets mettons mettez
vouloir 바라다, 원하다	je veux tu veux il veut nous voulons vous voulez ils veulent	j'ai voulu tu as voulu il a voulu nous avons voulu vous avez voulu ils ont voulu	je voulais tu voulais il voulait nous voulions vous vouliez ils voulaient	je voudrai tu voudras il voudra nous voudrons vous voudrez ils voudront	je voudrais tu voudrais il voudrait nous voudrions vous voudriez ils voudraient	veux/ veuille voulons voulez/ veuillez
pouvoir ~할 수 있다	je peux tu peux il peut nous pouvons vous pouvez ils peuvent	j'ai pu tu as pu il a pu nous avons pu vous avez pu ils ont pu	je pouvais tu pouvais il pouvait nous pouvions vous pouviez ils pouvaient	je pourrai tu pourras il pourra nous pourrons vous pourrez ils pourront	je pourrais tu pourrais il pourrait nous pourrions vous pourriez ils pourraient	-

Leçon 01. p.47

1.
1. Salut ! Ça va ?
2. Bonjour, comment allez-vous ?
3. Je vais bien.
4. Moi aussi, je vais bien, merci.

2.
1. Je vais à l'école.
2. Tu vas où ?
3. Il va bien.
4. Elle va chez Pierre.
5. Nous allons à Paris.
6. Vous allez en France ?
7. Ils vont au restaurant.

3.
1. Bonjour, comment allez-vous ?
2. Moi aussi, je vais bien, merci.
3. À bientôt.
4. Bonne journée.

Leçon 02. p.59

1.
1. Il est Sud-Coréen.
2. Elle est étudiante.
3. Son père est médecin.
4. Ma mère est Française.

2.
1. Je m'appelle Lucie.
2. Comment vous-appelez vous ?
3. Tu t'appelles comment ?
4. Nous nous appelons Nicolas.
5. Il s'appelle Arthur.

3.
1. Comment tu t'appelles ?
2. Je m'appelle Laura.
3. Tu es Française ?
4. Moi, je suis Allemand.
5. Tu es de quelle origine ?

Leçon 03. p.71

1.
1. J'aime la musique.
2. Les enfants aiment les bonbons.
3. J'étudie l'économie.
4. C'est la voiture de mes parents.
5. Tu fais la cuisine.

2.
1. Vous faites quoi dans la vie ?
2. Tu fais quoi en ce moment ?
3. Elle fait quoi aujourd'hui ?

3.
1. Tu fais quoi dans la vie ?
2. Je suis étudiant(e) en architecture.
3. Que faites-vous dans la vie ?
4. Je suis cuisinier.
5. Je suis professeur.

Leçon 04. p.83

1.
1. J'habite à Séoul.
2. Où habites-tu ?
3. Nous habitons loin d'ici.
4. Il habite en ville.
5. Elles habitent à la campagne.

2.
1. J'habite dans une maison.
2. Louise habite dans un appartement.
3. J'achète un livre.
4. Nous avons des stylos.
5. Lucas a des gants.

3.
1. Je vais à Paris.
2. Je suis en France.
3. Hugo va aux Pays-bas.
4. Alice va à Rome.
5. Hugo et Alice vont aux États-Unis.

Leçon 05.   p.95

1.
1. Quelle heure est-il ?
2. Il est 8 heures.
3. Le cours commence à 8 heures 30.
4. À quelle heure viens-tu ?

2.
1. Quel est ton numéro de téléphone ?
2. Quel âge as-tu ?
3. Quelle est ta musique préférée ?
4. Quels sont les livres que vous achetez ?

3.
1. Je suis en retard.
2. Le magasin ouvre dans une heure.
3. Il est seize heures.
4. Combien ça coûte ? 또는
   Ça coûte combien ?

Leçon 06.   p.107

1.
1. Quel est ton numéro de téléphone ?
2. C'est le 06 23 45 67 89.
3. Allô, Laura ?
4. Vous vous êtes trompé de numéro.

2.
1. Je t'appelle demain.
2. Elle appelle sa sœur.
3. Qui appelez-vous ?
4. Elles appellent leurs amis.

3.
1. Je ne suis pas Laura.
2. Qui a gagné ?
3. Je ne mange pas.
4. Je n'aime pas voyager.

Leçon 07.   p.119

1.
1. Il me téléphone.
2. Je leur écris.
3. Je la connais.
4. Je t'aime.

2.
1. Je joue au football.
2. Je fais du taekwondo.
3. Je joue au tennis.
4. Je fais de l'équitation.

3.
1. Rien de spécial.
2. Je joue au tennis.
3. Je vais chez mes parents.

*다른 답도 가능합니다.

Leçon 08.   p.131

1.
1. C'est le jeudi 5 décembre.
2. Nous sommes lundi.
3. Nous sommes le 1er juin.
4. Oui, je vais à la piscine tous les mercredis.

2.
1. Je vais étudier.
2. Nous allons chanter.
3. Il va pleuvoir.
4. Mon ami va venir.

3.
1. Je peux cuisiner.
2. Tu peux m'appeler ?
3. Nous pouvons marcher longtemps.
4. Ils peuvent venir ?

1.

1. Il fait gris et il pleut.
2. Oui, il pleut de plus en plus.
3. Oui, j'aime cette saison.

2.

1. J'aime le printemps.
2. Elle n'aime pas l'hiver.
3. Nous aimons le chocolat.
4. Vous aimez la cuisine coréenne ?
5. Ils aiment les chats.

3.

1. Ce livre est intéressant.
2. Cette maison est grande.
3. Ces enfants sont mignons.
4. Ce héro est courageux.

1.

1. Il reste des places.
2. Tu dors.
3. Elle téléphone.
4. Vous avez compris.

2.

1. Il y a un train qui part à 10h.
2. Marie est une amie qui aime la musique.
3. Je lis un livre que j'ai acheté hier.
4. Il mange un plat qu'elle a cuisiné.

3.

1. C'est un aller-retour.
2. C'est pour deux personnes.

1.

1. Tu prends le bus ?
2. Nous prenons le taxi.
3. Je prends la ligne 7.
4. Il prend son vélo pour aller au travail.
5. Elles prennent le tramway tous les jours.

2.

1. J'y vais.
2. Il y va.
3. Nous y allons.
4. Mes amis y vont.

3.

1. Tu y vas comment ?
2. Je prends le métro.
3. Quelle est la ligne de métro ? 또는 C'est quelle ligne ?
4. Il faut descendre à Bir-hakeim.

1.

1. Le café de Colombie est connu.
2. Je bois de l'eau.
3. On ne peut pas sortir à cause du vent.
4. Nous marcherions sur la lune.

2.

1. Je prends un jus d'orange.
2. Tu prends un dessert ?
3. Vous prenez cette chemise ?
4. Elles prennent de l'eau.

3.

1. Que désirez-vous ?
2. Moi, je prends une limonade.
3. Je suis avec un(e) ami(e).
4. Je voudrais du sucre avec le café.

1.

1. Je vais prendre le plat du jour.
2. Je vais prendre une salade.
3. Je voudrais une entrecôte.
4. (Je voudrais) juste une carafe d'eau.

2.

1. Je veux sortir.
2. Il souhaite devenir pilote.
3. Vous désirez autre chose ?
4. Elles veulent boire de l'eau gazeuse.

3.

1. Je voudrais le goût fraise à la place du goût chocolat.
2. Il est grand comme son frère.
3. Quelle cuisson pour la viande ?
4. Écoute-moi !

1.

1. Combien coûtent les fraises ?
2. Il vous faut autre chose ?
3. Vous pouvez me faire un prix ?

2.

1. Combien coûte ce livre ?
2. Combien de livres as-tu achetés ?
3. Combien êtes-vous ?
4. Combien de croissants voulez-vous ?

3.

1. J'ai d'autres petites sœurs.
2. Donnez-moi en d'autres.
3. Je voudrais essayer d'autres robes.
4. Je parle des autres.

1.

1. Oui, je ne trouve pas les robes.
2. Je fais du 38.
3. Non, c'est un peu grand.

2.

1. Cette robe est belle.
2. Ce pantalon est trop long.
3. Ce manteau est trop épais.
4. Ces chaussures me vont.

3.

1. C'est un peu grand.
2. C'est trop petit.
3. Je fais du S.
4. Nous essayons ces chaussures.

1.

1. J'ai envie d'aller aux toilettes.
2. Où sont les toilettes, s'il vous plaît ?
3. C'est loin d'ici ?
4. Il faut continuer tout droit.

2.

1. derrière
2. à côté de
3. sur
4. sous
5. dans

3.

1. J'ai envie de dormir.
2. J'ai envie de salé.
3. Le chat est à côté de l'armoire.
4. C'est la première à droite.

Leçon 17.   p.239

1.

1. C'est un cadeau pour toi.
2. Je peux le(l')ouvrir maintenant ?
3. Il mesure 1 m 80.
4. Quel est son défaut ?

2.

1. orange
2. jaune
3. bleu
4. indigo

3.

1. Elle a les cheveux noirs.
2. Il est blond aux yeux bleus.
3. J'ai acheté des chaussures orange.
4. La robe est bleue.

Leçon 18.   p.251

1.

1. J'ai mal à la gorge.
2. Les médicaments sont prescrits par le médecin.
3. Je me suis foulé(e) la cheville.
4. Je suis tombé en descandant les escaliers.

2.

1. Lucie a été invitée par Antoine.
2. La voiture est garée par le monsieur.
3. Ces chansons sont chantées par les enfants.

3.

1. Je marche en téléphonant.
2. Elles mangent en discutant.
3. J'étudie en écoutant de la musique.

Leçon 19.   p.263

1.

1. Excusez-moi, je suis en retard.
2. Ce n'est pas grave.
3. Je viens aussi d'arriver.

2.

1. C'est mon vélo. Le tien est là-bas.
2. C'est ma maison. La tienne est là-bas.
3. C'est notre voiture. La vôtre est là-bas.
4. Ce sont nos chaussures. Les vôtres sont là-bas.

3.

1. Tu as failli tomber.
2. Je suis vraiment désolé(e).
3. Je vous pardonne.
4. Soyez prudent la prochaine fois.

Leçon 20.   p.275

1.

1. Je suis content(e) de te revoir !
2. Merci, c'est gentil de ta part.
3. J'ai quelque chose à te dire.
4. Tu veux sortir avec moi ?

2.

1. J'ai marché.
2. Il est arrivé à 20 heures.
3. Nous nous sommes promenés dans le parc.
4. J'ai rangé ma chambre.

3.

1. J'ai pu courir.
2. Ils sortent ensemble.
3. Je te remercie sincèrement de m'avoir aidé la fois dernière.

À bientôt !